安徽省高等学校规划教材

现代教育技术与应用

主　编　马　俊　韩建华
副主编　徐剑虹　包训成　义继奎
　　　　王　胜　葛明驷　孙启虎
编　委（以姓氏笔画为序）
　　　　万士全　马　俊　文继奎　方申荣
　　　　方龙全　王　胜　韦　伟　包训成
　　　　刘萌萌　孙启虎　张　宏　杜杉杉
　　　　徐剑虹　黄　玉　韩建华　葛明驷
　　　　谢　晋

中国科学技术大学出版社

内容简介

"现代教育技术与应用"是高等师范院校本科生的基础课程之一。该课程的教育目标是使高等师范院校学生掌握现代教育技术的基本理论和技术，树立基于信息技术的现代教育思想和概念，提高师范学生的信息素养和运用现代教育技术的能力。全书共6章，内容新颖、精炼，主要内容包括：教育技术基本理论，教学系统设计，学与教的技能，PowerPoint多媒体课件设计与制作，多媒体素材加工与制作，计算机网络与现代远程教育。

本书除可作为高等师范院校本科生公共基础课教材使用外，也可作为各级教育部门管理人员和教师的参考书。

图书在版编目(CIP)数据

现代教育技术与应用/马俊，韩建华主编. —合肥：中国科学技术大学出版社，2014.6（2016.1重印）
ISBN 978-7-312-03440-4

Ⅰ. 现… Ⅱ. ①马… ②韩… Ⅲ. 教育技术学－师范大学－教材 Ⅳ. G40-057

中国版本图书馆CIP数据核字(2014)第072831号

出版 中国科学技术大学出版社
　　　安徽省合肥市金寨路96号，230026
　　　网址：http://press.ustc.edu.cn
印刷 安徽省瑞隆印务有限公司
发行 中国科学技术大学出版社
经销 全国新华书店
开本 787 mm×1092 mm　1/16
印张 14.25
字数 365千
版次 2014年6月第1版
印次 2016年1月第2次印刷
印数 5 001—8 000册
定价 30.00元

前　言

随着信息技术在课堂教学应用的逐步深入,信息技术能力已成为教师能力结构的重要组成部分。"现代教育技术与应用"是面向师范生开设的一门公共基础课程,在培养职前教师信息技术能力方面起到重要作用。

为了使教材更好地满足师范生的需求,教材编写组对中小学教师进行了调查、访谈,发现中小学教师最需要得到提高的是多媒体课件制作、多媒体素材加工、网络资源获取、教学设计和说课等能力,并由此推进了"现代教育技术与应用"课程的教学改革,明确了本课程教学要结合教师职业的需要和提高师范生教学技能来精心安排教学内容。

当前,市面上相关的教材种类繁多。这些教材大多围绕《中小学教师教育技术能力标准》组织教学内容,编写思路正确、理念先进,教材内容科学严谨、逻辑性强、信息量大。但这些教材内容繁杂,没有针对公共课学生的需要来编写;未能结合职前教师教学技能的提高来组织内容;偏重学科知识的系统性,理论性较强,实践性较弱,无法指导师范生开展职前教师教学技能训练。

本书的特点之一是以职前教师教学技能提升为出发点和归宿,其目的在于提升师范生的教学技能,使其能够胜任未来的教师岗位。第二,指导学生自主学习。书中就自主学习方法进行了阐述,对学生自主学习进行细心的指导,使每个学生按照教材的步骤就能够完成学习任务。第三,内容精炼。全书只有6章,每章目的都非常明确,使师范生在相关领域的能力得到发展。

本书删除了大量陈旧、过时的知识,特别是教育技术相关的深奥理论以及幻灯、投影类媒体和电声类媒体等。在多媒体课件制作和多媒体素材加工领域,考虑到学生已有相关的基础,所以删除对软件的一般性介绍,主要阐述软件的深度开发以及教学应用等问题。

本书由安庆师范学院、阜阳师范学院和皖西学院共同组织编写,马俊、韩建华(安庆师范学院)担任主编,徐剑虹、王胜(阜阳师范学院)、包训成、葛明驷、孙启虎(皖西学院)、文继奎(安庆师范学院)担任副主编。

本教材是集体智慧的结晶,在编写过程中参考了有关作者的一些观点和成果。安庆师范学院教育学院的领导给予了极大的关心和帮助,中国科学技术大学出版社为书稿的编辑出版做了大量工作,在此一并表示感谢。书中内容虽经过反复斟酌,但由于编者能力有限,疏漏之处在所难免,敬请读者指正。

编　者
2014 年 2 月

目　　录

前言 …………………………………………………………………………（Ⅰ）

第1章　教育技术基本理论 ……………………………………………（1）
1.1　教育技术的基本概念 ……………………………………………（1）
1.2　教育技术的产生与发展 …………………………………………（5）
1.3　教育技术的理论基础 ……………………………………………（10）
1.4　教育技术与教师 …………………………………………………（27）

第2章　教学系统设计 …………………………………………………（32）
2.1　教学系统设计概述 ………………………………………………（32）
2.2　几种典型的教学系统设计模式 …………………………………（34）
2.3　教学系统设计一般模式 …………………………………………（38）

第3章　学与教的技能 …………………………………………………（62）
3.1　自主学习 …………………………………………………………（62）
3.2　微格教学 …………………………………………………………（75）
3.3　说课 ………………………………………………………………（78）

第4章　PowerPoint多媒体课件设计与制作 …………………………（93）
4.1　认识PowerPoint …………………………………………………（93）
4.2　绘图工具的使用 …………………………………………………（98）
4.3　多媒体对象的插入与控制 ………………………………………（108）
4.4　动画设计 …………………………………………………………（115）
4.5　超链接及实现 ……………………………………………………（121）
4.6　课件制作的原则 …………………………………………………（124）

第5章　多媒体素材加工与制作 ………………………………………（130）
5.1　图片素材加工与制作 ……………………………………………（130）
5.2　Cool Edit 音频素材加工与制作 …………………………………（149）
5.3　视频素材获取与制作 ……………………………………………（160）
5.4　三维动画文字加工与制作 ………………………………………（177）
5.5　Flash 8 动画制作 …………………………………………………（186）

第 6 章 计算机网络与现代远程教育 (196)

6.1 计算机网络概述 (196)

6.2 现代远程教育 (199)

6.3 农村中小学现代远程教育工程 (206)

6.4 网络教学平台的操作及应用 (212)

第1章 教育技术基本理论

学习目标

1. 理解教育技术的定义和研究内容。
2. 了解教育技术的产生与发展。
3. 掌握视听教学的基本理论。
4. 理解教育传播的概念、模式与基本原理。
5. 掌握现代学习的三大理论。
6. 了解我国中小学教师教育技术能力标准。
7. 对教育技术产生兴趣，愿意将自己的专业与教育技术结合起来，培养师范生的信息素养。
8. 深刻认识学习教育技术的重要性。

1.1 教育技术的基本概念

教育技术是在视听教育的理论与实践经验的基础上，于1970年由美国教育技术委员会向美国国会递交的报告中首次提出，后来经1972年、1977年和1994年三次修改后形成的一个完整概念。

1.1.1 教育技术的定义

美国是教育技术的发祥地，是教育技术发展较快的国家。由于专业人员的出身和关注不同，他们对教育技术的称谓也有所差异。媒体派关注媒体开发和应用，该领域的专业人员使用"教学技术"(Instructional Technology)，这也是使用最为广泛的术语，它大体上对应于我们国家的教育技术；学习派强调学习心理学在教学中的有效利用，关注对教学系统进行整体和系统的设计，这一领域的专业人员则使用"教学系统"(Instructional System)；近年来，随着两大学派走向融合，越来越多地使用"教学设计与技术"(Instructional Design and Technology)；还有一部分专业人员关注以计算机为核心的当代信息技术在教育中的应用实践和学术研究，他们则使用"教育技术"(Educational Technology)[①]。

教育技术的英文名称是Educational Technology，Educational 用来修饰 Technology，因此要理解什么是教育技术，首先要认清技术的概念。所谓技术，就是为实现某一特定目的而运用的、基于各种科学理论与原理的、作为人的能力外化的工具及其规则体系，以及运用这些工具和其规则体系实施的问题解决式社会实践活动。以此为基础，教育技术就是以解决教育实际问题、提升教育教学质量为目标的所有教育媒体及其规则体系，以及系统化地运用

---

① Spector J,等.教育传播与研究手册[M].任友群,等,译.上海:华东师范大学出版社,2012.

这些教育媒体及其规则体系来解决教育问题的创造性活动①。

教育技术学是一个正处于发展中的年轻学科。教育技术作为一个专业和领域的出现，最早可以追溯到20世纪20年代美国的"视觉教学运动"。从1963年到2005年，美国教育技术界对教育技术进行了多次定义，反映出它从一项教学方法的改革运动到教育技术的实践研究领域，进而发展为一门学科与专业，逐步走向成熟的发展过程。以下是历代教育技术定义的演变。

1. AECT 63定义提出的背景及其对美国教育技术发展的作用

教育技术作为一种实践已有悠久的历史，但作为一种较为系统的理论或一门学科还只有几十年的时间。教育技术的概念是由多股思潮汇聚形成的。作为一个机构，AECT全国教育联合会的视听教学部创立于1923年。其最初的使命是提升对教育中视觉媒体作用的理解，但是随着时间的推移，对话与交流开始使其囊括了来自其他领域的观点，包括系统论、行为主义心理学、工业心理学以及传播理论和视听媒体。在20世纪60年代，一个混合语出现了，它深深地受到由B·F·斯金纳及其他行为主义者散布的革命性教育观念的影响。这个革命性教育观念的标志就是分别于1965年在英国出版和1968年在美国出版的斯金纳的有影响力的著作——《教学的技术》(Technology of Teaching)。

在20世纪60年代初期，语义学的对话已经变得异常复杂，使得协会（在当时叫做视听教学部）任命了一个专业委员会（定义与术语委员会），去明确而简洁地陈述概念及其相关术语的明确的定义。无可否认的结果是，折中确立了"视听传播"作为中心概念，它是直到一个为多数人支持的新的标签出现之前发挥作用的一个标签。伊利(Ely)下面的这段定义是视听教学部(DAVI)1963年的正式定义："视听传播是教育理论与实践的一个分支，它主要研究对控制学习过程的信息进行设计和使用，包括：① 研究在有目的的学习过程中可以使用的图像信息和非表征性信息的独特的相对的优缺点；② 在教育环境中利用人员和设备将信息结构化、系统化。这些任务包括对整个教学系统及其组成部分的计划、制作、选择、管理和应用。它的实际目标是：有效地使用每一种传播方法和媒体，以开发学习者的全部潜力。"

这个定义的中心概念是"视听传播"，它使广大专业工作者茅塞顿开，把眼光从静态的、单维的物质手段的方面转向了动态的、多维的教学过程的方面。这就从根本上改变了视听领域的实践范畴和理论框架，即由仅仅重视教具教材的使用，转为充分关注教学信息怎样从发送者（教师等）经由各种渠道（媒体等）传递到接受者（学生）的整个传播过程。由于教学信息的传播是一个复杂的、多要素相互作用的过程，传播理论必然与跟它差不多同时形成的系统观念汇合，共同影响"视听教育"向"视听传播"的转变。而且教育界开始有硬件和软件之分；视听教材被视为传递教学信息的媒体，而不仅是辅助教学的工具。比视听媒体术语更具包容性的名词"教学资源"也开始出现。学者们将关注的焦点从视听教具逐渐转向整体的教学传播过程以及教学系统这一宏观层面。

2. AECT 70定义提出的背景及其对美国教育技术发展的作用

由于媒体技术的发展和理论观念的拓新，美国教育界感到原有视听教育的名称不能代表该领域的实践和研究范畴，1970年6月25日，美国视听教育协会改名为"教育传播与技术协会"(Association for Education Communication and Technology，简称AECT)。1970年AECT对教育技术作出如下定义："教育技术可以按两种方式加以定义。在较为人们熟悉的

---

① 焦建利.教育技术学基本理论研究[M].广州：广东教育出版社，2008.

教育技术意义上,是指产生于传播革命的媒体,这些媒体可以与教师、课本和黑板一起来为教学目的服务……组成教育技术的部分包括电视、电影、投影器、计算机和其他'硬件'、'软件'项目……第二种亦即不太为人们所熟悉的教育技术的定义超出了任何特定的媒体或设备。在这个意义上,教育技术超过了其各组成部分的总和。它是按照具体的目标,根据对人类学习和传播的研究,以及利用人力和非人力资源的结合,从而促使教学更有效的一种系统的设计、实施、评价的整个过程和方法。"

从这两个定义中可以看到,教育技术的一个含义是在教与学过程中应用的媒体及其开发与应用技术(包括它的硬件和相应的软件),简而言之,指的是有形的媒体技术。另一个含义指的是分析解决学与教的总体过程,从而获得优化效果的系统方法,即对教与学过程进行系统设计的技术,简而言之,指的是无形的、智能的系统技术。由此可见,这个定义反映了教育技术概念演化的一个总结,表明了教育技术从视听教学运动到形成教育技术的一个规定性定义,界定了教育技术是在教与学过程中应用的媒体技术和系统技术的总称。但是这个定义容易使人将教育技术误解为媒体技术。

这个定义在20世纪70年代初得到该领域理论和实践人员的普遍接受,可以说,这是促使该领域的专业组织——视听教学部改为教育传播与技术协会的重要因素之一。由于该定义的理论影响,教育传播与技术协会组织了一个定义与术语工作组(AECT Task Force on Definition and Terminology),对该领域的理论构架开始了更深入的研究。

3. AECT 77 定义提出的背景及其对美国教育技术发展的作用

AECT 70 定义是一个规定性定义,阐释了教育技术的基本含义,而教育技术在实践意义上指的是一个特定的实践与研究领域,这就规定了它必须指出教育技术在教育与教学实践中的应用模式。所以美国教育传播与技术协会在1977年组织百位教育技术方面的学者、专家经过一年多的讨论,出版专著《教育技术领域定义》阐述教育技术是如何运用特定的理论和原则来分析和解决教与学问题的,并用一个过程性模型来形象地描述教育技术在教学实践中运用的过程。它的内容是:"教育技术是一个复杂的、综合的过程,这一过程包含各种人、各种方法、各种思想、各种设备和组织机构,而这些人、方法、思想、设备和机构是在分析人类学习中的所有各方面问题,以及为这些问题而进行的设计、实施、评价和管理的过程中所涉及的。"这个定义主要表达了以下三方面的意思:① 教育技术是一个复杂的、综合的过程,该过程包含与人类学习有关的各种因素(人和设备,思想和方法等);② 该过程是指将先进的技术设备、思想、方法用于解决人类学习中所面临的各种问题的应用过程;③ 教育技术的着眼点只是实际应用。这个定义充分认识到研究领域的复杂性,强调系统方法在过程整合、因素分析、问题解决中的应用,并以学习问题的分析和解决为中心,突出了学习者的主体地位。这一主题体现了认知主义思潮的主要思想,实现了认知理论与教育技术的结合。

4. AECT 94 定义提出的背景及其对美国教育技术发展的作用

1977年在得出领域定义后,又经过将近二十年的实践与研究,教育技术已基本上具备了形成独立学科的条件,即有了明确的、区别于其他学科的研究对象和概念,形成了分析、解决教育与教学实践问题的知识体系(基本理论),具有了一套科学的方法论。所以美国教育传播与技术协会集中了几百位教育技术方面的学者、专家,经过几年的讨论,发表了新的有关教育技术的定义,即 AECT 94 定义。定义的表述是:"Instructional Technology is the theory and practice of design, development, utilization, management and evaluation of processes and resources for learning."翻译为中文可以理解为:"教学技术是对学习过程和学习资源的设计、开发、运用、管理和评价的理论与实践。"和以往的三个定义相比较，94定义更为明确、简洁、概念化，同时它也更易于理解、易于接受、易于传播。AECT组织对它的评价是"迄今为止最好的，最概念化的一个定义"。

5. AECT 2004 定义提出的背景及人们对其的期待

近些年来，一方面，由于教育理论的不断涌现和新技术的发明，如人们对于人类学习过程和知识本质的新认识、信息和技术的大发展、学习资源的数字化、绩效技术的发展等，教育技术学的理论和实践面临着许多变革与挑战。另一方面，人本主义思想的提出及其发展使人们对过去片面地强调技术进行了反思。在2004 AECT国际论坛上，美国AECT定义与术语委员会主席巴巴拉·西尔斯教授(Barbara. Seels)首次提出了AECT 2004年关于教育技术的新定义。AECT 2004年教育技术新定义的表述是："Educational Technology is the study and ethical practice of facilitating learning and improving performance by creating, using and managing appropriate technological processes and resources."彭绍东教授对此的翻译为："教育技术是通过创造、使用、管理适当的技术过程和资源，促进学习和改善绩效的研究与符合道德规范的实践。"

AECT 2004定义作为教育技术理论体系的中心概念，人们对它的期望是非常大的：一是希望它更加清楚地划出与其他领域的界线，确定教育技术专业地位；期待它进一步划清教育技术与教学论、学习论、课程论、绩效技术等学科领域的界线，以更好地指导专业发展。二是希望通过2004定义言简意赅、通俗易懂的表述使其成为普遍接受的概念，为专业认证提供相关信息，提高公众的接受与认可度，以更好地促进学术交流，使专业发展与学科建设更加规范化。三是希望通过2004定义倡导人们教育技术的实践应该符合道德规范，强调教育技术应该创新。

通过对AECT 2004定义与AECT 94定义的比较，我国教育技术专家何克抗、李文光等人认为，能够较为真实地反映目前阶段国内外教育技术研究与应用现状的、相对比较科学的教育技术学定义应如下表述：教育技术学是通过设计、开发、利用、管理、评价有合适技术支持的教育过程与教育资源，来促进学习并提高绩效的理论与实践。

1.1.2 教育技术的研究内容

迄今为止，教育技术的AECT 94定义在较大程度上影响了我国教育技术学科的理论与实践，因此，这里对教育技术内涵的理解也基于此展开。

图1.1是AECT 94定义的结构图。该定义明确了教育技术的两个研究对象，即学习过程和学习资源；五个研究内容，即设计、开发、利用、管理与评价；两个研究形态，即理论研究与实践研究。其中学习过程是学习者通过与信息、环境的相互作用获取知识和技能的认知过程，学习资源是学习过程中所要利用的各种信息和环境条件，包括支持系统和教学材料与环境。

图1.2是AECT 94定义的研究内容。设计包括过程的设计和资源的设计，该范畴包括教学系统设计、信息设计、教学策略设计、学习者特征分析等；开发是将媒体设计方案转化为物理形态的过程，开发范畴包括设计、制作和发送的功能，这个范畴根据媒体的制作技术分为四类，即印刷技术、视听技术、计算机应用技术和综合技术；利用就是使用过程和资源以促进学习的活动，包括媒体的利用、革新与推广、实施与制度化、政策与法规；管理是指通过计划、组织、协调和监督来控制教育技术，该范畴包括项目管理、资源管理、教学系统管理与信

息管理;评价就是确定教学和学习是否合格的过程,评价范畴包括问题分析、参照标准评价、形成性评价和总结性评价。

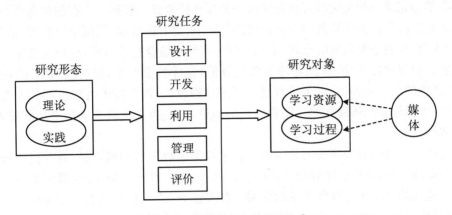

图 1.1　AECT 94 定义的结构①

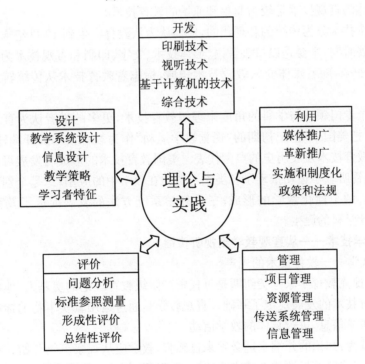

图 1.2　AECT 94 定义的研究内容②

1.2　教育技术的产生与发展

1.2.1　美国教育技术的产生与发展

关于教育技术的起源众说纷纭,有学者认为,教育技术作为进行教育活动的手段、方法

---

① 祝智庭.现代教育技术:走进信息化教育[M].北京:高等教育出版社,2001.
② 尹俊华,庄榕霞.教育技术学导论[M].北京:高等教育出版社,2002.

和技巧,它的产生应当推向更久远的古代。教育技术从发展过程看,可以追溯到古代部落教士对知识主体的分类。早期文化发明了用来积累和传播信息的象形文字或书写符号,每个时代都有其为完成一种文化教育而发明的一种教育技术或一套程序。有的学者认为教育技术的真正始祖应该为古希腊各地齐聚雅典的修辞学、哲学雄辩术、伦理学等教师,他们用"技术"这个术语,按照某种系统的方式,应用知识于实际的教育艺术过程,他们为满足教学目标的要求将认识规律公式化,对课题进行系统分析,设计教学方法,编写教材。还有人认为:"从教育产生的第一天起,就有了教育技术。"按这种说法,教育技术可以追溯到人类远古时期对生产、生活经验的传递之始。随着时代的前进,人类为完成教育不断采用新技术,导致教育技术的发展。

以芬恩(J. D. Finn)为代表的美国教育技术界大多数学者的观点是,教育技术起源于第二次产业革命时期,即自动化和原子能时代,他们认为教育技术始于20世纪20年代初期,并把视觉运动的兴起作为教育技术的发端。有人认为17~19世纪末的直观技术与哲学认识论(感觉论)应作为教育技术的初始阶段,以班级教学为形式,以书本、粉笔、黑板、图片、模型及口语为媒体的直观技术是较为简单和原始的教育技术。

有人把教育技术分为传统的和现代的,他们认为从教育产生到19世纪末这段时期是传统教育技术发展时期,主要是以口头言语、形体技术、文字、印刷和直观技术为技术手段的教育活动。19世纪末,随着媒体介入教育技术领域,标志着教育技术从传统转入到现代教育技术发展时期。

如果从一个专门领域与学科的角度来理解教育技术,更多的学者认为直观教学是教育技术的先声,并把美国20世纪初期的"视觉教学运动"作为教育技术的开端,因此美国可以作为研究国外教育技术发展历史的典型代表。美国教育技术的形成与发展可以从三个主要方面追溯:一是视听教学运动推动了各类学习资源在教学中的应用;二是个别化教学促进了以学习者为中心的个性化教学的形成;三是教学系统方法的发展促进了教育技术理论核心——教学设计学科的诞生。

1. 媒体教学技术——从直观教学到视听传播

(1) 直观教学——教育技术的先声

一般认为,捷克教育学家夸美纽斯是近代资产阶级教育理论的奠基人,他所提出的直观教学观点为教育技术的发展奠定了基础。直观教学是通过运用真实事物的标本、模型、图片等为载体传递教学信息,进行具体的教学活动。

夸美纽斯认为:知识的开端永远必须来自感官,教学应从观察事物开始。在可能的范围以内,一切事物都应该尽量地放在感官跟前;如果得不到实物,就用图像、模型等直观教具代替。他把直观教学定为教师的一条金科玉律,要求在一切的教学中普遍地运用。他按照直观教学原则编写的一本带有150幅插图的教科书《世界图解》被认为是教育技术发展史上最重要的成就之一。19世纪瑞士教育家裴斯泰洛奇、德国教育家福禄培尔及第斯多惠等人则对直观教学在欧洲和美洲大陆的传播产生了深刻的影响,使得直观教学成为教育者的有意识的教育行为。

(2) 视觉教学(Visual Instruction)——教育技术的发端

19世纪末,工业革命推动了科学技术的迅猛发展,一些新的科技成果,如照相技术、幻灯机、无声电影等被引入到了教学领域,给传统的以手工操作为主的教学送来了新的技术手段,人们意识到视觉媒体在提高教学效果方面具有的巨大潜力。20世纪初美国的视觉教学开始出现。1918~1928年十年视觉教学运动期间,一场系统的教学改革运动蓬勃发展。其中,1922年格拉迪斯等编著的《满足社区需求的电影》是第一本完整的视觉教学专著;1923年7月,美国教育协会(NEA)成立了"视觉教学部"(Division of Visual Instruction,DVI),即今天教育传播与技术协会的前身;1937年,霍本《课程视觉化》出版,系统地论述了视觉教学的理论基础、基本原则,并提出了各类媒体分类的层次模型。美国教育技术界人士大多把20世纪20年代初期美国教育领域内兴起的视觉运动作为教育技术的开端。

(3) 视听教学(Audio-Visual Instruction)——媒体教育技术的主体

20世纪末,由于有声电影和广播录音技术的发展及其在教育领域的应用,视觉教学的概念已经不能涵盖当时的教学实践,视觉教学便发展为视听教学。视听教学初期,学校教育技术发展缓慢,由于第二次世界大战爆发,视听教学在工业和军队训练中得到大力发展,美国利用视听教学快速培养了大批合格的军事人才。1945年德国投降后,德军总参谋长威廉·凯塔谈及战争失败的原因时说:"我们精确计算了一切因素,只是没有算到美国训练军备的速度,我们最大的错误就在于低估了他们迅速掌握电影教育的速度。"

第二次世界大战结束后,视听教学稳步发展,出现了一系列标志性的成果。1946年,戴尔出版《教学中的视听方法》一书,其中的"经验之塔"理论成了视听教学的主要理论根据;1947年,美国教育协会将"视觉教学部"正式改名为"视听教学部"。从此,它的工作目标更趋专业化,不仅宣传推广各级各类教育的新的视听课程计划,资助、生产和提供各种视听教材,同时还对从事视听教学资源的计划、生产和应用的人员进行培训。

(4) 视听传播(Audio-Visual Communication)——教育技术观念由媒体论向过程论和系统论过渡

第二次世界大战以后,传播理论和早期的系统观同时影响视听教学领域,传播理论使教育技术观念从静止的媒体论走向动态的过程论,而早期的系统观使教育技术观念从有形的媒体论走向无形的系统观。在这种影响下,视听教学演变为视听传播,这是教育技术发展史上一次革命性的转变。从此,视听教学从媒体论逐渐转向过程论和系统论两个方向发展,教育技术的观念开始更新。

视听传播论将教学内容、媒体、方法、人员和环境等看成教学系统要素,根据教学需要与目标对系统进行设计,设计出的系统作为一个完整的教学"产品"投入到教学情境中使用,以解决类似的教学问题。视听传播彻底改变了传统视听教学的理论架构,把对提高媒体的教学效果的研究置于整个教学过程的宏观框架中,完全改变了传统视听教学论对视听媒体进行孤立研究的方向。

2. 个别化教学技术

(1) 早期的个别化教学

个别化教学是一种适合各个学习者不同需要和特点的教学。早期个别化教学具有如下特点:教学目的明确;试图使学习适合学生个别差异,打破传统教学固定步调模式,学生能自定学习进度,但必须达到一定的教学要求才能转入下一步的学习;重视课程内容的选择与组织。它作为一种普遍的教学方法,19世纪中叶就已经存在,而作为真正的个别化教学系统出现,则是在1911~1913年间伯克在美国旧金山一个师范学校所进行的试验。早期的个别化教学试验为教育技术的个别化教学研究和实践积累了宝贵的经验。

(2) 程序教学

程序教学就是将教学内容按一定的逻辑顺序分解成若干小的学习单元,编制成教学程序,由学习者自主学习。程序教学有如下特点:小的学习步骤,自定学习步调,积极的反应,即时反馈,低错误率。

在程序教学发展中,出现了两种模式,即斯金纳的直线式程序和克劳德的分支式程序。在直线式程序模式中,所有学习单元由浅入深,学习者只要做出正确的反应就能获得强化,并被允许进入下一个学习单元;在这种程序中,学习必须按照教材程序规定的顺序进行,程序只提供反应正误的反馈信息,不提供补充学习材料。分支式程序模式中,学习的信息量大并且带有分支,允许学习者对学习单元进行选择,不同的反应将把学习者引导到不同的学习页面上;正确的反应后将呈现新的学习单元,错误的反应后将呈现补充学习单元,这种程序模式无疑使进度快的学习者不必通过所有的学习单元,使学习更加个性化。

(3) 计算机辅助教学(Computer Assisted Instruction,CAI)

20世纪60年代后期,其他个别化教学的研究也得到了一定程度的发展。由于计算机具有人机交互、动态模拟、高速运算、海量存储、控制灵活等特点,其性能大大优于早期的程序教学机器,从而人们开始探索通过计算机进行个别化教学。1959年,美国IBM公司设计了第一个计算机教学系统,利用一台IBM 650计算机和一台电传打字机向小学生教授二进制算数,并能根据学生的要求产生练习题,同时还研制了编写课件的著作语言Courseware-Ⅰ。早期的计算机辅助教学是以行为主义学习理论为指导的。

20世纪70年代末和80年代初,计算机辅助教育开始以认知心理学为理论基础发展,开始强调学习者的心理特征与认知规律,把学习看成学习者根据自己的态度、需要、兴趣、爱好,利用自己的原有认知结构,对当前外部刺激所提供的信息做出主动、有选择的信息加工过程。按照这一理论开发的计算机辅助教学系统能够充分体现个别化教学的各项要求,由于引入了人工智能技术来建造学习者的认知模型,计算机能够了解学习者的学习基础、认知结构和认知策略,能够根据学习者的需求和特点进行有针对性的个别化教学,因此是比较完善的计算机个别化教学技术。

20世纪90年代,计算机多媒体技术、网络通信技术、人工智能技术进一步发展并且交叉整合。同时,建构主义的学习理论和教学理论逐渐成熟,人们开始利用多媒体计算机和基于互联网的网络通信技术构造基于建构主义的教学系统。计算机不再只是一种辅助教学的工具,而是作为认知工具、情感激励工具以及协作和交流的工具,并能起到导师、伙伴、工具的作用,国际上开始使用计算机辅助学习这一概念来代替计算机辅助教学。即使如此,计算机辅助教学仍是计算机教育应用的主要领域,个别化教学是计算机辅助教学的基本功能。

3. 教学系统方法的形成

教学系统方法是一种系统的设计、实施和评价教与学全过程的方法。20世纪60年代,在程序教学的开发模式、行为科学和一般系统论的影响下教学系统方法逐渐形成。20世纪60年代初,加涅、格拉泽、布里格斯等将系统论思想与上述任务分析、行为目标和标准参照测试等理论、概念及方法有机结合,提出了早期的"系统化设计教学"模型。20世纪60年代中期开始,运用系统方法解决教学问题逐渐成为视听传播领域的指导思想。

20世纪70年代,"视听教学部"改名为"教育传播与技术协会"(Association for Educational Communications and Technology,AECT),其中教学系统方法的发展是促成其改名的重要原因之一。另外,教学系统方法还直接促进了教育技术学的核心——教学设计理论与方法的形成与发展。

1.2.2 我国教育技术的产生与发展

随着国外视听教育的发展,20世纪30年代视听概念引入我国。但在我国真正而且比较全面地探讨教育技术,是20世纪80年代之后的事情,教育技术学从此创立。

1. 电化教育阶段(1978年以前)

20世纪初,幻灯传入我国,开始了最早的无声电影和幻灯教育手段。1936年,当时的国民政府教育部在南京成立了电影教育委员会和播音教育委员会,这是我国最早的电教机构。1936年,教育界人士讨论确定了"电化教育"名称。1937年,商务印书馆出版了我国学者陈友松著述的第一本电教专著《有声教育电影》。1938年,金陵大学(后来并入南京大学)开设"电化教育专修科"。1945年,苏州国家教育学院建立了电化教育系。1947年,北平师范学院(现在的北京师范大学)建立直观教育馆。1949年,中华书局出版了杜维涛翻译的戴尔的名著《视听教学法之理论》。

新中国成立后于当年11月在文化部科学普及局成立了电化教育处,由留美电化教育专家萧树滋任管理科科长。1951年,北京辅仁大学教育系开设电化教育课程,由萧树滋主讲。1957年,西北师范学院教育系开设了电化教育课。1958年,北京市建立了"北京市电化教育馆"。而后三年的经济困难和1966年开始的十年"文化大革命",由于众所周知的原因,电化教育未能快速发展。

2. 定义、内涵探讨阶段(1978~1987年)

电化教育是否更名为教育技术?在我国,真正进行电化教育讨论是从1982年开始的。1984~1986年这一讨论进入高峰期。讨论的议题是:要不要改名称?改作什么?大致有如下的主张:一是认为没有必要使用"电化教育"这个名称;二是认为应改为"教育技术"。经过讨论,取得了一些共识:我国的电化教育在本质上与国外的教育技术是相同的,两者的目的都是利用科技成果去开发新的学习资源,并采用新的教学理论和方法去控制教育过程,取得最佳的教育效果,达到教学最优化。这场讨论后,国家教委在1987年发布了"高师本科专业目录",正式确定了"电化教育"的名称;而在1986年国家学位委员会批准设立教育技术硕士专业,教育技术学也就正式在我国建立起来了,同时出现了教育传播学、教育技术学、电化教育学三科鼎立、同步发展的格局。

在讨论电化教育是否更名为教育技术时,也交织着对教育技术定义、内涵的探讨。当然这种探讨大多数是与电化教育作比较进行的,分别从教育技术定义、教育技术学的研究对象、教育技术学的研究领域、教育技术学的方法等方面来探讨教育技术的定义、内涵。在涉及教育技术定义内涵的表述时,又大多是介绍西方国家的。教育技术本质是一个既涉及教育技术内涵又涉及教育技术学在教育科学中的地位和归属的问题。对于什么是教育技术的本质,大致有工具说、方式说和要素说三种观点。

3. 学科体系形成阶段(1987年至今)

我国教育技术学学科体系的形成基于三点:国外教育技术学的介绍与借鉴;我国在20世纪80年代中期对教育技术学有关理论方面的系统探讨;1986年教育技术学学科在我国的正式确定。教育技术学充分利用了众多的现代科技成果,吸收前沿科学的方法论精华,使教育技术趋于系统化和科学化,从而完善了它的理论体系。据不完全统计,到2012年,全国有200多所高等院校设置了教育技术学专业,近90所高等院校具有教育技术学专业硕士学位授予权。教育技术学专业形成了从学士到博士的完整的、多层次的、多方向的教育技术专业人才培养体系。

1.3 教育技术的理论基础

教育技术作为一门独立的学科,历史并不长。很多学科对它的形成和发展都起到了十分重要的作用,并被作为教育技术的基本理论基础。教育技术的发展与这些学科的发展也关系密切。因此,要真正理解教育技术与教育教学的关系,首先需要理解教育技术的几个重要理论基础。

1.3.1 视听教学理论

第一次世界大战以后,随着科技的进步,越来越多的媒体应用于教育。有声电影和录音的出现最终在美国教育界促成了"视听教学运动"。而戴尔的以"经验之塔"为核心的《教学中的视听方法》则是视听教学理论的代表作。戴尔认为,人的经验来源是多种多样的,有直接经验也有间接经验。他依据经验的抽象程度将其划分为三大类十个阶层(1969年修改本将"电视与电影"分为两个层次,形成11个阶层,如图1.3所示)。

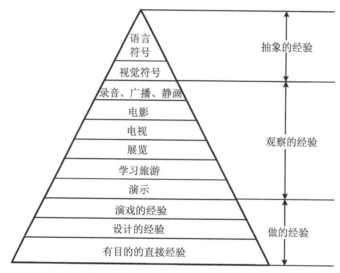

图 1.3　戴尔的"经验之塔"

1. "经验之塔"的层次结构

(1) 做的经验

有目的的直接经验,指直接地与真实事物本身接触取得的经验,是学习者通过对真实事物的看、听、尝、摸和嗅,即通过直接感知获得的具体经验。

设计的经验,指通过模型、标本等学习间接材料获得的经验。模型、标本等是通过人工设计、仿造的事物,都与真实事物的大小和复杂程度有所不同,但在教学上应用比真实事物易于领会。

演戏的经验,指把一些事情编成戏剧,让学生在戏中扮演一个角色,使他们在尽可能接近真实的情景中去获得经验。参加演戏与看戏不同,演戏可以使人们参与重复的经验,而看戏是获得观察的经验。

(2) 观察的经验

观摩示范，看别人怎么做，通过这种方式可以知道一件事是怎么做的，以后他可以自己动手去做。有时候时间、材料有限，就会采取观摩的方式，看别人的示范，以后再操作。

见习旅行，为了观察课堂上看不到的事物和情景，学习者通过参观、访问和考察活动来获取经验。

参观展览，展览陈列的一般有实物、模型、照片等，这些物品具有一定的典型性，组合在一起可以表达特定的意义。参观展览看到的事物比真实事物更突出、更集中，便于经验的获取。

电视和电影，是用图像和声音结合的表现方式，运用色彩的变换、镜头的运动以及各种蒙太奇的手法，形象化地再现现实生活。学习者通过观看影视作品，可以得到一种间接的、替代的经验。电影、电视作品不仅可以突破时空的限制，而且能用技术手段彰显事物结构本质和变换规律，使学生有身临其境的感觉，因而有较好的学习效果。

静态画面、广播和录音，对比于电影和电视，这些传播媒体仅能提供单一的听觉或视觉方面的刺激，信息量较电影、电视要少得多，因此抽象层次更高一些。但应该注意的是，照片、幻灯所呈现的静态图片相比连续画面而言更善于表现事物某一时刻的状态，便于学生观察、记录。

(3) 抽象的经验

视觉符号，指表格、地图等，它们已看不到事物的具体形态，是一种抽象的代表，如地图上的曲线代表河流，线条代表铁路等。

言语符号，语言是交际和思维的工具，包括口头语言与书面语言。这是塔的最顶层。在这里，语言把任何具体事物都抽象为一种与其毫无关联的表意符。

2. "经验之塔"理论的基本观点

① 塔最底层的经验最具体，越往上升则越抽象。但不是说获得任何经验都必须经过从底层到顶层的阶梯，也不是说下一层的经验比上一层的经验更有用。划分阶层只是为了说明各种经验的具体或抽象的程度。

② 教育教学应从具体经验入手，逐步过渡到抽象。有效的学习之路应该充满具体经验。教育教学最大的失败在于，使学生记住许多普通法则和概念时，没有具体经验作它们的支柱。

③ 教育教学不能止于具体经验，而要向抽象和普遍发展，要形成概念。概念可供推理之用，是最经济的思维工具，他把人们探求真理的智力简单化、经济化。把具体的直接经验看得过重是很危险的。

④ 在学校中，应用各种教学媒体可以使学习更为具体，从而导致更好的抽象。

⑤ 位于宝塔中层的视听教具，较语言、视觉符号更能为学生提供具体和易于理解的经验，并能冲破时空的限制，弥补其他直接经验方式的不足。

1.3.2 教育传播理论

1. 传播的概念

传播译自英语 Communication，源自拉丁语 Communis(community)。该词的中文意思可以有十几种解释，如交往、交流、交通、通信、传播等。现在一般将传播看做是传播者运用一定的媒体向受传者进行信息传递和交流的社会活动。

2. 传播的类型

一般来说,传播可以分为四大类:自然的传播、动物的传播、人的传播和机器的传播。我们在这里所探讨的传播主要指的是人的传播。在传播学中对人的传播的分类影响较广的是所谓的"四分法",将人的传播按其范围和规模分为自我传播、人际传播、组织传播和大众传播,如图 1.4 所示。

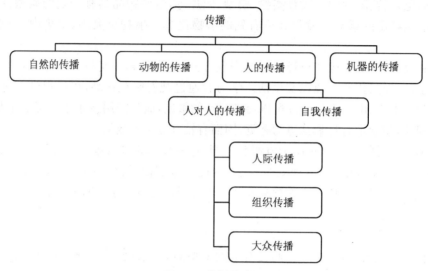

图 1.4　传播的类型

(1) 自我传播(Intra-Personal Communication)

自我传播也称人内传播、内向传播或内在传播,指个人接受外部信息并在人体内部进行信息处理的活动。从某种意义上说,作为个体系统的人内传播也是一切社会传播活动的基础。人类的自我传播基本属于心理学研究领域,有学者将其归入非社会传播范畴。但需要注意的是,自我传播的逻辑起点(外部刺激)和终点(思想或意识变化)都与外部社会保持着密切的联系,因此诸多社会学家都对其做了详细的研究,具有代表性的有米德的"主我客我论"和布鲁默的"自我互动论"。

(2) 人际传播

人际传播是个人与个人之间的信息传播活动,也是由两个个体系统相互联系组成的新的信息传播系统。人际传播是一种最典型的社会传播活动,也是人与人社会关系的直接体现。人际传播包括面对面的直接传播和以媒体为中介的间接传播。与组织传播和大众传播相比,人际传播属于一种非制度化的传播,具有自发性、自主性和非强制性的特点,是一种相对平等和自由的传播活动。

(3) 组织传播

组织传播也称团体传播,是指组织成员之间或组织与组织之间的信息交流行为。组织传播的目的就在于稳定、密切组织成员之间的关系,协调行动,减少摩擦,维持和发展组织的生命力,疏通组织内外渠道,应付外部环境的变化。一般认为,组织传播是组织为达成适应内外环境的目标而进行的信息传递与理解的互动活动。

(4) 大众传播(Mass Communication)

大众传播是指专业化的媒介组织通过一定的传播媒介,在接受国家管理下,对受众进行大规模的信息传播活动。从传播过程的性质来看,大众传播属于单向性很强的传播活动。

3. 教育传播的概念、过程及特点

教育传播是由教育者按照一定的目的和要求,选定合适的信息内容,通过有效的媒体通道,把知识、技能、思想、观念等传给特定的教育对象的一种活动。它是教育者和受教育者之间的信息交流活动。由定义可见,教育者、受教育者、教育信息和教育媒体是教育传播系统中四个最重要的要素。除此之外,教育传播活动还包括编码、译码、噪声、反馈和效果五个要素,这九个要素合起来使教育传播活动成为一个连续、动态的过程。而这一过程又可以分为确定信息、选择媒体、通道传送、接收解释、评价反馈和调整再传送六个阶段,如图1.5所示。

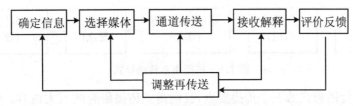

图1.5　教育传播过程的阶段

通过以上分析我们可以知道,与其他传播活动相比,教育传播活动具有以下特点:

① 明确的目的性,教育传播是以培养人才为目的的一种传播活动。
② 内容的严格规定性,教育传播的内容是按照教学计划和大纲要求严格选定的。
③ 受者的特定性。
④ 媒体和通道的多样性,教育者既可用口语和姿态做媒体,又可以用板书、模型、幻灯、电视、计算机做媒体;既可以面对面传播,又可以远距离传播。

4. 媒体和教育媒体

媒体(Media)一词来源于拉丁语"Medium",音译为媒介,意为两者之间。它是指人借助用来传递信息与获取信息的工具、渠道、载体、中介物或技术手段。也可以把媒体看做为实现信息从信息源传递到受信者的一切技术手段。媒体有两层含义,一是承载信息的物体,二是指储存、呈现、处理、传递信息的实体。

教育媒体是指在教育过程中携带和传递教育信息的物质载体和工具。教育媒体可分为传统教育媒体和现代教育媒体。传统教育媒体指教科书、黑板、实物、标本、模型、报刊图书资料、图表照片挂图等;现代教育媒体即电子技术媒体,它由两部分构成:一个是硬件,一个是软件。硬件是指各种教学机器,如幻灯机、投影器、录音机、电影机、录像机、电视机、计算机等。软件是指已录制的载有教育信息的幻灯片、投影片、录音带、电影片、录像带、计算机课件等。

根据媒体作用于人的感官不同,可将现代教学媒体分为四大类:

① 视觉教学媒体:主要包括幻灯机、投影仪、照相机、视频实物展示台等设备和相应的教学软件。
② 听觉教学媒体:主要包括收音机、录音机、CD唱机、MP3播放器、功放机、音箱等设备及相应的软件。
③ 视听教学媒体:主要包括电视机、录像机、摄像机、VCD/DVD等设备及相应教学软件。
④ 综合型教学媒体:此类教学媒体通常以可编程控制技术和现代网络通信技术为依

托,力求能够调动学习者的多种感官参与到教学互动中去;主要包括计算机辅助教学系统、语言训练系统、微格教学系统、多媒体网络教学系统等。

5. 传播过程的模式

(1) 拉斯韦尔(Haold Lasswell)模式

哈罗德·拉斯韦尔提出了一个用文字形式阐述的线性传播过程模式。他认为,描述传播行为的一个方便的方法就是回答以下几个问题:who,says what,in which channel,to whom,with what effects(谁,说了什么,通过何种通道,对谁,产生了什么效果),这就是所谓的 5W 传播模式,如图 1.6 所示。

图 1.6 拉斯韦尔传播模式

从拉斯韦尔传播模式的五个传播要素,我们得到传播研究的五大内容:控制分析,研究"谁",也就是传播者,进而探讨传播行为的原动力;内容分析,研究"说什么"(或称信息内容)以及怎样说的问题;媒体分析,研究传播通道,除了研究媒体的性能外,还要探讨媒体与传播对象的关系;受众(对象)分析,研究庞大而又复杂的受传者,了解其一般的和个别的兴趣与需要;效果分析,研究受传者对接收信息所产生的意见、态度与行为的改变等。

拉斯韦尔的模式在大众传播中获得了广泛的应用。它率先开创了传播学模式研究方法之先河。但这一模式过于简单,具有以下明显的缺陷:首先,它忽略了"反馈"的要素,是一种单向的传播模式。由于受他的模式的影响,过去的传播研究忽略了反馈过程的研究。其次,这个模式没有重视"为什么"或动机的研究问题。在动机方面,有两种值得重视的动机:一是受众为何使用传播媒体;二是传播者和传播组织为了什么去传播。第三,重视传播者的地位,忽视甚至剥夺了受传者的"主体参与"地位。

(2) 香农－韦弗(Shannon-Weaver)模式

香农－韦弗(Shannon-Weaver)在研究电报通信问题时,提出了一个传播模式,这一模式原是单向直线式的,但是他们不久就将这一模式加入了反馈系统,并引申其含义,用来解释一般的人类传播过程,如图 1.7 所示。

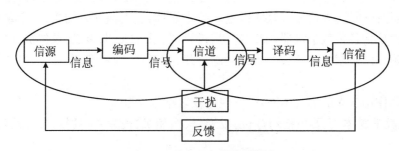

图 1.7 香农—韦弗传播模式

香农—韦弗模式把传播过程分成七个组成要素,带有反馈的双向传播系统,这一模式是用图解形式表示的。

香农—韦弗传播模式虽然是从特殊的电报通信中发展起来的,但它能用来解释人类的一般传播过程,成为其他许多传播模式的基础。它系统考虑了"信息"与"信号"之间的转换关系,运用数学模式测量信息量、信号与通道容量;同时还分析了传播中不可避免的障碍因素——噪音的问题。

(3) 贝罗(D. Berlo)的 SMCR 模式

贝罗的传播模式(图 1.8)综合了哲学、心理学、语言学、人类学、大众传播学、行为科学等新理论,去解释在传播过程中的各个不同要素。

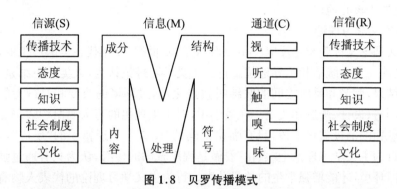

图 1.8 贝罗传播模式

这一模式把传播过程分解为四个基本要素:信源(Source)、信息(Message)、通道(Channel)和受传者(Receiver),所以简称为 SMCR 模式。用此模式来解释传播过程,说明在传播过程中,影响传播效率和效果的因素是很多的、复杂的,各因素间又是相互制约的,要提高传播效果,必须综合研究和考虑各方面的因素。

6. 教育传播基本原理

(1) 共同经验原理

教师与学生必须把沟通建立在双方共同经验范围内,才能进行有效的传播;要使学生了解一件事物,教师必须用学生经验范围内能够理解的比喻,引导他们进入新的知识领域。教育媒体的选择与设计必须充分考虑学生的经验。

(2) 抽象层次原理

传播的内容必须在学生能明白的抽象范围上进行,并且要在这个范围内的各抽象层次上下移动;既要说出抽象要点,又要用具体事物来支持;讲了熟悉的具体事物,又要分析、综合、推理、演绎得出抽象的概念。

(3) 重复作用原理

将一个概念在不同的场合重新呈现,能取得较好的传播效果;同一概念用不同的方式去重复呈现,能增强教育传播效果。

(4) 信息来源原理

有信誉的可靠的传播来源对人们有较佳的传播效果;当传者是受者乐于接受的对象时,能取得较好的传播效果。教师应以自己的言行树立为学生认可的形象与权威,同时也要与学生打成一片,做学生的知心朋友。教师选用的教材、资料的内容来源应正确、真实、可靠。

(5) 最小代价律与媒体选择原理

最小代价律:以最小的努力得到最大的收获。

媒体选择原理:预期选择率 = 可能得到的报酬/需要付出的努力。

教育媒体制作和选择的原则:选择合适的信息来源与教育媒体。要做到:方便省事,显著突出,吸引人,针对需要,注意受众已有的传播习惯。

1.3.3 学习理论

学习理论作为一门探究人类学习本质及其形成机制的心理学理论,是心理学中最古老、最核心,也是最发达的领域之一。学习理论试图解释学习是如何发生的,它有哪些规律,它是一个什么样的过程,如何才能进行有效的学习等一系列问题。在现代教育技术理论体系中,学习理论处于核心地位。

1. 行为主义学习理论

行为主义理论又称刺激—反应(S-R)理论,是20世纪20年代在美国产生的,并在20世纪60年代之前一直占统治和主导地位。行为主义学习理论认为,人类的思维是与外界环境相互作用的结果,刺激和反应之间的联结叫做强化,通过环境的改变和对行为的强化,任何行为都能被创造、设计、塑造和改变。在教学中,对学生理想的行为要给予表彰和鼓励,还要尽量少采取惩罚的消极强化手段,只有强化正确的"反应",消退错误的"反应",才能取得预期的效果。行为主义学习理论把"强化"看做是程序教学的核心,认为只有通过强化,才能形成最佳的学习环境,才能增强学生的学习动力。行为主义学习理论的代表人物有华生、巴甫洛夫、桑代克和斯金纳等。

(1) 华生

华生(John B. Waston),美国心理学家,行为主义心理学的创始人。他认为人类的行为都是后天习得的,可以通过学习和训练加以控制,只要确定了刺激和反应之间的关系,就可以通过控制环境任意塑造人的心理和行为。环境决定了一个人的行为模式,行为可以经过学习而获得,也可以通过学习而更改、增加或消除,查明了环境刺激与行为反应之间的规律性关系,就能根据刺激预知反应,或根据反应推断刺激,达到预测并控制动物和人的行为的目的。他认为,行为就是有机体用以适应环境刺激的各种躯体反应的组合,有的表现在外表,有的隐藏在内部,在他眼里人和动物没什么差异,都遵循同样的规律。华生曾说过:"给我一打健康的儿童和我所选择的特殊环境,那么我想把他们培养成什么人就培养成什么人——医生、艺术家、教师,甚至可以培养成乞丐和盗贼,不管它有什么样的才能和爱好、禀赋。"

(2) 巴甫洛夫

巴甫洛夫(Pavlov)是俄国著名的生理学家。他的条件反射理论被行为主义学派吸收成为制约行为主义的最根本原则之一。巴甫洛夫认为学习是大脑皮层暂时神经联系的形成、巩固与恢复的过程。"所有的学习都是联系的形成,而联系的形成就是思想、思维、知识"。他所说的联系就是指暂时神经联系。他说:"显然,我们的一切培育、学习和训练,一切可能的习惯都是很长系列的条件的反射。"巴甫洛夫利用条件反射的方法对人和动物的高级神经活动作了许多推测,发现了人和动物学习的最基本的机制。引起条件学习的一些基本机制有:① 习得律。有机体对条件刺激和无条件刺激(如狗对灯光与食物)之间的联系的获得阶段称为条件反射的习得阶段。② 泛化。条件反射一旦建立,那些与原来刺激相似的新刺激也可能唤起反应,这称之为条件反射的泛化。③ 分化(辨别)。分化是与泛化互补的过程。泛化是指对类似的事物做出相同的反应,辨别则是对刺激的差异的不同反应,即只对特定刺激给予强化,而对引起条件反射泛化的类似刺激不予强化,这样,条件反射就可得到分化,类似的不相同的刺激就可以得到辨别。

(3) 桑代克

桑代克(Edward Lee Thorndike),动物心理学鼻祖,联结主义心理学创始人,学习理论的奠基人之一。桑代克认为学习是一种渐进的尝试错误的过程,随着错误反应逐渐减少正确反映逐渐增加,终于形成稳固的刺激—反应的联结,即 S-R 之间的联结。桑代克认为试误学习成功的条件有三个:准备律、练习律、效果律。

① 准备律。连接的加强和削弱取决于学习者的心理准备和心理调节。当任何传导单位准备传导时,给予传导就引起满意;当任何传导单位不准备传导时,勉强要他传导就引起烦恼。

② 练习律。练习律又分为应用律和失用律:应用律是指一个联结的使用(练习),会增加这个联结的力量;失用律是指一个联结的失用(不练习),会减弱这个联结的力量或使之遗忘。一个已形成的可以改变的联结,若加以应用,就会使这个联结增强,反之减弱。

③ 效果律。它是指凡是在一定的情境内引起满意之感的动作,就会和那一情境发生联系,其结果是当这种情境再现时,这一动作就会比以前更易于重现。反之,凡是在一定的情境内引起不适之感的动作,就会与那一情境发生分裂,其结果是当这种情境再现时,这一动作就会比以前更难于再现。

(4) 斯金纳

伯尔赫斯·弗雷德里克·斯金纳(Burrhus Frederic Skinner),美国心理学家,新行为主义学习理论的创始人,也是行为主义学派最负盛名的代表人物。在巴甫洛夫经典性条件反射理论和桑代克的学习理论影响下,斯金纳于 1937 年提出了操作性条件反射学说,根据操作性条件反射的强化观点提出了自己的学习理论,并把在动物学习实验研究中所确定的一些规律,用之于教学,提倡程序教学与机器教学,以改革传统教学方式,这些曾得到广泛的支持。

斯金纳认为心理学所关心的是可以观察到的外表的行为,而不是行为的内部机制。科学必须在自然科学的范围内进行研究,其任务就是要确定实验者控制的刺激继之而来的有机体反应之间的函数关系。当然他不仅考虑到一个刺激与一个反应之间的关系,也考虑到那些改变刺激与反应的关系的条件,他的公式为:$R=f(S\circ A)$。行为主义的主要观点是认为心理学不应该研究意识,只应该研究行为,把行为与意识完全对立起来。在研究方法上,行为主义主张采用客观的实验方法,而不使用内省法。他把学习的历程分为两种类型:应答型条件作用和操作型条件作用。经典行为主义研究的是前者,而斯金纳研究的重点是后者。

2. 认知主义学习理论

认知主义学习理论与行为主义学习理论相对立,源自于格式塔学派的认知主义学习论。20 世纪 50 年代中期之后,随着布鲁纳、奥苏贝尔等一批认知心理学家的大量创造性的工作,学习理论的研究自桑代克之后又进入了一个辉煌时期。他们认为,学习就是面对当前的问题情境,在内心经过积极的组织,从而形成和发展认知结构的过程,强调刺激反应之间的联系是以意识为中介的,强调认知过程的重要性。

(1) 苛勒的顿悟说

学习的认知理论起源于德国格式塔心理学派的完形理论。格式塔心理学的创始人是德国心理学家韦特海墨(M. Wertheimer)、科夫卡(K. Koffka)和苛勒(W. K. Hler)。苛勒历时 7 年,以黑猩猩为对象进行了 18 个实验,依据其结果撰写了《猩猩的智慧》一文。他发挥了格式塔理论,提出了顿悟说,主要观点:第一,学习是组织、构造一种完形,而不是刺激与反应的简单联结；第二，学习是顿悟，而不是通过尝试错误来实现的。顿悟说重视的是刺激和反应之间的组织作用，认为这种组织表现为知觉经验中旧的组织结构（格式塔）的豁然改组或新结构的顿悟。

(2) 托尔曼的认知—目的论

托尔曼(E. C. Tolman)是美国心理学家，1923年到德国，曾会见科夫卡。他担任过加利福尼亚大学、哈佛大学的心理学教授，曾任第14届国际心理科学联合会主席。他对各派采取兼容并包的态度，以博采众家之长而著称。他既欣赏联结派的客观性和测量行为方法的简便，又受到格式塔整体学习观的影响。他的学习理论有很多名称，如符号学习说、学习目的说、潜伏学习说、期待学习说。

托尔曼对S-R联结说的解释不满，他认为学习的结果不是S与R的直接联结，主张把S-R公式改为S-O-R公式。在后一公式中，O代表有机体的内部变化。托尔曼的学习理论有两大特点：第一，一切学习都是有目的的活动。第二，为达到学习目的，必须对学习条件进行认知。托尔曼用"符号"来代表有机体对环境的认知，认为学习者在达到目的的过程中，学习的是能达到目的的符号及其符号所代表的意义，是形成一定的"认知地图"，这才是学习的实质。托尔曼的学习目的和学习认知概念，直接来自格式塔学派的完形说，吸取了完形派思想中某些积极成果，认为行为表现为整体的行为，这种有目的的整体性的行为是学习认知的结果。托尔曼把试误论与目的认知论相结合，认为在刺激和反应之间有目的与认知等中介变量，不但研究行为的外部表现，还要探讨内部大脑活动。关于学习出现的原因，托尔曼认为外在的强化并不是学习产生的必要因素，不强化也会出现学习。

(3) 皮亚杰的认知结构理论

皮亚杰(J. Piaget)是瑞士心理学家，是一位当代最著名的儿童心理学家和发生认识论专家。他认为认知结构就是学习者头脑里的知识结构，它是学习者全部观念或某一知识领域内观念的内容和组织。他认为，学习使新材料或新经验和旧的材料或经验结为一体，这样形成一个内部的知识结构，即认知结构。皮亚杰指出，这个结构是以图式、同化、顺应和平衡的形式表现出来的。

(4) 布鲁纳的认知发现说

布鲁纳(J. S. Bruner)是美国著名的教育心理学家、哈佛大学教授。他于1960年创建了哈佛大学认知研究中心，任中心主任；1962～1964年间任白宫教育委员会委员。其主要著作有《教育过程》《思维的研究》《认知心理学》《发现的行为》。

布鲁纳的认知学习理论受完形说、托尔曼的思想和皮亚杰发生认识论思想的影响，认为学习是一个认知过程，是学习者主动地形成认知结构的过程。而布鲁纳的认知学习理论与完形说及托尔曼的理论又是有区别的。其中最大的区别在于完形说及托尔曼的学习理论是建立在对动物学习进行研究的基础上的，所谈的认知是知觉水平上的认知；而布鲁纳的认知学习理论是建立在对人类学习进行研究的基础上的，所谈认知是抽象思维水平上的认知。其基本观点主要表现在三个方面：第一，学习是主动地形成认知结构的过程；第二，强调对学科的基本结构的学习；第三，通过主动发现形成认知结构。布鲁纳认为发现学习的作用有以下几点：一是提高智慧的潜力；二是使外来动因变成内在动机；三是学会发现；四是有助于对所学材料保持记忆。因此，认知发现说是值得特别重视的一种学习理论。认知发现说强调学习的主动性，强调已有认知结构、学习内容的结构、学生独立思考等的重要作用。这些对培育现代化人才是有积极意义的。

(5) 奥苏贝尔的认知同化论

奥苏贝尔(D. P. Ausubel)是美国纽约州大学研究院的教育心理学教授，其理论是美国最新理论之一，主要著作有《意义言语学习心理学》《教育心理学：一种认知的观点》《学校学习：教育心理学导论》。

奥苏贝尔与布鲁纳一样，同属认知结构论者，认为"学习是认知结构的重组"，他着重研究了课堂教学的规律。奥苏贝尔既重视原有认知结构（知识经验系统）的作用，又强调关心学习材料本身的内在逻辑关系；认为学习变化的实质在于新旧知识在学习者头脑中的相互作用，那些新的有内在逻辑关系的学习材料与学生原有的认知结构发生关系，进行同化和改组，在学习者头脑中产生新的意义。奥苏贝尔的认知同化论的主要观点是：第一，有意义学习的过程是新的意义被同化的过程。奥苏贝尔的学习理论将认知方面的学习分为机械的学习与有意义的学习两大类。机械学习的实质是形成文字符号的表面联系，学生不理解文字符号的实质，其心理过程是联想。有意义学习的实质是个体获得有逻辑意义的文字符号的意义，是以符号为代表的新观念与学生认知结构中原有的观念建立实质性的而非人为的联系。第二，同化可以通过接受学习的方式进行。接受学习是指学习的主要内容基本上是以定论的形式被学生接受的。

(6) 加涅的学习条件论和信息加工理论

加涅(R. M. Gagne)是美国加利福尼亚大学教授，被公认为当今美国第一流的教育心理学家和学习实验心理学家。他的理论代表现代认知派学习观的一个新动向、新发展。加涅的主要著作有《学习的条件》《教学设计原理》《知识的获得》等。

加涅认为学习是一种将外部输入的信息转换为记忆结构和以人类作业为形式的输出过程，要经历接受神经冲动、选择性知觉、语义性编码、检查、反应组织、作业等阶段，反馈及强化贯穿于整个学习过程。学习受外部和内部两大类条件所制约。外部条件主要是输入刺激的结构与形式，内部条件是主体以前习得的知识技能、动机和学习能力等。加涅认为，教育是学习的一种外部条件，其成功与否在于是否有效地适合和利用内部条件。

加涅被公认为是将行为主义学习论与认知主义学习论相结合的代表。加涅认为，学习是学习者神经系统中发生的各种过程的复合。学习不是刺激反应间的一种简单联结，因为刺激是由人的中枢神经系统以一些完全不同的方式来加工的，了解学习也就在于指出这些不同的加工过程是如何起作用的。在加涅的信息加工学习论中，学习的发生同样可以表现为刺激与反应，刺激是作用于学习者感官的事件，而反应则是由感觉输入及其后继的各种转换而引发的行动，反应可以通过操作水平变化的方式加以描述。但刺激与反应之间存在着"学习者""记忆"等学习的基本要素。学习者是一个活生生的人，他们拥有感官，通过感官接受刺激；他们拥有大脑，通过大脑以各种复杂的方式转换来自感官的信息；他们有肌肉，通过肌肉动作显示已学到的内容。学习者不断接受到各种刺激，被组织进各种不同形式的神经活动中，其中有些被储存在记忆中，在做出各种反应时，这些记忆中的内容也可以直接转换成外显的行动。

对认知派学习理论的评价：认知派学习理论为教学论提供了理论依据，丰富了教育心理学的内容，为推动教育心理学的发展立下了汗马功劳。认知派学习理论的主要贡献是：

① 重视人在学习活动中的主体价值，充分肯定了学习者的自觉能动性。

② 强调认知、意义理解、独立思考等意识活动在学习中的重要地位和作用。

③ 重视了人在学习活动中的准备状态。即一个人学习的效果，不仅取决于外部刺激和

个体的主观努力,还取决于一个人已有的知识水平、认知结构、非认知因素。准备是任何有意义学习赖以产生的前提。

④ 重视强化的功能。认知学习理论由于把人的学习看成是一种积极主动的过程,因而很重视内在的动机与学习活动本身带来的内在强化的作用。

⑤ 主张人的学习的创造性。布鲁纳提倡的发现学习论就强调学生学习的灵活性、主动性和发现性。它要求学生自己观察、探索和实验,发扬创造精神,独立思考,改组材料,自己发现知识、掌握原理原则,提倡一种探究性的学习方法。强调通过发现学习来使学生开发智慧潜力,调节和强化学习动机,牢固掌握知识并形成创新的本领。

认知学习理论的不足之处是没有揭示学习过程的心理结构。我们认为学习心理是由学习过程中的心理结构,即智力因素与非智力因素两大部分组成的。智力因素是学习过程的心理基础,对学习起直接作用;非智力因素是学习过程的心理条件,对学习起间接作用。只有使智力因素与非智力因素紧密结合,才能使学习达到预期的目的。而认知学习理论对非智力因素的研究是不够重视的。

3. 建构主义学习理论

建构主义(Constructivism),其最早提出者可追溯至瑞士的皮亚杰(J. Piaget)。他是认知发展领域最有影响的一位心理学家,所创立的关于儿童认知发展的学派被人们称为日内瓦学派。皮亚杰的理论充满唯物辩证法,他坚持从内因和外因相互作用的观点来研究儿童的认知发展。他认为,儿童是在与周围环境相互作用的过程中,逐步建构起关于外部世界的知识,从而使自身认知结构得到发展。

儿童与环境的相互作用涉及两个基本过程:"同化"与"顺应"。同化是指把外部环境中的有关信息吸收进来并结合到儿童已有的认知结构(也称"图式")中,即个体把外界刺激所提供的信息整合到自己原有认知结构内的过程;顺应是指外部环境发生变化,而原有认知结构无法同化新环境提供的信息时所引起的儿童认知结构发生重组与改造的过程,即个体的认知结构因外部刺激的影响而发生改变的过程。可见,同化是认知结构数量的扩充(图式扩充),而顺应则是认知结构性质的改变(图式改变)。认知个体(儿童)就是通过同化与顺应这两种形式来达到与周围环境的平衡:当儿童能用现有图式去同化新信息时,他是处于一种平衡的认知状态;而当现有图式不能同化新信息时,平衡即被破坏,而修改或创造新图式(即顺应)的过程就是寻找新的平衡的过程。儿童的认知结构就是通过同化与顺应过程逐步建构起来的,并在"平衡—不平衡—新的平衡"的循环中得到不断的丰富、提高和发展。这就是皮亚杰关于建构主义的基本观点。

在皮亚杰的上述理论的基础上,科尔伯格在认知结构的性质与认知结构的发展条件等方面作了进一步的研究;斯腾伯格和卡茨等人则强调了个体的主动性在建构认知结构过程中的关键作用,并对认知过程中如何发挥个体的主动性作了认真的探索;维果斯基创立的"文化历史发展理论"则强调认知过程中学习者所处社会文化历史背景的作用,在此基础上以维果斯基为首的维列鲁学派深入地研究了"活动"和"社会交往"在人的高级心理机能发展中的重要作用。所有这些研究都使建构主义理论得到进一步的丰富和完善,为其实际应用于教学过程创造了条件。

建构主义源自关于儿童认知发展的理论,由于个体的认知发展与学习过程密切相关,因此利用建构主义可以比较好地说明人类学习过程的认知规律,即能较好地说明学习如何发生、意义如何建构、概念如何形成,以及理想的学习环境应包含哪些主要因素等。总之,在建构主义思想指导下可以形成一套新的比较有效的认知学习理论,并在此基础上实现较理想的建构主义学习环境。

建构主义学习理论的基本内容可从"学习的含义"(即关于"什么是学习")与"学习的方法"(即关于"如何进行学习")这两个方面进行说明。

(1) 关于学习的含义

建构主义认为,知识不是通过教师传授得到,而是学习者在一定的情境即社会文化背景下,借助其他人(包括教师和学习伙伴)的帮助,利用必要的学习资料,通过意义建构的方式而获得。由于学习是在一定的情境即社会文化背景下,借助其他人的帮助即通过人际间的协作活动而实现的意义建构过程,因此建构主义学习理论认为"情境""协作""会话"和"意义建构"是学习环境中的四大要素或四大属性。

① "情境":学习环境中的情境必须有利于学生对所学内容的意义建构。这就对教学设计提出了新的要求,也就是说,在建构主义学习环境下,教学设计不仅要考虑教学目标分析,还要考虑有利于学生建构意义的情境的创设问题,并把情境创设看做是教学设计的最重要内容之一。

② "协作":协作发生在学习过程的始终。协作对学习资料的搜集与分析、假设的提出与验证、学习成果的评价直至意义的最终建构均有重要作用。

③ "会话":会话是协作过程中不可缺少的环节。学习小组成员之间必须通过会话商讨如何完成规定的学习任务的计划;此外,协作学习过程也是会话过程,在此过程中,每个学习者的思维成果(智慧)为整个学习群体所共享,因此会话是达到意义建构的重要手段之一。

④ "意义建构":这是整个学习过程的最终目标。所要建构的意义是指:事物的性质、规律以及事物之间的内在联系。在学习过程中帮助学生建构意义就是要帮助学生对当前学习内容所反映的事物的性质、规律以及该事物与其他事物之间的内在联系达到较深刻的理解。这种理解在大脑中的长期存储形式就是前面提到的"图式",也就是关于当前所学内容的认知结构。由以上所述的"学习"的含义可知,学习的质量是学习者建构意义能力的函数,而不是学习者重现教师思维过程能力的函数。换句话说,获得知识的多少取决于学习者根据自身经验去建构有关知识的意义的能力,而不取决于学习者记忆和背诵教师讲授内容的能力。

为了深入理解建构主义对学习的理解,我们来看一幅"鱼牛"童话:池塘里,青蛙和鱼是好朋友,青蛙是两栖类动物,可以到陆地上去。有一天,青蛙在陆地上看到一头牛,它回去跟鱼说,这真是一种奇怪的动物,它的身体很大,头上长着两个犄角,吃青草为生,身上有着黑白相间的斑点,长着四只粗壮的腿,还有大大的乳房。鱼惊叫道:"哇,好怪哟!"同时脑海里即刻勾画出她心目中的"牛"的形象:一个大大的鱼身子,头上长着两个犄角,嘴里吃着青草……见图 1.9。我们说,鱼脑子中的牛形象("鱼牛")在客观上是错误的,但对于鱼来说是合理的,它将新信息与自己脑子中已有的知识相结合,构建出了"鱼牛"。除此之外,还有"鱼鸟"童话和"鱼人"童话等,见图 1.10。

"鱼牛"的童话说明,人是按照自己的原有经验构建对事物的理解的。比如,意大利人描绘的苏州完全是威尼斯的翻版,见图 1.11。人类对外星人长相的描绘中,无论外星人长相多么奇怪,但都是由鼻子、眼睛、耳朵、嘴巴、四肢和身体组成的,见图 1.12,这是依赖于人类对于"人的长相"理解的经验。或许有一天,我们见到了真正的外星人,才发现原来外星人根本没有头!

图 1.9 "鱼牛"童话

图 1.10 "鱼鸟"童话和"鱼人"童话

图 1.11 意大利画家笔下的苏州

(2) 学习方法

建构主义提倡在教师指导下的、以学习者为中心的学习,也就是说,既强调学习者的认知主体作用,又不忽视教师的指导作用。教师是意义建构的帮助者、促进者,而不是知识的传授者与灌输者。学生是信息加工的主体、是意义的主动建构者,而不是外部刺激的被动接受者和被灌输的对象。学生要成为意义的主动建构者,就要求学生在学习过程中从以下几个方面发挥主体作用:

① 要用探索法、发现法去建构知识的意义。

② 在建构意义过程中要求学生主动去搜集并分析有关的信息和资料,对所学习的问题

要提出各种假设并努力加以验证。

③ 要把当前学习内容所反映的事物尽量和自己已经知道的事物相联系,并对这种联系加以认真的思考。"联系"与"思考"是意义构建的关键。如果能把联系与思考的过程与协作学习中的协商过程(即交流、讨论的过程)结合起来,则学生建构意义的效率会更高、质量会更好。协商有"自我协商"与"相互协商"(也叫"内部协商"与"社会协商")两种,自我协商是指自己和自己争辩什么是正确的;相互协商则指学习小组内部相互之间的讨论与辩论。

图 1.12　人类描绘的外星人形象

④ 教师要成为学生建构意义的帮助者,就要求教师在教学过程中从以下两个方面发挥指导作用:激发学生的学习兴趣,帮助学生形成学习动机;通过创设符合教学内容要求的情境和提示新旧知识之间联系的线索,帮助学生建构当前所学知识的意义。

为了使意义建构更有效,教师应在可能的条件下组织协作学习(开展讨论与交流),并对协作学习过程进行引导使之朝有利于意义建构的方向发展。引导的方法包括:提出适当的问题以引起学生的思考和讨论;在讨论中设法把问题一步步引向深入以加深学生对所学内容的理解;要启发诱导学生自己去发现规律、自己去纠正和补充错误的或片面的认识。

(3) 教学思想

建构主义所蕴涵的教学思想主要反映在知识观、学习观、学生观、师生角色的定位及其作用、学习环境和教学原则等六个方面。

① 建构主义的知识观:知识不是对现实的纯粹客观的反映,任何一种传载知识的符号系统也不是绝对真实的表征。它只不过是人们对客观世界的一种解释、假设或假说,不是问题的最终答案,必将随着人们认识程度的深入而不断地变革、升华和改写,出现新的解释和假设。

知识并不能绝对准确无误地概括世界的法则,提供对任何活动或问题解决都实用的方法。在具体的问题解决中,知识是不可能一用就准,一用就灵的,而是需要针对具体问题的情景对原有知识进行再加工和再创造。

知识不可能以实体的形式存在于个体之外,尽管通过语言赋予了知识一定的外在形式,并且获得了较为普遍的认同,但这并不意味着学习者对这种知识有同样的理解。真正的理解只能由学习者自身基于自己的经验背景而建构起来,取决于特定情况下的学习活动过程,否则就不叫理解,而是叫死记硬背或生吞活剥,是被动的复制式的学习。

② 建构主义的学习观:学习不是由教师把知识简单地传递给学生,而是由学生自己建构知识的过程。学生不是简单被动地接收信息,而是主动地建构知识的意义,这种建构是无法由他人来代替的。

学习不是被动接收信息刺激,而是主动地建构意义,是根据自己的经验背景,对外部信息进行主动地选择、加工和处理,从而获得自己的意义。外部信息本身没有什么意义,意义是学习者通过新旧知识经验间的反复的、双向的相互作用过程而建构成的。因此,学习不是像行为主义所描述的"刺激—反应"那样。

学习意义的获得,是每个学习者以自己原有的知识经验为基础,对新信息重新认识和编码,建构自己的理解。在这一过程中,学习者原有的知识经验因为新知识经验的进入而发生调整和改变。

同化和顺应,是学习者认知结构发生变化的两种途径或方式。同化是认知结构的量变,而顺应则是认知结构的质变。同化—顺应—同化—顺应……循环往复,平衡—不平衡—平衡—不平衡,相互交替,人的认知水平的发展,就是这样的一个过程。学习不是简单的信息积累,更重要的是包含新旧知识经验的冲突,以及由此而引发的认知结构的重组。学习过程不是简单的信息输入、存储和提取,是新旧知识经验之间的双向的相互作用过程,也就是学习者与学习环境之间互动的过程。

③ 建构主义的学生观:建构主义强调,学习者并不是空着脑袋进入学习情境中的。在日常生活和以往各种形式的学习中,他们已经形成了有关的知识经验,他们对任何事情都有自己的看法。即使是有些问题他们从来没有接触过,没有现成的经验可以借鉴,但是当问题呈现于他们面前时,他们还是会基于以往的经验,依靠他们的认知能力,形成对问题的解释,提出他们的假设。

教学不能无视学习者的已有知识经验,简单强硬地从外部对学习者实施知识的"填灌",而是应当把学习者原有的知识经验作为新知识的生长点,引导学习者从原有的知识经验中生长新的知识经验。教学不是知识的传递,而是知识的处理和转换。教师不单是知识的呈现者,不是知识权威的象征,而应该重视学生自己对各种现象的理解,倾听他们时下的看法,思考他们这些想法的由来,并以此为据,引导学生丰富或调整自己的解释。

教师与学生、学生与学生之间需要共同针对某些问题进行探索,并在探索的过程中相互交流和质疑,了解彼此的想法。由于经验背景的差异的不可避免,学习者对问题的看法和理解经常是千差万别的。其实,在学生的共同体中,这些差异本身就是一种宝贵的现象资源。建构主义虽然非常重视个体的自我发展,但是他也不否认外部引导,亦即教师的影响作用。

④ 建构主义的师生定位:教师的角色是学生建构知识的忠实支持者。教师的作用从传统的传递知识的权威转变为学生学习的辅导者,成为学生学习的高级伙伴或合作者。教师应该给学生提供复杂的真实问题。他们不仅必须开发或发现这些问题,而且必须认识到复杂问题有多种答案,激励学生对问题解决的多重观点,这显然是与创造性的教学活动宗旨紧密相吻合的。教师必须创设一种良好的学习环境,学生在这种环境中可以通过实验、独立探究、合作学习等方式来展开他们的学习。教师必须保证学习活动和学习内容保持平衡。教师必须提供学生元认知工具和心理测量工具,培养学生评判性的认知加工策略,以及自己建构知识和理解的心理模式。教师应认识教学目标包括认知目标和情感目标。教学是逐步减少外部控制、增加学生自我控制学习的过程。

教师要成为学生建构知识的积极帮助者和引导者,应当激发学生的学习兴趣,引发和保持学生的学习动机;通过创设符合教学内容要求的情景和提示新旧知识之间联系的线索,帮助学生建构当前所学知识的意义。为使学生的意义建构更为有效,教师应尽可能组织协作学习,展开讨论和交流,并对协作学习过程进行引导,使之朝有利于意义建构的方向发展。

学生的角色是教学活动的积极参与者和知识的积极建构者。建构主义要求学生面对认知复杂的真实世界的情境,并在复杂的真实情境中完成任务,因而,学生需要采取一种新的学习风格、新的认识加工策略,形成自己是知识与理解的建构者的心理模式。建构主义教学比传统教学要求学生承担更多的管理自己学习的机会;教师应当注意使机会永远处于维果斯基提出的"学生最近发展区",并为学生提供一定的辅导。

学生要用探索法和发现法去建构知识的意义;在建构意义的过程中要求学生主动去搜集和分析有关的信息资料,对所学的问题提出各种假设并努力加以验证;要善于把当前学习内容尽量与自己已有的知识经验联系起来,并对这种联系加以认真思考。联系和思考是意义建构的关键。它最好的效果是与协商过程结合起来。

⑤ 建构主义的学习环境:建构主义认为,学习者的知识是在一定情境下,借助于他人的帮助,如人与人之间的协作、交流、利用必要的信息等,通过意义的建构而获得的。理想的学习环境应当包括情境、协作、交流和意义建构四个部分。

⑥ 建构主义的教学原则包括:

把所有的学习任务都置于为了能够更有效地适应世界的学习中。

教学目标应该与学生的学习环境中的目标相符合,教师确定的问题应该使学生感到就是他们本人的问题。

设计真实的任务。真实的活动是学习环境的重要的特征。在课堂教学中应该使用真实的任务和日常的活动或实践整合多重的内容或技能。

设计能够反映学生在学习结束后就从事有效行动的复杂环境。

给予学生解决问题的自主权。教师应该刺激学生的思维,激发他们自己解决问题。

设计支持和激发学生思维的学习环境。

鼓励学生在社会背景中检测自己的观点。

支持学生对所学内容与学习过程的反思,发展学生的自我控制的技能,使其成为独立的学习者。

4. 情境学习理论

站在人类学的立场上,莱夫和温格对有关学习的概念进行了极其深刻的反思,将研究的重点放在完整的人身上,将知识视为个人与社会或物理情境之间联系的属性以及它们之间互动的产物,将研究聚焦于实践共同体中学习者的社会参与,从而将参与视为学习的主要成分。在莱夫和温格 1991 年出版的代表作《情境学习:合法的边缘性参与》这本书中,他们提出了三个核心概念[①]:一是实践共同体,它所指的是由从事实际工作的人们组成的共同体,而新来者将进入这个共同体并试图从中获得这个共同体中的社会文化实践。二是合法的边缘性参与。所谓合法,是指实践共同体中的各方都愿意接受新手成为共同体中的一员;所谓边缘,是指学习者开始只能围绕核心成员学习,试图参与学习共同体的工作并试图对学习共同体做出贡献,随着学习经验的增长,慢慢地变成了有经验的或熟练的成员,才有可能进入学习共同体的核心而成为核心成员;所谓参与,是指在实际的工作参与中,在做中学习知识,因为知识是存在于实践共同体的实践中,而不是书本中。第三个核心概念是学徒制,也就是采用师傅带徒弟的方法进行学习。

(1) 情境学习理论对学习的理解

情境学习理论认为,学习不仅仅是个体性的意义建构的心理过程,而更是一个社会性的、实践性的、交往性的参与过程。学习的本质就是对话,在学习的过程中所经历的就是广泛的社会协商。它强调两条学习原理:第一,在真实情境中呈现知识,把学与用结合起来,让学习者像专家或熟手一样进行思考和实践。第二,通过社会性互动和协作来进行学习。学

---

① J・莱夫,J・温格. 情境学习:合法的边缘性参与[M]. 王文静,译. 上海:华东师范大学出版社,2004.

习的过程就是合法的边缘性参与,即建立实践共同体。合法的边缘性参与表述了在真实情境中,实践共同体学习成员开始由边缘或外围开始,逐渐进入核心地带,进而不断深入参与实践。合法的边缘性参与阐释的是,在实践共同体中,随时间的推移与学习者经验的增加,学习者能够合理分享和利用共同体所积累的相关资源。实践共同体是一个没有社会角色限制的自发形成的学习组织,其特点在于正向、积极、多元、包容,其成员有着共同愿景、学习愿望并乐于分享学习经验,能够在目标明确、意义清晰的基础上,通过社会协商来确定其需要进行的共同学习或共同实践。

(2) 情境学习理论的知识观

学习是一个社会性的、实践性的、交往性的参与过程,学习过程中所经历的就是广泛的社会协商,这一过程必然导致对知识的社会性和情境性的主张,主张知识的相对主义。第一,知识是情境性的。与学习过程一样,知识根植于学习情境。知识将不再是行为主义视野中的行为的变化,也不是认知主义阐述的心理内部之表征,而是学习者与情境发生的互动与关联。也就是说,知识将有着学习者与学习情境联系的属性,它分布于或来源于真实情境中。这样,知识也是情境的组成部分。第二,知识不是静态的而是动态性的。知识就其特质而论,并非仅仅是抽象、静态的东西,而更是一种基于社会情境的鲜活而充满动感的事实。第三,知识具有互动性。知识不仅是在互动中获得建构,更是个体与情境相互影响、相互制约、相互作用的过程中形成与发展起来的。可以说,正因为个体与情境、个体与个体之间的交互,才形成了种种认知、体验以及适应、更新与创造环境的知识和能力。第五,知识具有分布性。知识是分散在人们大脑中的,而不是集中在某一专家或教师的头脑里。人们所掌握的知识,性质、种类和数量是有限的,没有一个人能掌握所有的知识。不仅如此,知识还分布于生命的不同阶段,任何个体在不同的生命阶段都必须学习,以拥有相应的知识。第六,知识的共享性属性表明,分布于学习者个体身上的知识可以在学习者之间通过相互交流,相互传播实现彼此共享,由个人知识转化为公共知识。

(3) 情境理论中的学习者

情境学习理论认为学习者是学习共同体中的一个成员同时也是学习情境的组成元素。这意味着学习者在学习共同体发生学习的过程中也改变着整个学习共同体的学习环境。也就是说,处于发展进程中的学习个体将带动学习情境的变化,学习情境的变化反过来又对学习个体的发展提供新的学习资源和学习机会。如此互为因果,周而复始。进一步推论,学习者的学习环境能够改变学习者,同时学习者也在改变着自身的学习环境。在这一理论的关照下,学习者所处的学习文化或学习氛围就是由学习者自己创建的,而不是外加给学习者的其他物,任何对学习氛围的抱怨都将变得没有道理。

(4) 情境学习理论中的教师定位

教师是正式学习活动中实践共同体的缔造者,是实践共同体的初期核心,是实践共同体中的专家。

(5) 情境学习理论的相关

情境学习理论所依赖的哲学基础应当呈"情境理性"和"沟通理性"的知识观。哈贝马斯在1981年正式出版《交往行为理论》并于1984年修订,提出交往理性或沟通理性;在1994年出版的《后形而上学思维》一书中正式提出"情境理性"的概念。情境理性最核心的思想就是人类的理性总是嵌入在具体情境里的,并随着情境的变化而变化;先验的、抽象的、普适的理性是不存在的。每一种情境都是人类在某一个特定的时空点上发生着的认知过程与人生体验。所以正如哈贝马斯所言,情境理性最讲究的就是学习者之间相互采取一种理解对方的态度进行充分的对话和交流,不断扩大个人"局部时空的知识"。情境学习理论还能在维果斯基的社会文化理论中找到线索。维果斯基认为社会环境对学习有关键性的作用,认为社会因素与个人因素的整合促成了学习。另外,戴尔经验之塔中也包含着情境学习的基本思想。

1.4 教育技术与教师

1.4.1 教育技术与教师信息素养

"信息素养"(Information Literacy)的本质是全球信息化需要人们具备的一种基本能力。信息素养这一概念是信息产业协会主席保罗·泽考斯基于1974年在美国提出的。简单的定义来自1989年美国图书馆学会(American Library Association,ALA),它包括:能够判断什么时候需要信息,并且懂得如何去获取信息,如何去评价和有效利用所需的信息。

信息素养包含了技术和人文两个层面的意义:从技术层面来讲,信息素养反映的是人们利用信息的意识和能力;从人文层面来讲,信息素养也反映了人们面对信息的心理状态,或者说面对信息的修养。具体而言,信息素养应包含以下五个方面的内容:

① 热爱生活,有获取新信息的意愿,能够主动地从生活实践中不断地查找、探究新信息。

② 具有基本的科学和文化常识,能够较为自如地对获得的信息进行辨别和分析,正确地加以评估。

③ 可灵活地支配信息,较好地掌握选择信息、拒绝信息的技能。

④ 能够有效地利用信息,表达个人的思想和观念,并乐意与他人分享不同的见解或资讯。

⑤ 无论面对何种情境,能够充满自信地运用各类信息解决问题,有较强的创新意识和进取精神。

美国提出的"信息素养"概念则包括三个层面:文化层面(知识方面)、信息意识(意识方面)、信息技能(技术方面)。经过一段时期之后,正式定义为:"要成为一个有信息素养的人,他必须能够确定何时需要信息,并已具有检索、评价和有效使用所需信息的能力。"

而在《信息素养全美论坛的终结报告》中,再次对信息素养的概念作了详尽表述:"一个有信息素养的人,他能够认识到精确和完整的信息是做出合理决策的基础;能够确定信息需求,形成基于信息需求的问题,确定潜在的信息源,制定成功的检索方案,以包括基于计算机的和其他的信息源获取信息,评价信息、组织信息用于实际的应用,将新信息与原有的知识体系进行融合以及在批判思考和问题解决的过程中使用信息。"

在当今的信息社会,随着科学技术和经济的发展,各行各业的竞争越来越激烈,也对教师的信息素养提出了更高的要求。而对教师信息素养的培养要求则具体体现在中小学教师教育技术能力标准中。

1.4.2 中小学教师教育技术能力标准

1. 美国国家教师教育技术标准

作为一个信息时代的合格教师,究竟应该具备哪些有关信息技术的基本知识、技能和素养,具备哪些运用信息技术进行教学的知识和技能,才能有效地在课堂教学中使用信息技术? 早在1993年,国际教育技术联合会(International Society for Technology in Education,ISTE)就制定了美国国家教师教育技术标准(National Educational Technology Standard for Teachers,NETS),具体说明了教师在教学中有效运用计算机和其他电子设备所必须具备的技能和知识。国际教育技术联合会在时隔15年之后的2008年6月30日公布了新版的美国国家教师教育技术标准。新标准涵盖五大能力维度和20个能力指标。与以往的版本把焦点放在教师所掌握的与技术相关的知识与技能上不同,新标准关注的是教师在一个日益数字化的时代里,如何提升学生有效学习的能力以及让学生如何富有成就地生活。新标准的内容如下:

(1) 促进和激励学生的学习和创造性

教师利用他们擅长的专业知识(学科知识),教学、学习和技术方面的知识,在面对面或者虚拟的环境中为学生的学习、创造及创新能力的发展提供有益经验。教师应该能够:

① 促进、支持学生创造性和创新性的思维和发现,并以身作则。

② 鼓励学生参与探索真实世界中存在的问题,并运用数字化的工具和资源来解决这些问题。

③ 促进学生利用协作工具进行反思,使得学生的概念理解、思维、计划和创造性的学习过程得以清晰地展现。

④ 在真实情境或虚拟环境中与学生、同事或其他人共同学习来示范协作知识建构。

(2) 设计和推动数字时代的学习体验和评估

教师设计、开发和评价真实的学习经验和评估工具,借助现代化的工具和资源,在学生已有经验的基础上使学习更富成效,培养《面向学生的美国国家教育技术标准》(NETS·S)中规定的学生应具备的知识、技能和态度。教师应该能够:

① 设计或者改编可以将相关数字化工具及资源整合进来的学习经验,促进学生的学习和创造性。

② 创设信息技术丰富型的学习环境,在这个环境中所有的学生都能够追求个体的自主成长,并成为设定自我教育目标、管理自己学习过程、评估自己学习结果的积极参与者。

③ 设计多样化及个性化的学习活动,以满足学生在学习风格、学习策略的不同以及使用信息技术和资源能力方面的差别。

④ 针对学科内容和技术标准,给学生提供多样化的形成性评价和总结性评价,并利用评估结果来获悉学习和教学情况。

(3) 示范数字时代的工作和学习

作为在全球化和社会化社会中的一种创新职业的代表,教师应展示所具有的知识、技能和工作过程。教师应该能够:

① 展示出流畅的技术体系和当前知识向新技术和新形势的迁移。

② 与学生、同事、家长及社区成员合作使用数字化工具和资源,支持学生有效学习和促进其创新能力发展。

③ 利用数字时代多样化的媒体和形式与学生、家长及同事进行有效的信息和观点的交流。

④ 成为有效利用现有的和新兴的数字化工具来寻找、分析、评价和使用信息资源以支持研究和学习的榜样。

(4) 提高数字化时代公民素养及责任意识并成为典范

在不断发展的数字文化氛围中,教师应该理解区域性及全球性的社会问题和职责,并在他们的专业实践中展现出合法的、道德的行为。教师应该能够:

① 提倡、示范并讲授安全地、合乎法律和道德规范地使用数字化信息和技术,包括尊重版权、知识产权以及资料的恰当来源。

② 按照"学习者中心"策略的要求,为所有的学生根据其不同的需求提供平等地使用合适的数字化工具及资源的机会。

③ 示范并促进学生养成与使用技术和信息相关的网络礼节和负责任的社会交互行为。

④ 运用数字时代的交流协作工具,与不同文化背景中的同事和学生沟通,发扬和示范文化理解和全球意识。

(5) 参与专业发展和领导力建设

通过促进和展示高效应用数字化工具和资源,教师持续不断地提高自身专业实践,示范终身学习,在学校和专业圈子中展现领导力。教师应该能够:

① 参与区域性及全球性的学习共同体来探究对技术的创造性应用,以提升学生学习。

② 通过呈现技术灌输、参与决策制定和共同体的建设以及开发他人的领导能力和技术技能来展示教师自身的领导能力。

③ 定期对当前相关研究及专业实践做出评价和反思,以便更好地利用现有的及新兴的数字化工具和资源支持学生的学习。

④ 致力于教育事业以及学校和社区的效力、活力和自我更新的建设。

2. 中国中小学教师教育技术标准

为了提高我国中小学教师教育技术能力水平,促进教师专业能力发展,2004 年 12 月 25 日,国家教育部正式颁布了《中小学教师教育技术能力标准(试行)》(以下简称《标准》)。这是我国中小学教师的第一个专业能力标准,它的颁布与实施是我国教师教育领域一件里程碑性的大事,对我国教师教育的改革与发展产生深远影响。

《标准》包含教学人员、管理人员、技术人员三个子标准,体系结构相同,但基本内容有所差异。具有我国特色的"414N"教育技术能力标准体系结构为:"4"表示 4 个能力素质维度,"14"表示有 14 个一级指标,"N"表示有 N 个概要绩效指标(对于教学人员、管理人员、技术人员这三类子标准,N 依次为 41、46、44)。

4 个能力素质维度是:

① 应用教育技术的意识与态度,包括信息需求意识、信息应用与创新意识、对信息的敏感性与洞察力、对信息的兴趣与态度等。

② 教育技术的知识与技能,包括教育技术的基本理论与方法,基本操作技能,信息的检索、加工与表达,信息安全与评价等。

③ 教育技术的应用与创新,包括教学设计、教学实践、信息技术与课程整合、自主学习与协作学习等。

④ 应用教育技术的社会责任,包括与信息利用及传播有关的道德、法律、人文关怀等。

以下是教育部《中小学教师教育技术能力标准》教学人员教育技术能力标准。

一、意识与态度

（一）重要性的认识

1. 能够认识到教育技术的有效应用对于推进教育信息化、促进教育改革和实施国家课程标准的重要作用。

2. 能够认识到教育技术能力是教师专业素质的必要组成部分。

3. 能够认识到教育技术的有效应用对于优化教学过程、培养创新型人才的重要作用。

（二）应用意识

1. 具有在教学中应用教育技术的意识。

2. 具有在教学中开展信息技术与课程整合、进行教学改革研究的意识。

3. 具有运用教育技术不断丰富学习资源的意识。

4. 具有关注新技术发展并尝试将新技术应用于教学的意识。

（三）评价与反思

1. 具有对教学资源的利用进行评价与反思的意识。

2. 具有对教学过程进行评价与反思的意识。

3. 具有对教学效果与效率进行评价与反思的意识。

（四）终身学习

1. 具有不断学习新知识和新技术以完善自身素质结构的意识与态度。

2. 具有利用教育技术进行终身学习以实现专业发展与个人发展的意识与态度。

二、知识与技能

（一）基本知识

1. 了解教育技术基本概念。

2. 理解教育技术的主要理论基础。

3. 掌握教育技术理论的基本内容。

4. 了解基本的教育技术研究方法。

（二）基本技能

1. 掌握信息检索、加工与利用的方法。

2. 掌握常见教学媒体选择与开发的方法。

3. 掌握教学系统设计的一般方法。

4. 掌握教学资源管理、教学过程管理和项目管理的方法。

5. 掌握教学媒体、教学资源、教学过程与教学效果的评价方法。

三、应用与创新

（一）教学设计与实施

1. 能够正确地描述教学目标、分析教学内容，并能根据学生特点和教学条件设计有效的教学活动。

2. 积极开展信息技术与课程的整合，探索信息技术与课程整合的有效途径。

3. 能为学生提供各种运用技术进行实践的机会，并进行有针对性的指导。

4. 能应用技术开展对学生的评价和对教学过程的评价。

（二）教学支持与管理

1. 能够收集、甄别、整合、应用与学科相关的教学资源以优化教学环境。

2. 能在教学中对教学资源进行有效管理。
3. 能在教学中对学习活动进行有效管理。
4. 能在教学中对教学过程进行有效管理。

(三) 科研与发展

1. 能结合学科教学进行教育技术应用的研究。
2. 能针对学科教学中教育技术应用的效果进行研究。
3. 能充分利用信息技术学习业务知识，发展自身的业务能力。

(四) 合作与交流

1. 能利用技术与学生就学习进行交流。
2. 能利用技术与家长就学生情况进行交流。
3. 能利用技术与同事在教学和科研方面广泛开展合作与交流。
4. 能利用技术与教育管理人员就教育管理工作进行沟通。
5. 能利用技术与技术人员在教学资源的设计、选择与开发等方面进行合作与交流。
6. 能利用技术与学科专家、教育技术专家就教育技术的应用进行交流与合作。

四、社会责任

(一) 公平利用。努力使不同性别、不同经济状况的学生在学习资源的利用上享有均等的机会。

(二) 有效应用。努力使不同背景、不同性格和能力的学生均能利用学习资源得到良好发展。

(三) 健康使用。促进学生正确地使用学习资源，以营造良好的学习环境。

(四) 规范行为。能向学生示范并传授与技术利用有关的法律法规知识和伦理道德观念。

复习思考题

1. 阐述 AECT 94 定义及教育技术研究内容。
2. 阐述教育技术在美国的发展历程。
3. 行为主义学习理论的基本观点是什么？
4. 认知主义学习理论有哪些代表性理论？
5. 建构主义是怎样解释学习的，它对教学有什么影响？
6. 阐述戴尔经验之塔理论内容及其理论要点。

第 2 章 教学系统设计

学习目标

1. 解释教学系统设计的基本概念。
2. 阐述几种典型的教学系统设计模式。
3. 阐释教学系统设计一般模式中各要素的相关要求。

2.1 教学系统设计概述

教学系统设计(Instructional System Design,简称 ISD)也称作教学设计(Instructional Design,简称 ID),是以传播理论、学习理论和教学理论为基础,运用系统论的观点和方法,分析教学中的问题和需求从而找出最佳解决方案的一种理论和方法。

教学系统设计具有以下特征:

① 教学系统设计的研究对象是不同层次的学与教的系统。这一系统中包括了促进学生学习的内容、条件、资源、方法、活动等。创设教与学系统的根本目的是帮助学习者达到预期的目标。

② 教学系统设计的研究方法是应用系统方法研究、探索教与学系统中各个要素之间及要素与整体之间的本质联系,并在设计中综合考虑和协调它们的关系,使各要素有机结合起来以完成教学系统的功能。

③ 教学系统设计的目的是将传播理论、学习理论和教学理论等基础理论,系统地应用于解决教学实际问题,形成经过验证、能实现预期功能的教与学系统。它们可以是直接使用于教学过程,完成一定教学目标的教学资源(如印刷教材、声像教材、学习指导手册、测试题和教师用书等);也可以是对一门课的大纲与实施方案或是对一个单元、一节课教学计划的详细说明。

2.1.1 教学系统设计的系统观

系统论认为系统是由相互作用和相互依赖的若干组成部分结合成具有特定功能的有机整体。世界上一切事物、现象和过程都是有机整体,它们自成系统,又互为系统。任何一个系统和周围的环境组成一个更大的系统,而它的各个组成部分都可以看做子系统,系统与子系统之间具有相对性。任一系统都是在和环境发生物质、能量与信息的交换中变化、发展的,所以保持动态稳定性和开放性是系统的本质特征。世界上任何一个事物要么是一个系统,要么是一个系统的要素。教育技术学者们在长期探索中确定了以系统论思想和方法作为教学系统设计的指导思想,把教学作为系统来研究和用系统方法来设计教学。

教学系统是教育系统的子系统,它既可以是学校的全部教学工作,也可以是一门课程、一个单元或一节课的教学,或是为达到某种教学目的而实施的、有控制的教学信息传递过程。教学系统包含了教师、学生（均为人员要素）、教材（教学信息要素）和教学媒体（物质要素）等四个最基本的构成性要素，是系统运行的前提，并组成系统的空间结构。这些要素之间的相互作用、相互依赖、相互制约又构成系统输入和输出之间复杂的运行过程，也就是我们常说的教学过程。教学系统的功能就是通过教学过程运行的结果来体现的。

因为在教学系统之外还存在着广泛的社会系统，这是教学系统赖以存在的条件，它构成了教学系统的环境。实际上这也是系统方法对教学系统设计的基本要求，但由于教学系统设计理论和方法本身的不完善，我们更多地注意了对教学系统内部的建构，而不同程度地忽视了教学系统的开放性、忽视了教学系统与外界进行物质、能量和信息交换的过程。很显然，社会是一个大系统，教学系统只是其中的一个子系统，而社会大系统中许多其他的子系统都与教育有关，它们具有提供学习资源的潜在可能性，即在这些子系统之中有各种资源、机会、设施等可以被运用于教学系统之中。因此，教学系统设计的一个重要任务就是要将教学系统（特别是学生的学习系统）与具有提供学习资源的潜在可能性的社会系统联系起来。教学系统复合体之外还有一个与教学系统设计有关系的更广泛的社会大系统，它们是建构教学系统时要考虑的重要方面。当我们把教育系统复合体纳入社会大系统而真正形成开放系统之后，设计教学系统的视野就开阔多了。比起相对封闭的教学系统设计来说，社会大系统给教学提供了更丰富的学习资源，而这与教育技术的核心观念是一致的，即利用一切可以利用的资源（包括人类和非人类的资源）为促进学习服务。

2.1.2 教学系统设计的设计观

教学系统设计也是一门设计学科，它植根于教学的设计实践。设计的本质在于决策、问题求解和创造。教学系统设计的实质就是教学问题求解，并侧重于问题求解中方案的寻找和决策过程。它不是发现客观存在的、还不曾为人所知的教学规律，而是要运用已知的教学规律去创造性地解决教学问题。面向实际，正是教学系统设计的一个突出标志。

教学系统设计和所有的设计科学一样，虽然应用了大量的科学原理、科学知识，但其基本出发点是要告诉人们应当怎样做才能达到目的，应当如何行事才能更有效。教学系统设计理论以达到教学目标作为出发点，在一定的教学条件下去选择和确定最好的教学策略。

一切设计科学的强大生命力在于它抓住了设计活动最根本的因素——人类设计技能。教学系统设计也是从这种智慧和技能上去描述一般设计过程，提出了普遍适用的教学系统设计过程模式。这样就为恰当应用已总结出来的现有设计方法和开发更加有效的设计方法提供了可靠依据。

教学系统设计是一个问题解决的过程，根据教学中问题范围、大小的不同，教学系统设计也相应地具有不同的层次，即教学系统设计的基本原理与方法可用于设计不同层次的教学系统。到目前为止，教学系统设计一般可归纳为三个层次：

1. 以"产品"为中心的层次

教学系统设计的最初发展是从以"产品"为中心的层次开始的。它把教学中需要使用的媒体、材料、教学包等当做产品来进行设计。教学产品的类型、内容和教学功能常常由教学系统设计人员和教师、学科专家共同确定。有时还吸收媒体专家和媒体技术人员参加，对产品进行设计、开发和测试、评价。

2. 以"课堂"为中心的层次

这个层次的设计范围是课堂教学，它是根据教学大纲的要求，针对一个班级的学生，在固定的教学设施和教学资源的条件下进行教学系统设计。其设计工作的重点是充分利用已有的设施和选择或编辑现有的教学材料来完成目标,而不是开发新的教学材料(产品)。如果教师掌握教学系统设计的有关知识与技能,整个课堂层次的教学系统设计完全可由教师自己来完成。当然,在必要时,也可由教学系统设计人员辅助进行。

3. 以"系统"为中心的层次

按照系统观点,上面两个层次中的课堂教学和教学产品都可看做是教学系统,但这里所指的系统是特指比较大、比较综合和复杂的教学系统。例如,一所学校或一门新专业的课程设置、某行业职业教育中的职工培训方案等。这一层次的设计通常包括系统目标的确定及实现目标方案的建立、试行和评价、修改等,涉及内容面广,设计难度较大。而且系统设计一旦完成就要投入范围很大的场合去使用和推广。因此这一层次的设计需要由教学系统设计人员、学科专家、教师、行政管理人员,甚至包括有关学生的设计小组来共同完成。

以上三个层次是教学系统设计发展过程中逐渐形成的。当然,也可以把教学系统设计分为宏观和微观两个层次,规模大的项目如课程开发、培训方案的制订等都属于宏观层次的教学系统设计;而对一门具体课程、一个单元、一堂课甚至一个媒体材料的设计都属于微观层次的教学系统设计。产品、课堂、系统三个层次都有相应的教学系统设计模式,在具体设计实践中,可以按照自己所面临教学问题的层次,选用相应的设计模式。

2.2 几种典型的教学系统设计模式

模式是再现现实的一种理论化的简约形式。教学系统设计模式是在教学系统设计的实践中逐渐形成的一套程序化的步骤,其实质是说明做什么,怎么样去做,而不是为什么要这样做。教学系统设计过程模式指出了以什么样的步骤和方法进行教学系统的设计,是关于设计过程的理论。关于教学设计过程,目前有许多不同类型的模式。这里仅介绍常见的几种模式。

2.2.1 格拉奇和伊利模式

该教学设计模式如图 2.1 所示。

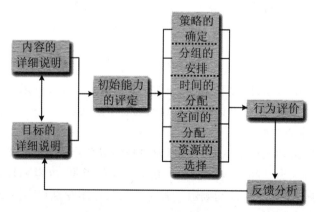

图 2.1　格拉奇和伊利模式

这个设计过程的模式从一开始便强调确定教学内容和阐明教学目标之间的交互作用;

然后根据目标、内容对学习者的初始能力进行评定；在此基础上再确定教学策略，安排教学组织形式，分配时间和空间以及选择合适的已有的教学源。模式中将这五方面并列起来，是为了表明它们之间的相互联系和相互制约。从程序上看，它表明设计过程有四个环节：目标、学习者、策略和评价。关于对学生行为的评价，一方面要以目标为标准进行评价；另一方面评价提供了关于教学效果的反馈，从而可以对模式中所有步骤重新审查，特别是检验目标和策略方面。

这个模式的优点是执行教师很容易借助模式描述的过程来识别和确定自己的任务。缺点是它可能无意识地强化教师和管理人员保持现存的组织结构和职员配备，而不会去重新检查整个学校的运行基础。

2.2.2 肯普模式

如图 2.2 所示的肯普模式具有下列基本特点：① 强调了十个要素间的相互联系与相互作用，一个要素采取的决策会影响其他要素的决策；② 要素之间没有线条连接，表明在有些情况下也可以不考虑某一要素；③ 学习需要和学习目的在这个环境结构的中心，说明它是教学设计的依据与归宿，各要素都要围绕它来进行设计；④ 表明教学设计是一个连续过程，评价和修改作为一个不断的活动与其他要素相联系；⑤ 教学设计是一个灵活的过程，可以按照实际情况从任何地方开始，并可以按任何顺序进行。

图 2.2 肯普模式

肯普模式中把确定学习需要和学习目的置于中心位置，说明这是整个教学设计的出发点和归宿，各环节均应围绕它来进行设计；各环节之间未用有向弧线连接，表示教学设计是很灵活的过程，可以根据实际情况和教师自己的教学风格从任一环节开始，并可按照任意的顺序进行；图中的"形成性评价""总结性评价"和"修改"在环形圈内标出，这是为了表明评价与修改应该贯穿于整个教学过程的始终。

2.2.3 迪克—凯里模型

这是比较经典的第一代教学设计模型，明确了教学设计的工作程序和步骤。这些步骤就是如图 2.3 所示的九个方面：① 评估需求确定教学目的：测量学习差距，确定完成教学后能够做什么。② 教学内容分析：学习者学习之前的知识技能分析。③ 学习者分析：学习者个性特征和学习环境分析。④ 编写教学目标：具体陈述学习后能够做什么。⑤ 开发评价方案：你准备如何评价学生的学习。⑥ 开发和选择教学材料：你设计各种教学资源和材料为教学做准备。⑦ 实施与评价：实施你的设计并进行多方面的评价。⑧ 修改：整理反馈资料和数据，进行修改教学设计。⑨ 总结性评价：对学习者使用效果进行最终评价。

这种模式显然比肯普模式的指导作用更加明晰。

2.2.4 史密斯—雷根模式

如图 2.4 所示，史密斯—雷根模式是吸取了加涅在"学习者特征分析"环节中注意对学习者内部心理过程进行认知分析的优点,并在第一代教学设计模式基础上进一步考虑认知学习理论对教学内容组织的重要影响而发展起来的。由于该模式较好地实现了行为主义与认知主义的结合,较充分地体现了"联结—认知"学习理论的基本思想,并且雷根本人又曾是美国 AECT 理论研究部主席,是当代著名的教育技术与教育心理学家,因此该模式在国际上有较大的影响。

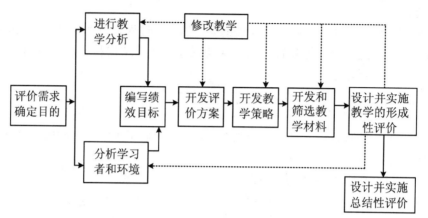

图 2.3 迪克—凯里模型

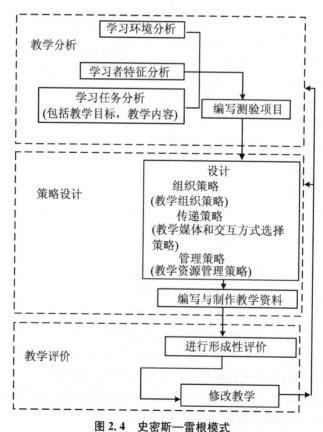

图 2.4 史密斯—雷根模式

史密斯—雷根模式的基本特点在于提出了三类教学策略:
① 教学组织策略:指有关教学内容应按何种方式组织、次序应如何排列以及具体教学

活动应如何安排(即如何作出教学处方)的策略。

② 教学内容传递策略：为实现教学内容由教师向学生的有效传递，应仔细考虑教学媒体的选用和教学的交互方式。传递策略就是有关教学媒体的选择、使用以及学生如何分组（个别化、双人组、小组或是班级授课等不同交互方式）的策略。

③ 教学资源管理策略：在上面两种策略已经确定的前提下，如何对教学资源进行计划与分配的策略。

2.2.5 ASSURE 模式

斯马尔蒂诺在《教学技术与媒体》中描述了一个将技术与课程整合的操作过程，他们称之为 ASSURE 模式，如图 2.5 所示。ASSURE 模型是一个有用的计划模型，它能够引导我们怎样更好地在一个教学活动中选择和使用媒体和技术。

图 2.5 ASSURE 模式

该模式由六个部分构成：

① 分析学习者。教学计划的第一步是弄清楚教学对象是谁。比如，教学对象可能是学生，也可能是参加培训的人。只有了解了教学对象，才有可能选择合适的教学媒体，实现教学目标。通常可以从三个方面来分析教学对象：教学对象的一般特征、教学对象的入门能力和教学对象的学习风格。

② 陈述教学目标。教学目标可能来自教学大纲、教学参考书、课程标准，也可能是教师自己设计的。教学目标定义要清晰，要描述学生学习之后能够做什么，还要说明在什么条件下实现这个目标，以及实现目标的程度。

③ 选择教学方法、媒体和材料。学习者分析和教学目标的精确陈述代表了教学的起点和终点，接下来就是在起点和终点之间架起桥梁，即选择合适的教学方法、教学技术和教学媒体，然后还要选择合适的教学材料。教学材料的获得有三种途径：选择现有的教学材料、修改现有的教学材料和设计全新教学材料。

④ 使用媒体和材料。首先，要浏览教学材料，演示一个完整的教学过程；其次，保证在未来的教学场所能够无障碍地使用。

⑤ 要求学习者参与。教学过程中应该安排不同的教学活动，让学生或学员有机会联系他们所学习的知识或技能。

⑥ 评价与修正。教学完成后，教师需要对教学的有效性、教学的成效以及学生的学习结果作出评估。需要思考：学生或学员是否达成了教学目标？教学过程中所选择的教学方

法、教学媒体是否有助于教学目标的达成?教学材料是否适合于所有的学生或学员?

综合以上的教学设计模型,虽然他们有着不同的设计过程和要素,但都包含着共同的部分,即分析教学对象、制定教学目标、选择教学策略、实施教学过程、开展教学评价。

2.3 教学系统设计一般模式

教学设计过程既是系统化的过程,又是充满创造性的过程。对于教育工作者而言,首先应把握教学设计过程的基本环节,掌握教学设计的基本过程,才有可能在此基础上不拘泥于基本规范进行创新。教学设计的一般流程由下列环节构成:① 学习需要分析;② 教学内容分析;③ 学习者分析;④ 教学目标编写;⑤ 教学策略制定;⑥ 教学媒体的选择和利用;⑦ 教学设计成果的评价。各环节相互联系、相互制约,组成一个有机的教学系统,如图2.6所示。

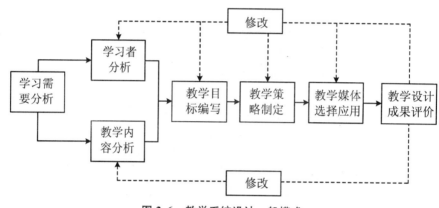

图2.6 教学系统设计一般模式

2.3.1 学习需要分析

教学系统设计是一个问题解决的过程,只有发现了问题,认清问题的本质才能着手对它进行解决。学习需要分析的目的就是发现教学中存在的和需要解决的问题。

1. 学习需要及其分析

在教学系统设计中,学习需要是一个特定概念,指学习者学习情况目前的状态与所期望达到的状态之间的差距,或者说是学习者目前水平与期望学习者达到的水平之间的差距。差距指出了学习者在能力素质方面的不足,指出了教学中实际存在和要解决的问题,这正是经过教育或培训可以解决的学习需要。可以说没有差距就没有需要,也就无从谈起要解决什么了。

例如:某一教育机构希望自己的学生中95%以80分以上的成绩通过功能性识字标准测验,而目前的记录表明只有81%的学生通过了考试,这样就找到了14%的学生还没有达标的差距,指出了对学生集体而言的学习需要,也正是教学中要解决的问题。

分析学习需要是指通过系统化的调查研究过程,发现教学中存在的问题,通过分析问题产生的原因确定问题的性质,论证解决该问题的必要性和可行性。其核心是发现问题,而不是寻求解决问题的方法,具体包括三方面的工作:一是通过调查研究,分析教学中是否存在要解决的问题;二是分析存在问题的性质,以判断教学系统设计是否是解决这个问题的合适途径;三是分析现有的资源及约束条件,以论证解决该问题的可能性。

2. 学习需要分析的重要性

通过学习需要分析，我们可以获得有关"差距"的资料和数据，由此可形成教学系统设计的总目标(即解决了"为什么"和"是什么")。有了总目标，就可以寻找相应的解决问题的方法即达到目的的手段(解决"如何")，从而最终解决问题。如果没有搞清楚真正的问题所在，后继工作都难免陷入盲目。可见这个总目标是教学系统设计的一系列后续步骤(如内容分析、目标编写、策略制定、媒体选择以及评价等)的重要依据。所以，学习需要分析的成功与否，总目标是否明确，直接影响到教学系统设计各部分工作的方向和质量。

通过学习需要分析，论证了教学系统设计是否是解决问题的必要途径，以及在现有资源和约束条件下是否可解决问题。这就避免了只需较少投资和人力，却动用大量人力、物力来设计和开发教学而效果不佳的情况；也避免了动用大量人力、物力来设计教学但在现有条件限制下不能实施，甚至设计的是学生已经具备而不需要教学的情况。所以说，通过学习需要分析，可以让教师与学生的精力、时间以及其他资源被有效地利用来解决教学中真正的问题，从而提高整个教学效益。

3. 分析学习需要的基本步骤和方法

(1) 分析学习需要的基本步骤

这里介绍的是进行学习需要分析的四个基本步骤，我们在实践中可根据实际情况灵活掌握。

第一步是规划。它包括确定分析对象、选择分析方法(如内部参照法或外部参照法)、确定收集数据的技术(包括问卷、评估量表、面谈、小组会议及案卷查寻)、选择参与学习需要分析的人员。

第二步是收集数据。收集数据不可避免地要考虑样本的大小和结构。样本必须是每一类对象中具有代表性的个体。此外，收集数据还应包括日程的安排以及分发、收集问卷等工作。

第三步分析数据。对收集到的数据，教学系统设计者必须进行分析，并根据经济价值、影响、某种顺序量表、呈现的频数、时间顺序等对分析的结果予以优化选择和排列。

第四步是写出分析报告。这份报告应该包括四个部分：概括分析研究的目的；概括地描述分析的过程和分析的参与者；用表格或简单的描述说明分析的结果；以数据为基础，提出必要的建议。

下面我们以"教育技术专业"人员能力素质需求分析案例来说明需要分析的过程：

① 首先对教育技术专业人员根据实践领域的类型进行划分，大致分类为：ⓐ 视听媒体开发人员；ⓑ 电教管理人员；ⓒ 教师；ⓓ 教学和教育理论研究人员；ⓔ 教育技术理论和方法研究人员；ⓕ 计算机辅助教育设计开发人员；ⓖ 教学硬件系统开发人员。

② 对每类人员进行个案调查，要求他们分别根据自己所在工作岗位的需求，列出20~25条他们认为必须具备的、最重要的素质项。

③ 分析专家对该领域发展的预测并考察专家对教育技术专业人员能力素质的评定。

④ 在③的基础上，参照美国教育传播与技术协会(AECT)和日本教育工学会的分析结果确定变量提取空间，大致包括以下内容：关于媒体设计开发的行为项；关于管理的行为项(对媒体及其制作过程的管理)；教学技能和技术的行为项；关于教育评价与研究的行为项；关于课程开发、教学系统设计的行为项；关于教育学、心理学的基本知识；关于研究及其方法论的行为项等。

⑤ 在以上提出的框架基础上,通过调研和材料分析,提出较详细的 96 项教育技术专业人员的行为项,即可作为调查的指标体系。

⑥ 设计问卷,进行抽样调查。

⑦ 对数据进行多元统计分析,得出教育技术人员的能力需求结构。

(2) 确定学习需要的基本方法

确定学习需要的基本方法有内部参照需要分析法和外部参照需要分析法,两者的主要区别在于目标参照系的不同。

内部参照需要分析法是由学习者所在的组织机构内部用已经确定的教学目标(期望状态),与学习者的学习现状作比较,找出两者之间存在的差距,从而鉴别出学习需要的一种分析方法。

外部参照需要分析法是根据机构外社会的要求(或职业的要求)来确定对学习者的期望值,以此为标准衡量学习者的学习现状,找出差距,从而确定学习需要的一种分析方法。

内部参照需要分析法通常比较适用于我国普通学校的教育教学。运用该方法需要注意下面几点:

① 学习者的期望状态是既定的,体现为教育组织机构在学科教学大纲中所规定的教学目标。

② 把期望的状态用可测量的行为术语描述出来,使教学目标具体化,形成完备的指标体系。

③ 重点收集能够反映学习者目前状态的资料和数据,收集方法可采用测验、问卷、座谈等。

运用内部参照需要分析法分析学习需要往往局限于教育系统内部,即在某一特定教育或培训组织机构所规定的教学目标之内考虑教学设计问题,而对该目标的设定与社会实际要求是否相符却不够关心。因此,为避免教学活动与社会要求脱节,内部参照需要分析法和外部参照需要分析法需要结合起来使用。

外部参照需要分析法揭示的是学习者目前的状况与社会实际要求之间存在的差距,其特点是以社会目前和未来发展的需要作为准则和价值尺度去揭示教育、教学中存在的问题,从而制定出教育、教学目标。我国的职业技术培训学校较多采用这种方法分析教学问题。由于这种方法的期望值是根据社会需要而制定的,所以首先要收集、确定与期望值相关的社会需求信息。收集信息主要有以下途径:

① 对毕业生跟踪访谈、问卷调查,听取他们对社会需求的感受,以及工作后对学校教育或培训教学的意见和建议,从中不仅可以获得关于社会期望的信息,也可获得学习者现状的信息。

② 分析毕业生所在单位对毕业生的工作考核,了解他们对职工的要求和对毕业生的评价,以了解社会需求和要求改进学校教学的信息。

③ 设计问卷并发放到与所学专业相关的工作单位,以得到社会对人才能力素质的需求信息。

④ 深入到工作第一线作现场调研,以获得对人才能力素质需求的第一手信息。

⑤ 进行专家访谈,以了解专家对社会目前及未来发展对人才需求的看法。

有关学习者现状的信息收集方法与内部参照需要分析法相同,不再重复。

综合以上论述,可知两种方法的主要区别是期望值的参照系不同,以及由此带来的信息收集方法也略有差异。相对来说,内部参照分析法容易操作,省时省力,但却无法保证机构内部目标的合理性;而外部参照分析方法操作上比较难,要耗费大量的精力和时间,但却能保证所定目标与社会需求直接发生联系,因而有其合理性。在实际运作时,可采取内外结合的方法,也就是根据外部社会需求调整修改已有的教学目标,并以修改后目标所提出的期望值与学习者的现状相比较找出差距。

(3) 分析问题的原因、确定问题的性质

运用内部参照需要分析法与外部参照需要分析法,可以揭示学习者现状与期望之间存在的差距,发现教学中存在的问题。那么造成这些问题的真正原因是什么,问题是什么性质的,教学系统设计能真正解决这些问题吗？这都需要认真进行探讨,其实质是要解决教学系统设计的必要性问题。

在确定学习需要时,我们要根据期望值具体化而形成的指标体系,对学生目前的水平——进行测量,得出一系列用行为术语描述差距的问题序列,接下来我们要针对这些差距进一步思考:

① 所列出的"差距"是不是学习需要？是否真正构成问题？

② 其中一个问题是否为另一个问题的表面现象？或包含在另一问题中？通过逐一检查可把一系列小问题归纳为几个集中的教学问题。

③ 这几类问题中有没有其他非教学的原因(如学生的身体状况,学生的学习态度,学习环境,教师态度、素质以及师生关系等)引起的差距？

④ 列出的知识、技能和态度方面的差距是否能通过一定的教育或培训来解决？

⑤ 能否通过比较简单明了的方法(如改进某些教学方法,调整教学进度和时间或采用其他教材)来消除差距解决问题？

⑥ 教学系统设计是不是解决问题的合适途径？

通过以上问题的推敲,我们可以发现知识、技能、态度方面的教学只是形成教学问题的众多原因之一,另外也不是所有的教学问题都值得和必须进行教学系统设计。因此,在开展教学系统设计的初期,我们必须认真分析问题产生的真正原因,确定问题的性质。忽略这一点就将使整个教学系统设计流于形式,陷入盲目决策之中,而什么问题也解决不了。

(4) 学习需要分析中应注意的问题

在学习需要分析过程中我们应注意以下问题:

① 学习需要是指学习者的需要(即学习者的现状与期望之间存在的差距),而不是教师的需要,更不是对教学过程、手段的具体需要。

② 获得的数据必须真实、可靠地反映学习者和有关人员的情况,它包括现在和将来应该达到的状况,切忌仅凭主观想象或感觉来处理学习需要问题。

③ 注意对参加学习需要分析的所有合作者(包括学习者、教育者、社会人士三方面)的价值观念进行协调,以取得对期望值和差距尽可能接近的看法。否则我们得到的数据将会无效。

④ 要以学习行为结果来描述差距,而不是用过程(手段),要避免在确定问题之前就急于去寻找解决的方案。

⑤ 需要分析是一个永无止境的过程,所以在实践中要经常对学习需要的有效性提出疑问和进行检验。

2.3.2 教学内容分析

教学内容是指为实现教学目标,要求学习者系统学习的知识、技能和行为经验的总和。分析教学内容是为了规定教学内容的范围、深度及教学内容各部分的联系,回答"学什么"的问题。

教学内容有一定的结构层次。为了论述的方便,特将教学内容划分为课程(指狭义的课程)、单元和项目(项目可以是一个知识点,也可以是一项技能等)等层次。

分析教学内容一般可采用下列步骤:

1. 选择与组织单元

为实现一门课程总的教学目标,学习者必须学习哪些内容(即必须完成哪些学习任务)?对这个问题的考虑,首先要从单元层次开始。单元作为一门课程内容的划分单位,一般包括一项相对完整的学习任务。在这些单元学习任务中,哪些应先学,哪些应后学?这涉及对各单元的顺序安排。通过选择与组织单元,可确定课程内容的基本框架。

2. 确定单元目标

单元目标是一个单元的教学过程结束时所要得到的结果,说明学习者学完本单元的内容以后应能做什么。确定了单元目标,课程目标就具体化了。

3. 确定学习任务的类别

根据单元目标的表述,我们可以区别学习任务的性质,学习任务一般可分为认知、动作技能和态度(情感)三大类。美国教育心理学家加涅等将这项工作称为任务分类。

4. 评价内容

在对各单元的学习任务作进一步的内容分析之前,有必要论证所选出的教学内容的效度,看是否为实现课程目标所必需。

5. 分析任务

分析任务是指对各单元的学习任务逐项进行更深入细致的分析:为实现单元目标,学习者必须学习哪些具体的知识与技能?这些知识与技能之间存在哪些联系?等等。对不同类型的学习任务,需运用不同的任务分析方法。

6. 进一步评价内容

这一步是对任务分析的结果——已确定的知识与技能及其相互的联系进行评价,删除与实现单元目标无关的部分,补充所需要的内容。

对教学内容的分析,如有必要,可进一步深入下去。在这项工作中,学科教师、学科专家、职业培训专家等负责确定教学或培训的内容,对内容的思想性和科学性进行把关。教学设计者在内容的选择上不能代替学科教师、学科专家的作用,他们的主要任务是:运用有关教学内容分析的理论与方法,用"提问题"等方式主动配合学科教师、学科专家,共同研究,使教学内容的选择与组织符合教学目标的要求。

例如,教学设计者可通过下列问题来启发学科教师或学科专家对内容的选择与组织:

"学习者学习这条规则需先掌握哪些概念?"

"教这一概念的教学要求是什么?是'记忆',是'运用',还是'发现'?"

"学习者要学会解这道题,必须掌握推论过程中哪些具体的步骤?"

……

教学设计者尽管不决定"教什么",但能运用教育心理学的有关理论与方法帮助学科教师更科学、更系统地解决这一问题。随着科学研究的深入,交叉学科不断涌现,新的跨学科的教学计划需要不同学科专家共同开发。这种情况下,教学设计者的作用将会更加突出。

2.3.3 学习者分析

教学系统设计的产品是否与学习者的特点相匹配,是教学系统设计成功与否的关键之一。因为一切教学过程只有从学生的实际出发才能成功和优化。学习者分析的目的是了解学生的学习准备和学习风格,为后续的教学系统设计步骤提供依据。虽然教学设计者不可能对学习者的每个心理因素、生理因素、社会经济因素等都进行分析,但是必须了解那些对决策起重要作用的心理因素。

1. 学习准备的分析

学习准备是学生在从事新的学习时,他原有的知识水平和原有心理发展水平对新的学习的适应性。任何教学的成功与否在很大程度上取决于学生的准备状态,而且任何教学都是以学生的准备状态作为出发点。学习准备包括两个方面:一是学习者从事该学习的心理、生理和社会的特点,包括年龄、性别、学习动机、个人对学习的期望、工作经历、生活经验、经济、文化、社会背景等一般特征;二是学习者对从事特定学科内容的学习已经具备的知识技能基础、态度。

(1) 认知发展水平分析

在分析学习者认知发展水平时,最为重要的理论指导就是著名心理学家皮亚杰(J. Piaget)关于认知发展阶段的学说,它将儿童个体认识发生和发展的过程划分为四个阶段:

① 感知运动阶段(0~2岁),这一阶段是智力与思维的萌芽阶段。在此阶段的初期即新生儿时期,婴儿所能做的只是为数不多的反射性动作,通过他加以客体的行动和这些行动所产生的结果来认识世界。最初的婴儿分不清自我和客体,儿童不了解客体可以独立于自我而客观地存在,只认为自己看得见的东西才是存在的,而看不见时也就不存在了,见图2.7。当客体在眼前消失,儿童依然认为它是存在的,这就是皮亚杰所说的儿童建立了客体永久性(Object Permanent,一般在1周岁左右),见图2.8。

图 2.7 婴儿尚分不清自我和客体

② 前运算阶段(2~7岁)。在这一阶段的发展过程中,儿童头脑中有了事物的表象,而且能用词代表头脑中的表象。他们能进行初级的抽象,能理解和使用初级概念及其间的关系。所谓初级概念,是儿童从具体实际经验中学得的概念。因此,他们能设想过去和未来的事物。然而由于在他们的认知结构中,知觉表象占优势,所以他们主要运用形象思维和直觉思维。

首先,这个阶段的婴儿具有了早期的内化动作:有一次皮亚杰带着3岁的女儿去探望一个朋友，皮亚杰的这位朋友家也有一个1岁多的小男孩，正放在婴儿围栏中独自嬉玩，嬉玩过程中婴儿突然跌倒，紧接着便大声地哭叫起来。当时皮亚杰的女儿惊奇地看着这情景，口中喃喃有词。三天后在自己的家中，皮亚杰发现3岁的小姑娘似乎照着那1岁多小男孩的模样，重复地跌倒了几次，但她没有因跌倒而啼哭，而是咯咯发笑，以一种愉快的心境亲身体验着她在三天前所见过的"游戏"的乐趣。皮亚杰指出，三天前那个男孩跌倒的动作已内化于女儿的头脑中去了。

图2.8　1岁左右的婴儿建立了客体的永久性

其次，与感知运动阶段相比，前运算阶段的儿童遇到问题时会运用思维，但知觉具有集中倾向性(缺乏守恒)的特征。比如，用同一个杯子盛满水，分别倒入一个细而高的杯子和一个粗而矮的杯子，问这一阶段的儿童，哪个杯子的水多，他会认为细而高的杯子中水较多，如图2.9所示。

图2.9　前运算阶段的儿童思维缺乏守恒

最后，这一阶段的儿童思维特点是"自我中心主义"，皮亚杰举一例说明之：一天，两个男孩子和他们姨妈一起去给妈妈买生日礼物。大一点的七岁男孩子挑选一串珠宝类的精美工艺品，三岁半的男孩子选择一辆小汽车。这个小男孩并不是自私或贪心，他小心地包好礼物，带着期待妈妈喜欢礼物的表情，把它交给妈妈。他的行为是"自我中心"的，他没有考虑他妈妈的兴趣与他自己的兴趣并不相同，这与自私决不能等同。

③ 具体运算阶段(7～11岁)。这个阶段的儿童的思维水平有了质的变化，不像前运算阶段的儿童主要凭知觉表象考虑问题，认知结构中已有了抽象概念，能进行逻辑推理。他们逐渐能进行第二级抽象，能理解和使用第二级概念及其关系。所谓第二级概念，是通过儿童

原有的概念,以下定义的方式所获得的概念。但在获得与使用第二级概念时,他们需要实际经验作支持,需要借助具体事物和形象来进行逻辑推理,比如:爱迪丝的头发比苏珊淡些,爱迪丝的头发比莉莎黑些,问儿童:"三个中谁的头发最黑?"这个问题如以语言的形式出现,则具体运算阶段儿童难以正确回答。但如果拿来三个头发黑白程度不同的布娃,分别命名为爱迪丝、苏珊和莉莎,按题目的顺序两两拿出来给儿童看,儿童看过之后,提问者再将布娃娃收藏起来,再让儿童说谁的头发最黑,他们会毫无困难地指出苏珊的头发最黑。

④ 形式运算阶段(11~15岁)。随着认知发展从具体逐渐向抽象过渡,日益趋于认知成熟的儿童逐渐摆脱具体实际经验的支持,开始能够理解并使用相互关联的抽象概念。其思维特征表现为假设——演绎思维和逻辑推理能力日益增强。

皮亚杰(J. Piaget)的认知发展阶段学说表明,学习者的认识和思维发展过程都是从具体到抽象。根据该观点,教学系统设计中应将具体的事物或概念作为认识抽象事物的基础,引导学习者的思维向抽象的逻辑思维发展。

(2) 一般特征分析

此外,在教学系统设计中,常常需要分析学习者的一般特征,尽管它们与具体学科内容无直接联系,但也能对学习内容的选择和组织、教学方法和教学媒体选择与运用提供帮助。例如,教学对象的阅读能力较差,可以考虑多使用视听资料;如果教学对象是少数民族或是不同宗教信仰者,那么在选择教学内容时首先应注意尊重他们的文化、习俗等。

① 小学生智能和情感发展的一般特征:小学生思维具备初步逻辑的或言语的思维特点,这种思维具有明显的从具体形象思维到抽象逻辑思维的过渡性——低年级学生思维具有明显的形象性,也同时具有抽象概括的成分,二者相互关系随着年级高低和不同性质智力活动而变化。到小学高年级时,学生逐步学会区别概念中本质和非本质的属性、主要和次要的属性,学会掌握初步的科学定义,学会独立进行逻辑论证。但是这些都离不开直接和感性的经验。因此,在小学生教学中要注意引导学生思维从以具体事物表象为主要形式逐步过渡到以言语概念的逻辑思维为主要形式,而且对小学生来说,逻辑思维在很大程度上仍然是直接与感性经验相联系,带有很大成分的具体形象性。但也要注意到不同的学习对象、不同的学科,上述的一般发展趋势也常表现出很大的不一致性。要关心思维由具体形象到抽象逻辑过渡的"关键年龄",一般认为出现在四年级前后(10~11岁),若教育条件适当,也可能提前到三年级。

小学生在情感方面的自居作用、模范趋向和自我意识有较快的发展,学习动机多倾向于兴趣型,情绪发展的主要矛盾是勤奋与自卑的矛盾,意志比较薄弱、抗诱惑能力差,需要更多外控性的激发、辅助和教导。

② 中学生智能和情感发展的一般特征:在中学阶段,学生思维能力迅速得到发展,他们的逻辑思维处于优势地位,表现出以下五个方面的特征:ⓐ 通过假设进行思维,能按照提出问题、明确问题、提出假设、检验假设的途径,经过一系列抽象逻辑过程来实现解决问题的目的。ⓑ 思维的预计性。在复杂的活动前事先采取诸如打算、计谋、计划、制订方案和策略等预计因素。ⓒ 思维的形式化。中学生思维成分中形式运算思维已逐步占据优势。ⓓ 思维活动中,自我意识或监控能力明显增强。中学生能反省和自我调节思维活动的进程,使思路更加清晰、判断更为正确。ⓔ 思维能跳出旧框框。中学生的创造性思维迅速发展,追求新颖、独特的因素,追求个性色彩和系统性、结构性。初中生抽象逻辑思维虽占优势,但很大程度上还属经验型,需要感性经验的直接支持。而高中生的抽象逻辑思维则属于理论型,他们

能够用理论做指导来分析、综合各种事实材料从而不断扩大自己的知识领域。他们还能掌握一般到特殊的演绎过程和特殊到一般的归纳过程。从经验型水平向理论型水平转化是从初二年级开始的,这是一个关键年龄,到高二思维则趋向定型、成熟。和小学生一样,中学生的智力与能力发展也存在着不一致性。

在情感方面初中阶段和高中阶段有不同的特征。初中学生自我意识逐渐明确;他们富于激情,感情丰富,爱冲动,爱幻想;他们开始重视社会道德规范,但对人和事的评价比较简单和片面;他们在对知、情、意的自我调控中,意志行为日益增多,抗诱惑能力日益增强,但高层调控仍不稳定。高中阶段,独立性、自主性日益增强,成为情感发展的主要特征;学生的意志行为愈来愈多,他们追求真理、正义、善良和美好的东西;高层自我调控在行为控制中占主导地位,即一切外控因素只有内化为自我控制时才能发挥其作用;另外从初中到高中学习动机也由兴趣型逐渐转向于信念型。

③ 大学生智能和情感发展的一般特征:大学生在智能发展上呈现出进一步成熟的一系列特征。他们的思维有了更高的抽象性和理论性,并由抽象逻辑思维逐渐向辩证逻辑思维发展;他们观察事物的目的性和系统性进一步增强,并能掌握事物本质属性的细节特征;思维的组织性、深刻性和批判性有了进一步的发展,独立性更为加强;注意更为稳定,集中注意的范围也进一步扩大。

大学生在情感方面已有更明确的价值观念,社会参与意识很强,深信自己的力量能加速社会的进步与发展;学习动机倾向于信念型;自我调控也已建立在日趋稳定的人格基础上。

分析各年龄阶段学生发展的一般特征有助于教学系统设计。以小学高年级学生的视听教材编制为例,根据皮亚杰的认知发展阶段学说,这些儿童正处于从具体运算阶段向形式运算阶段过渡。据此,教学应以学生原有的经验为基础,教学内容和方法应从具体形象入手,创设必要的情景,采用比较、分析、综合的方法,逐步引导学生学习抽象概念,培养学生的逻辑思维能力。又如,假定我们要根据学生的年龄特征和性格差异来培养学生的学习动机,那么对于小学与初中的学生,就要注意教学的新颖性,以激起儿童的学习兴趣,并多采用鼓励的方法来培养学生的近景性学习动机,使具体的学习活动和学习效果的反馈密切相关;而对高中以上的学生,还要增加世界观教育、传统教育和爱国主义教育,使他们逐步地建立起以人民利益为出发点的远景性学习动机,为建设祖国而发奋学习。

2. 学习者学习风格的分析

在各种学习情境中,每一个学习者都必须由自己来感知信息,对信息做出处理、储存和提取等反应。而学习者之间存在着生理和心理上的个体差异,不同学习者获取信息的速度不同,对刺激的感知及反应也不同。要实现真正意义上的个别化教学,必须为每一个学习者提供适合其特点的学习计划、学习资源和学习环境,这是教育研究人员长期以来梦寐以求的目标之一。媒体技术的发展和教学资源的丰富与共享,使大规模地开展个别化教学成为可能。为了使教学符合学习者的特点,我们需要进行学习者学习风格的分析。

(1) 学习风格的概念

学习者学习风格是国内外教育心理学研究人员一直在努力探索的重要课题之一。有的人将它定义为,"学习风格是指对学习者感知不同刺激,并对不同刺激做出反应这两个方面产生影响的所有心理特性"。还有人认为,"学习风格是学习者持续一贯的带有个性特征的学习方式,是学习策略和学习倾向的综合"。

格雷戈克(Cregorc)将学习者的学习风格分为具体—序列、具体—随机、抽象—序列和抽象—随机四种类型。

① 具体—序列型风格的学习者喜欢通过直接的动手经验学习,希望教学组织得井然有序;采用学习手册、程序教学、演示和有指导的实验练习,对他们的学习效果最佳。

② 具体—随机型风格的学习者能通过试误法,从探索经验中迅速得出结论;他们喜欢教学游戏、模拟,愿意独立承担设计项目。

③ 抽象—序列型风格的学习者善于理解以逻辑序列呈示的词语或符号信息;他们喜欢通过阅读和听课的方式进行学习。

④ 抽象—随机型风格的学习者特别善于从演讲中抓住要点,理解意思,并能对演讲者的声调和演说风格作出反应;对这类学习者来说,参加小组讨论、听穿插问答的讲授或是看电影和电视,可以取得较好的学习效果。

考伯(Kolb)将学习者的学习风格划分为善于想象的、善于吸收的、善于逻辑推理的和善于调和的。

① 善于想象的学习者喜欢吸收具体的信息进行思维加工,并把他们看到的进行概括。

② 善于吸收的学习者则从抽象的概念出发进行思维加工,他们边思考边看。

③ 善于逻辑推理的学习者从经验中抽象出信息并进行积极加工,他们从一个观念出发,然后通过试验验证它。

④ 善于调和学习者感知具体信息并积极地加工,他们是感觉者、试探者和操作者。

教育心理学家奥苏贝尔认为,对教材学习具有意义的认知风格中最为重要的因素是,学习者倾向于成为概括者还是成为列举者,或倾向于成为这两者之间。概括者注重观念的整体方面,而列举者则注重其个别的方面。由于不同的风格对信息加工和储存有不同的影响,因此对意义学习和保持具有预示的含义。

(2) 教学系统设计中如何把握学习风格

尽管有关研究人员在学习风格方面已开展了大量的研究,但能用于指导教学系统设计的结论还不多。美国教学技术专家克内克(F. G. Knirk)等人于1986年提出的有关学习风格的内容及其分类框架比较简明,有较强的可操作性。

克内克等人指出,教学系统设计者为了向学习者提供适合其特点的个别化教学,最好能掌握下列有关学习者的情况:

① 信息加工的风格,包括以下类型:用归纳法呈示教材内容时,学习效果最佳;喜欢高冗余度;喜欢在训练材料中有大量正面强化手段;喜欢使用训练材料主动学习;喜欢通过触觉和"动手"活动进行学习;喜欢自定学习步调等。

② 感知或接受刺激所用的感官。在这方面,不同学习者也有不同的风格,例如:通过动态视觉刺激(如电视、电影)学习效果最佳;喜欢通过听觉刺激(如听讲、录音)学习;喜欢通过印刷材料学习;喜欢多种刺激同时作用的学习等。

③ 感情的需求:需要经常受到鼓励和安慰;能自动激发动机;能坚持不懈;具有负责精神。

④ 社会性的需求:喜欢与同龄学生一起学习;需要得到同龄同学经常性的赞许;喜欢向同龄同学学习。

⑤ 环境和情绪的需求:喜欢安静;希望有背景声或音乐;喜欢弱光和低反差;喜欢一定的室温;喜欢学习时吃零食;喜欢四处走动;喜欢视觉上的隔离状态(如在语言实验室座位中学习);喜欢在白天或晚上的某一特定时间学习;喜欢某类座椅等。

2.3.4 教学目标的编写

近二十年来,许多教育心理学家致力于设计一套描述和分析学习目标(对于教师来说,学生的学习目标也就是他的教学目标)的方法。如何描述学习目标呢?对此大致有认知心理学与行为主义心理学的两种不同观点。行为主义强调用可以观察或可以测量的行为来描述学习目标;而认知观则强调用内部心理过程来描述。尽管两种观点有上述不同,但教育心理学家一致认为,学习目标的重点应说明学习者行为或能力的变化。

1. 编写学习目标的基本要求

以研究行为目标著名的马杰在1962年出版的《程序教学目标的编写》这本经典著作中提出,一个学习目标应包括三个基本要素:

① 行为。说明学习者通过教学以后将能做什么,以便教师能观察学习者的行为变化,了解目标是否达到。例如,"学生能将文章中陈述事实与发表议论的句子分类"。

② 条件。说明上述行为在什么条件下产生。例如,"提供报刊上的一篇文章"。

③ 标准。指出合格行为的最低标准(或行为改变的程度)。例如,"至少有80%的句子分类正确"。

马杰的"行为""条件"和"标准"的三要素模式至今仍为教育界所接受。用传统的方法表述的教学目标,如"培养学生分析文章的能力"比较笼统含糊,对其中的含义,不同的人可能有不同的理解。这种提法不能为教学及其评价提供具体指导。而使用马杰的三要素模式编写的学习目标就很明确具体,清楚地告诉人们,学生将获得的能力具体是什么,如何观察和测量这种能力。

在教学设计的实践中,有的教育研究者认为有必要在马杰的三要素的基础上,加上对教学对象的描述,这样,一个规范的学习目标就包括四个要素。为了便于记忆,他们把编写学习目标的基本要素简称为ABCD模式:

A——对象(Audience),即应阐明教学对象。

B——行为(Behaviour),即应说明通过学习以后,学习者应能做什么(行为的变化)。

C——条件(Condition),即应说明上述行为在什么条件下产生。

D——标准(Degree),即应规定达到上述行为的最低标准(即达到所要求行为的程度)。

需要指出,在实际运用中,往往不需要也不可能完全机械地按上述要求编写学习目标。

2. 具体编写方法

以下先根据ABCD模式讨论学习目标的具体编写方法,然后介绍一种为弥补行为目标不足而提出的兼顾外显行为变化和心理过程变化的编写方法。情感领域学习目标编写中的一些特殊问题将另行讨论。

(1) 对象的表述

学习目标的表述中应注明教学对象,例如"小学三年级上学期的学生""参加在职培训的技术人员"等。有的学者还主张在学习目标中说明对象的基本特点。

(2) 行为的表述

学习目标中,行为的表述是最基本的成分,说明学习者在教学结束后应该获得怎样的能力。用传统的方法表述教学目标时,较多使用"知道""理解""掌握""欣赏"等动词来描述学习者将学会的能力,如果需要,再加上表示程度的状语,以反映教学要求的提高,如"深刻理解""充分掌握"等,这些词语的涵义较广,各人均可从不同角度理解,因而使目标的表述不明确,给以后的教学评价带来困难。这些词语可用来表述总括性的课程目标和单元目标,但在编写学习目标时应避免使用。

描述行为的基本方法是使用一个动宾结构的短语,其中行为动词说明学习的类型,宾语则说明学习的内容。例如:"操作""说出""列举""比较"等都是行为动词,在它们后面加上动作的对象,就构成了学习目标中关于行为的表述:

(能)操作摄像机

(能)说出人腿骨骼的名称

(能)列举选用教学方法时应考虑的基本因素

(能)比较东西方文化的主要异同处

在这样的动宾结构中,宾语部分与学科内容有关,学科教师都能很好掌握。由于学习目标中的行为应具有可观察的特点,所以描述行为较困难的是行为动词的选用。我们在本节的后半部分提供了在编写认知学习目标、动作技能学习目标和情感学习目标时可供选用的动词表,以作参考,有些动词的含义需根据上下文确定。

(3) 条件的表述

条件表示学习者完成规定行为时所处的情境,即说明在评价学习者的学习结果时,应在哪种情况下评价。如要求学习者"能跑一万米",条件则可能指"在什么气候下? 在什么地区? 在什么道路上?"等环境因素。条件的表述常与诸如"能不能查阅参考书?""有没有工具?""有没有时间限制?"等问题有关。条件包括下列因素:

① 环境因素(空间、光线、气温、室内外噪音等)。

② 人的因素(个人单独完成、小组集体进行、个人在集体的环境中完成、在教师指导下进行等)。

③ 设备因素(工具、设备、图纸、说明书、计算器等)。

④ 信息因素(资料、教科书、笔记、图表、词典等)。

⑤ 时间因素(速度、时间限制等)。

⑥ 问题明确性的因素(为引起行为的产生,提供什么刺激和刺激的数量)。

(4) 标准的表述

标准是行为完成质量可被接受的最低程度的衡量依据。对行为标准做出具体描述,是为了使学习目标具有可测量的特点。标准一般从行为的速度、准确性和质量三方面来确定,例如:

① 在 1 min 以内准备好必需的消防器材(速度)。

② 测量血压,误差在 +5 mmHg 以内(准确性)。

③ 加工件质量要达到国家Ⅱ级标准(质量)。

下面几个学习目标实例中均包含了上述"对象""行为""条件"和"标准"等四个要素:

① 提供 10 个有关海湾战争原因的是非判断题,大学一年级学生应能判断正误,其中 9 道题正确为合格。

② 历史系二年级的学生阅读所布置的 7 篇材料后,能撰文对两种古代文化的差异进行比较,至少列举每种古代文化的 5 种特征。

③ 新兵营的战士通过一个月的集训,应能在距离标准圆靶 50 m 之处,使用标准步枪在 20 s 以内射击 5 次,至少有 4 次击中靶心。

学习目标中,有些条件和标准较难区别,如上例中"能在 5 min 以内"既可理解为时间的条件,也可看做是行为速度的标准。马杰认为,对这一问题不必争论。判断学习目标的主要依据是,它的表述是否说明了编写者的意图。如学习目标能用以指导教学及其评价,那么对条件和标准的区别并不重要。

(5) 基本部分与选择部分

在一个学习目标中,行为的表述是基本部分,不能省略。相对而言,条件和标准是两个可选择的部分。在职业技术培训中,学习目标往往需要指明条件和标准,提出最低的教学要求。如不提标准,一般即认为要求学习者达到100%的正确率。在设计一般的教学软件时,编写学习目标一般不必将条件、标准一一列出,以下是一个实例:

学完本单元以后,学生应能够:

① 给"社会学"下定义;

② 描述社会学学科发展过程中的三大事件;

③ 指出有关社会学的六种错误认识;

④ 分析一项社会学研究的结果,并从该项研究中总结出一条合适的结论;

⑤ 就关于社会化的生物学基础陈述自己的见解并加以论证。

在上述实例中没有说明条件和标准,主要原因是使用教材的教师将根据特定的教学对象或教学总目标的要求制定合适的条件和标准。

(6) 内外结合的表述

行为目标虽然避免了用传统方法表述目标的含糊性,但它本身也有缺点:只强调了行为结果,而未注意内在的心理过程,因而可能引导人们只注意学习者外在行为变化而忽视其内在的心理和情感的变化。因此,描述内部心理过程的术语不能完全避免。我们还需运用内外结合表述学习目标的编写方法。

1978年格朗伦(N. E. Gronlund)在《课堂教学目标的表述》中提出先用描述内部心理过程的术语来表述学习目标,以反映理解、运用、分析、创造、欣赏、尊重等内在的心理变化,然后列举反映这些内在变化的例子,从而使这些内在心理变化可以观察和测量。这就是用内部过程与外显行为相结合以描述学习目标的方法。例如:

领会本单元专门术语的涵义:

① 将专门术语与它们所代表的概念联系起来。

② 在造句中使用某些专门术语。

③ 指出术语之间的异同。

本例中,①②和③表述的行为是代表"领会"的种种表现的例子,我们愿意把它们作为教学目标已达到的证据而加以接受。"领会"是一个内部心理过程,无法观察和测量,但有后面这些证明"领会"能力的行为实例,目标就具体化了。格朗伦的方法强调列举出能力方面的例证,既避免了用内部心理特征表述目标的抽象性,也防止了行为目标的机械性与局限性。

3. 情感学习目标编写中的若干问题

培养学习者的某些态度、建立起一定的观念、养成一定的好习惯、形成高尚的道德品质等,都是情感学习的目标,在教育中占有重要地位。例如:

参加生物学补习的高中学生将以提前来到生物学实验室的实际行动,表现出对学习生物学提高了兴趣。教师将每天提前打开生物学实验室的门,但对早来的学生不给予任何特殊奖励。在一学年中,如平均每次有1/3的学生早来,80%的学生中每人至少有一次早来,则可认为目标达到。

为情感领域的教学编写具有可观察性和可测量性特点的学习目标是非常困难的。通常，我们只能通过学习者的言行表现（这是可以观察的）来间接推断学习目标是否达到，即把学习者的具体言行看成是思想意识的外在表现。在上述例子中，学习目标编写者把学生早到生物学实验室的具体行动作为判断学生提高学习兴趣的依据。这就是情感学习目标编写的一个特点。根据这一特点，编写情感学习目标可采用类似内外结合的表述方法。例如，教学目标是"培养学生热爱集体的态度"，由于"热爱集体"的态度难以直接评价、判断，所以我们必须列举几方面的具体行为，通过对这些行为的观察，来判断学生是否"热爱集体"。例如：

① 积极参加集体组织的各项活动。
② 主动参加教室的卫生工作。
③ 准时参加有关会议。
④ 积极承担班委会布置的任务。
⑤ 支持有利于集体利益的建议。
⑥ 帮助学习有困难的同学。

　　在这些具体的言行上，当学习者有积极持久的表现时，就说明他们树立了集体观念。如表现出消极或反对的情绪，则说明学生可能没有培养起热爱集体的态度。马杰把学习者的肯定、积极的表现称为接近意向，把消极的表现称为回避意向。当然，接近意向也仅说明学习目标可能已达到，并不能直接测量学习目标达到的程度。

　　一般说来，提出情感学习目标中的主体要求较容易，如"提高学生对国画的鉴赏力"，但从哪些具体方面来判断目标是否达到，则需要学科教师和教学设计者共同研究。有的学者建议，可以从以下几个方面来测量学习者的接近意向：

① 学习者表示喜欢这类活动。
② 在各种活动中，学习者选择参加这类活动。
③ 学习者带着热情参加这类活动（愿承担义务，遵守有关规定等）。
④ 学习者很有兴趣与他人讨论这类活动。
⑤ 学习者鼓励他人参加这类活动。

　　以"培养学生欣赏国画"的目标为例，有的教师提出下列具体的行为指标，用以测量学生通过教学以后是否具有接近意向：

① 喜欢借阅或购置国画书刊。
② 到美术馆参观选择国画展厅，或经常参观国画展。
③ 了解国画名家及其代表作。
④ 向美术教师请教作画技巧。
⑤ 乐意给同学讲解国画特点及作品意境。
⑥ 喜欢创作国画。

　　情感学习目标有了这些具体的行为指标作为判断依据，其可操作性无疑加强了。在表述具体的行为时，应尽可能采用可观察甚至可测量的行为动词。

　　有时，人的认识和情感变化并不是参加一两次教育活动以后即能见效的，教师也很难预期通过一定的教育活动后学生的内部心理过程将产生什么变化，这种情况在情感教育方面尤为明显。为了弥补上述编写方法的不足，艾斯纳（E. W. Eisner）提出了表达性目标。这种目标要求明确规定学习者应参加的活动及情境，但不提出可测量的学习结果。表达性目标还可能包括学习者的自我发现和创造发明。尽管这种目标不精确规定学习者应从教学活动中习得什么,但至少有助于我们认识总的教学目标中的情感教学的内容,使我们能着手研究实现目标的方法。表达性目标可以作为学习目标的一种补充。

2.3.5 教学策略的制定

1. 教学内容处理策略

通过对学习需要的分析,揭示出教学(或培训)中存在的问题及其主要原因,据此确定了教学设计的课题,并提出总的教学目标。为了保证教学目标的实现,要求教学必须有正确的、合乎目的的内容。教学内容就是指为了实现教学目标,要求学习者系统学习的知识、技能和行为规范的总和。分析教学内容的工作以总的教学目标为基础,旨在规定教学内容的范围、深度和揭示教学内容各组成部分的联系,以保证达到教学最优化的内容效度。教学内容的范围指学习者必须达到的知识和能力的广度,深度规定了学习者必须达到的知识深浅程度和能力的质量水平。明确教学内容各组成部分的联系,可以为教学顺序的安排奠定基础(所谓教学顺序,是指把这些规定了广度和深度的知识与技能,用便于学习者理解和接受的形式加以序列化)。所以,教学内容的安排既与"学什么"有关,又与"如何学"有关。

(1) 教学内容的选择

我们首先讨论单元的选择,学校教师一般按单元组织教学。

单元指一门课程内容的划分单位,随着学科的特点不同,所进行的划分也不同。例如,语文课程的单元通常指一组体裁相同的课文;数学课程的单元也就相当于教材的一章,大致是某类数学问题;而外语课程的单元则可指教材中的一课。一个单元的内容有相对的完整性。单元实质上反映了课程编制者或教师对一门学科结构的总的看法,以及在此基础上对这种结构按教学要求所做的分解和逻辑安排。普通教育中,选择教学内容一般由学科教师或学科的教材专家负责。

(2) 教学内容的安排

教学内容的安排是对已选定的学习任务进行组织编排,使它具有一定的系统性或整体性。

在一门课程中,各单元教学内容之间的联系一般有三种类型:一是相对独立,各单元在顺序上可互换位置;二是一个单元的学习构成另一个单元的基础,这类结构在序列上极为严密;三是各单元教学内容的联系呈综合型。在组织教学内容时,首先要搞清楚各项学习任务之间的联系。

近三十年来,在教学内容组织编排的各种主张中,较有影响的是三种观点:

一是布鲁纳提出的螺旋式编排教学内容的主张。即根据学生的智力发展水平,让学生尽早有机会在不同程度上去接触和掌握某门学科的基本结构,以后随着学生在智力上的成熟,围绕基本结构不断加深内容深度,使学生对学科有更深刻和有意义的理解。

二是加涅提出的直线编排教学内容的主张。他从学习层级论的观点出发,把教学内容转化为一系列习得能力目标,然后按这些目标之间的心理学关系,即从较简单的辨别技能的学习到复杂的问题解决技能的学习,把全部教学内容按等级来排列。

三是奥苏贝尔提出的渐进分化和综合贯通的原则。渐进分化是指"该学科的最一般和最概括的观念应首先呈现,然后按细节和具体性逐渐分化",综合贯通则强调学科的整体性。因为学科内容不仅包括一个学科的各种概念和规则,同时也包括学科本身的特定结构、方法或逻辑,如不掌握这部分内容,就不可能真正理解这门学科。

我们在编排教学内容时,应根据学科特点对上述三种观点综合运用。

组织教学内容要重视以下几方面：① 由整体到部分，由一般到个别，不断分化；② 确保从已知到未知；③ 按事物发展的规律排列；④ 注意教学内容之间的横向联系。

(3) 教学内容分析方法

分析教学内容的基本方法有归类分析法、图解分析法、层级分析法、ISM 分析法等。

① 归类分析法。归类分析法主要是研究对有关信息进行分类的方法，旨在鉴别为实现教学目标所需学习的知识点。例如：一个国家的省市名称可按地理区域的划分来归类，人体外表各部位的名称可由上向下，按头、颈、躯干、上肢、下肢分类等。确定分类方法后，或用图示，或列提纲，把实现教学目标所需学习的知识归纳成若干方面，从而确定教学内容的范围。

② 图解分析法。图解分析法是一种用直观形式揭示教学内容要素及其相互联系的内容分析方法，用于对认知教学内容的分析。图解分析的结果是一种简明扼要、提纲挈领地从内容和逻辑上高度概括教学内容的一套图表或符号。如历史教学中，可以用几条带箭头的线段及简洁的数字、符号来剖析一次著名战役的全过程，其起因、时间、地点、参战各方人数、结果等都被反映在图解之中。这种方法的优点是，使分析者容易觉察内容的残缺或多余部分以及相互联系中的割裂现象。

③ 层级分析法。层级分析法是用来揭示教学目标所要求掌握的从属技能的一种内容分析方法。这是一个逆向分析的过程，即从已确定的教学目标开始考虑：要求学习者获得教学目标规定的能力，他们必须具有哪些次一级的从属能力？而要培养这些次一级的从属能力，又需具备哪些再次一级的从属能力？依次类推……可见，在层级分析中，各层次的知识点具有不同的难度等级——愈是在底层的知识点，难度等级愈低（愈容易），愈是在上层的难度愈大；而在归类分析中则无此差别。层级分析的原则虽较简单，但具体做起来却不容易。它要求参加教学设计的学科专家、学科教师和教学设计者熟悉学科内容，了解教学对象的原有能力基础，并具备较丰富的心理学知识。

④ 解释结构模型法（ISM 分析法）。解释结构模型法（Interpretative Structural Modeling Method，简称 ISM 分析法）是用于分析和揭示复杂关系结构的有效方法，它可将系统中各要素之间的复杂、零乱关系分解成清晰的多级递阶的结构形式。当我们分析的各级教学目标不具有简单的分类学特征，或者其中的概念从属关系不太明确，也不属于某个操作过程或某个问题求解过程时，要想通过上面所述的几种方法直接求出各级教学目标之间的形成关系是很困难的，这时就要使用 ISM 分析法。

(4) 教学内容选择与组织的初步评价

在各单元目标确定以后，为保证所选择的教学内容与学习需要相符合，教学设计者应重视对教学内容的选择和组织进行评价。在教学设计的初期，可从下列几个方面评价教学内容的选择与组织：

① 所选择的教学内容是否为实现课程目标所必需，还需补充什么？哪些内容与目标无关，应该删除？

② 各单元的顺序排列与本学科逻辑结构的关系如何？在这种关系的处理上体现了什么样的学习理论或教学理论？

③ 各单元的顺序排列是否符合学生的心理发展？

④ 各单元的顺序排列是否符合教学或培训的实际情况？

⑤ 学习者已掌握了哪些内容？教学（培训）从哪里开始？

参加初步内容评价的应包括有关学科专家、有实际教学经验的教师、有关行业专家和学生代表等。他们反映的意见与建议可能是教学设计者和参加教学设计的学科内容专家所忽略的。初步评价的工作不仅有助于避免在无关内容上花费时间与精力，更重要的是可使学习需要、教学目标、教学内容及后面的教学评价四者保持一致，保证教学的效果和效益。在评价过程中，卡片是一种有效的展示工具。教学设计者把课程目标、单元教学内容与单元目标分别用不同颜色标出，按一定的顺序展示在专门设计的计划板上，使参加评价的人对整个课程内容要点一目了然。卡片便于根据各个评价者的意见及时增删、修改内容，并调整各项内容之间的联系。

2. 教学方法选择与应用

众所周知，教学活动是教师和学生为了达到预定的教学目标，在教学理论与学习理论指导下，借助适当的教学手段（工具、媒体或设备）和教学方法而进行的师生交互活动。它既有教师教的行为，又有学生学的行为，而且两者相辅相成。可见，无论按照上述哪一种教学模式来开展教学活动，都离不开具体的教学方法的支持。采用教学方法的目的在于引起学生学习的准备，维持他们的兴趣和注意，以学生可接受的方式呈现教材，强化和调节学生的行为和解决学生的学习障碍。

（1）教学方法概述

在教学论中，教学方法问题是一个十分重要的问题，教学研究对其给予了相当的重视。但是，可以肯定地说，我们对教学方法的认识还是不够深入的。在一般的教学论著作中，"教学方法"主要包括：讲授法、谈话法、演示法、讨论法、实验法等一些方法。随着对教学方法和技能研究的深入，人们在这方面的认识逐渐细化，一些研究者在教师教学技能的研究中把教学方法与技能归纳为以下几类：

① 讲授法：讲述、讲解、讲读、讲演。

② 演示法：实物或模型演示、实验演示、文字演示、图片演示、幻灯投影演示、电影电视演示、多媒体演示。

③ 提问法：低级认知提问（回忆提问、理解提问、运用提问）和高级认知提问（分析提问、综合提问、评价提问）。

④ 反馈法：课堂观察法（环视法、虚视法、点视法）、课堂提问法、课堂考查法。

⑤ 强化法：语言强化、活动强化、符号强化、接触与接近强化。

⑥ 板书技能：提纲式、词语式、表格式、线索式（流程式）、图示式、总分式（括弧式）、板图式。

⑦ 教态变化技能：身体动作、面部表情、眼神交往、适当的停顿、声音变化。

⑧ 导入的技能：复习导入、直观演示导入、实验演示导入、实际问题导入、悬念导入、故事导入、逻辑推理导入、审题导入、知识衔接与转折导入。

⑨ 组织教学技能：管理性组织、指导性组织、诱导性组织。

在运用这些教学方法与技能时，我们应该注意到，在教学方法的研究与应用方面还存在一些问题，明确这些问题有助于我们在教学系统设计实践中发展教学方法。这些问题如下：

① 教学方法分类过于一般化，缺乏针对性。如"讲解"和"讨论"，"归纳"和"演绎"，"发现"和"接受"等。

② 对学法不重视。既然教学是"教"与"学"的双边活动，就应该既包括教法，也包括学法，但是目前的教学方法都是仅仅从教师活动来说的。

③ 对信息技术条件下的教学方法缺乏研究。信息技术条件下的教学，不可能完全照搬

已有的教学方法,这是没有人能够否认的,但是在信息技术条件下的教学方法到底有哪些?

(2) 教学方法的选择和有机组合

面对多种多样的教学方法,哪些是教学设计中应优先考虑的方法?这些方法又该如何有机地结合在一起?这是制定教学策略的基本问题之一。

一般教学论著作中对选择教学方法的原则均有过论述,认为应该根据教学目标、学生特点、学科特点、教师特点、教学环境、教学时间、教学技术条件等诸多因素来选择教学方法。

要实现教学方法的优化,除了需要依据一定的原则,还需要考虑适当的选择程序。前苏联教育家巴班斯基等人通过调查研究,归纳出教师在选择教学方法时的一般决策步骤,可供我们参考:

第一步:决定是选择由学生独立地学习该课题的方法,还是选择在教师指导下学习教材的方法。

第二步:决定是选择再现法,还是选择探索法。

第三步:决定是选择归纳的教学法,还是选择演绎的教学法。

第四步:决定关于口述法、直观法和实际操作法三者如何结合问题。

第五步:决定关于激发学习活动的方法选择问题。

第六步:决定关于检查和自我检查的方法选择问题。

第七步:认真考虑所选择的各种方法相结合时的不同方案。

前面我们将教学方法分成若干类别,目的是为了使各类教学目标都能有相应的教学方法保证其得以实现,而不至于某些目标在教学设计中被忽视或偏废,但这并不意味着各种教学方法只能各司其职,分开使用。相反,各种教学方法结合起来使用更能达到事半功倍的效果。当然,这也是制定教学策略中的一个难点。

教学方法的整体效应与多种教学方法在教学过程中的相互联系、相互作用有关。这种联系和作用可以是并列的,即同时采用几种教学方法,如教师演示实物,同时用语词描述它,并画出结构图和写出每一部分的名称,学生也进行相应的活动;也可以是连贯式的,即一种活动方式结束之后再开始另一种,如采用演示→讨论→讲授的组合法、讲授→实验→讨论的组合法、谈话→讲授→练习的组合法等。运用教学方法的主体是任课教师,教学设计人员在这方面只是提出建议,不必硬性规定。教师可以在谙熟各种教学方法特点的基础上,根据不同的教学目标、教材、学生和环境,组合出不同的教学方案。正是在教学方法的组合与灵活运用方面,教师的创造性能够得到最充分的发挥。

2.3.6 教学媒体的设计

教学中使用的媒体通常有两种含义:一种是指用以存储信息的物理实体如磁带、磁盘、光盘和半导体存储器等;另一种是指信息的载体如文字、声音、图形、图像、动画和活动影像等。CAI 系统(多媒体辅助教学系统属 CAI 系统的一个分支)中所涉及的媒体是指后者。

1. 教学媒体的设计原则

多媒体教学系统中的媒体设计是指,要设法确定每一框面中各种媒体的具体内容、呈现方式和各种媒体之间的组合关系。不同的教学系统,其媒体设计的具体方法可能有很大的差别,但均应遵循下面的三个原则:

(1) 目标控制原则

教学目标是贯穿教学活动全过程的指导思想,它不仅规定教师进行教学活动的内容和方式,指导学生对知识内容的选择和吸收,而且还控制媒体类型和媒体内容的选择。以外语教学为例,让学生掌握语法规则和要求学生能就某个情境进行会话,是两种不同的教学目标。前者往往通过文字讲解并辅以各种实例来帮助学生形成语法概念;后者则往往通过反映实际情境的动画和语音使学生在具体的语言环境中去掌握正确的言语技能。不同的教学目标决定不同的媒体类型和媒体内容的选择。若不遵守这一原则,效果将会适得其反。

(2) 内容符合原则

学科内容不同,适用的教学媒体也不同;即使同一学科,各章节的内容不一样,对教学媒体的要求也不一样。以语文学科为例,散文和小说体裁的文章最好通过能提供活动影像的媒体来讲解,使学生有身临其境的感觉以加深对人物情节和主题思想的理解。对于数理学科中的某些定理和法则,由于概念比较抽象,最好通过动画过程把事物的运动变化规律展现出来(或把微观的、不易观察的过程加以放大)以帮助学生对定理和规律的掌握。同是化学学科,在讲解化学反应时最好用动画一步步模拟反应的过程;而在讲解分子式、分子结构以及元素周期表等内容时则以图形或图表的配合为宜。总之,对教学媒体的选用和设计应以符合教学内容为原则。

(3) 对象适应原则

不同年龄阶段的学生其认知结构有很大差别,教学媒体的设计必须与教学对象的年龄特征相适应,否则不会有理想的教学效果。按照皮亚杰的儿童认知发展理论,小学生(6~11或12岁)正好处于认知发展的第三阶段即"具体运算阶段",其认知结构属"直觉思维图式"。而初中学生(12~15岁)则处于认知发展的第四阶段即"形式运算阶段",其认知结构属"运算思维图式"。处于这一阶段的学生,思维能力有了较大发展,且抽象思维占优势地位。但是对初中学生来说,这种抽象思维仍属经验型,还需要感性经验的直接支持。而对高中学生(16~18岁)来说,其抽象思维能力已得到进一步发展,逐渐由经验型过渡到理论型,即能在有关理论的指导下分析处理某些实际问题,并能通过对外部现象的观察归纳出关于客观世界的某些知识。

在进行教学媒体的设计时必须充分考虑上述不同年龄段的认知特点,绝不能用某种固定的模式。在小学低年级阶段,各学科媒体设计的重点应放在如何实施形象化教学,以适应学生的直观、形象思维图式,因而应多采用图形、动画和音乐之类的媒体使图、文、声并茂;在小学高年级阶段则要把重点放在如何帮助学生完成由直观、形象思维向抽象思维的过渡,因而这一阶段的形象化教学可适当减少;在中学阶段则应着重引导学生学习抽象概念,学会运用语言符号去揭示事物的内在规律,逐步发展学生的逻辑思维能力。在初中阶段尽管形象化教学仍不可缺少,但是只能作为一种帮助理解抽象概念的辅助手段,而不能像小学那样以形象化教学为主,否则将会喧宾夺主,达不到教学目标的要求——从形式上看很生动、很美观,而内容却无助于学生认知能力的发展。

2. 教学媒体设计的心理学依据

认知心理学的研究表明,知觉具有下列和教学媒体设计密切相关的特征:

(1) 整体性

这是知觉的基本特征之一。知觉对象是由许多部分组成的,但学习者并不把对象感知为许多孤立的部分,而总是把它感知为一个统一的、有意义的整体。无组织的刺激是难以理解和记忆的,媒体设计者必须对呈现的内容加以精心组织,以减轻学习者信息加工的负担。将欲呈现的一系列步骤标上序号,按照逻辑次序、因果关系或层级结构呈现复合对象的各个组成部分……这些都是组织呈现内容的常用方法。

(2) 相对性

知觉不能用绝对值表示,只能通过比较来衡量。在设计媒体的呈现方式时必须考虑知觉的这种特性。例如:

对距离的判断是相对的:一个熟悉的客体越小则被知觉为越远。

对大小的判断是相对的:学习者对画面上不了解的物体,如无熟悉物体作参考是不能判断其大小的。但是在画面上如把集成有上百万个门电路的半导体芯片放在手指上呈现,则可以使人们对芯片的集成度大小留下深刻印象。

(3) 对比性

当两种事物的属性难以区分时,应将它们放在一起呈现,而不是分开,并在画面上用不同的颜色、字体或符号标出它们的不同点,或是将细微的差别加以放大,这些均有利于知觉的对比,从而能帮助学习者更好地辨别。

认知心理学的研究表明,记忆具有下列与媒体设计有关的特性:

(1) 组块性

组块是心理学家乔治·米勒提出的记忆单位,具有不同的认知结构的学习者在记忆同一事物时所用组块的内容不同。学习者总是把当前呈现的信息内容划分为适合自己记忆的组块。因此教学媒体设计者应根据学习者特征分析预估出该学习者对当前教学内容的认知结构,并据此对欲呈现的媒体内容预先进行组块。这样做可以大大减轻学习者的学习负担并提高学习质量。组块的方法可以是空间分组、时间分段或根据有关概念进行语义分类(认知结构不同,对同一事物进行语义分类的方法可以完全不同)。

(2) 有限性

大量的心理学实验研究证明,人类的短时记忆容量是 7 ± 2 个组块,因而是有限的;但是同样的知识内容(例如一组概念或规则)只要改变组块的形式就有可能大大扩充短时记忆的有限容量。记忆的这种特征对媒体设计的启示是:一次呈现的学习项目一般应限于 7 ± 2 个,而 5 个项目是最可靠的(可适合所有学习者的记忆容量);当遇到步骤繁多,例如有 20 个步骤(大大超过 7 ± 2)的复杂过程时,可将 20 个步骤依照其中的逻辑关系或内在联系,将该过程先分为 4 个分别包含 5 个相关步骤的组(改变组块形式),即把原来需要呈现 20 个较小的组块改为呈现 4 个较大的组块,每个较大的组块中由于只含 5 个步骤而且在语义上有某种关联,不会造成记忆上的困难。这样,通过改变组块的形式,就把原来超出短时记忆容量因而很难记忆的问题,变成了容易记忆的问题。

使学习者掌握概念是教学的主要任务之一。学习概念不仅要记住有关的名称和定义,而且要通过一系列实例来帮助理解事物的共同属性,以便从中引出概念。形成概念是较高层次的认知过程。与概念学习有关的知识是:概念的名称、概念的定义、概念的属性、实例(亦称正例)和非实例(亦称反例)。为了帮助学习者更有效地形成概念,媒体设计者应考虑概念形成过程的下列规律:

① 从实例出发而不要从定义出发——在学术著作中关于概念的叙述一般是按名称→定义→属性→实例的顺序,但是在教材和教学软件中对概念的学习则应相反,即按实例→属性→定义→名称的顺序,因为只有从实例出发才能从中确定共同属性,才有可能帮助学习者完成从感性到理性的飞跃。

② 既要使用正例,也要使用反例——光有正例不能使学习者较深刻地了解概念的全部

属性,只有通过正、反两方面经验的比较才能较完整地、确切地掌握一个概念。

③ 应使用和正例相近的反例——所谓和正例相近,是指反例中有某些属性和正例有相似之处,而这些正是学习者难以辨别容易引起混淆之处。使用与正例相近的反例,就可以有效地提高学生的辨别能力,使学习者获得确切的概念。

2.3.7 教学评价

教学设计的涵义中包括了对解决教学问题的预想方案进行评价和修改的内容。评价是修改的基础,是教学设计成果趋向完善的调控环节。教学评价是指以教学目标为依据,制定科学的标准,运用一切有效的技术手段,对教学活动过程及其结果进行测定、衡量,并给以价值判断。教学设计成果评价属于教学评价范畴,始于20世纪30年代的现代教学评价的一套理论和技术,对教学设计成果评价具有直接指导作用。教学设计成果评价的实质是从结果和影响两个方面对教学活动给予价值上的确认,并引导教学设计工作沿着实现预定目标方向进展。

1. 教学评价的功能

教育心理学和教学论专门研究了教学评价对提高教学效果的作用,具体可以概括为教学评价的如下几个功能。

(1) 诊断功能

评价是对教学结果及其成因的分析过程,借此可以了解到教学各方面的情况,从而判断它的成效和缺陷、矛盾和问题。全面的评价工作不仅能估计学生的成绩在多大程度上实现了教学目标,而且能解释成绩不良的原因,如学校、家庭、社会和个人中哪方面的因素是主要的,就学生个人来说,主要是由于智力因素,还是学习动机等其他非智力因素的影响,抑或是两者兼而有之。教学评价如同体格检查,是对教学现状进行一次严谨的科学诊断,以便为教学的决策或改进指明方向。

(2) 激励功能

评价对教学过程有监督和控制作用,对教师和学生则是一种促进和强化。通过评价反映出教师的教学效果和学生的学习成绩。经验和研究都表明,在一定限度内,经常进行记录成绩的测验对学生的学习动机具有很大的激发作用。这是因为,较高的评价能给教师、学生以心理上的满足和精神上的鼓舞,可激发他们向更高目标努力的积极性;即使评价较低,也能催人深思,激起师生奋进的情绪,起到推动和督促作用。

(3) 调控功能

评价的结果必然是一种反馈信息。这种信息可以使教师及时知道自己的教学情况,也可以使学生得到学习成功和失败的体验,从而为师生调整教与学的行为提供客观依据。教师据此修订教学计划、改进教学方法、完善教学指导,学生据此变更学习策略、改进学习方法、增强学习的自觉性。教学评价有利于使教学过程成为一个随时得到反馈调节的可控系统,使教学效果越来越接近预期的目标。

(4) 教学功能

评价本身也是一种教学活动。在这种活动中,学生的知识、技能将获得长进,甚至产生飞跃。如测验就是一种重要的学习经验,它要求学生事先对教材进行复习,巩固和整合已学到的知识技能、事后对试题进行分析,又可以确认、澄清和纠正一些观念。另外,教师可以在估计学生水平的前提下,将有关学习内容用测试题形式呈现,使题目包含某些有意义的启示,让学生自己探索领悟,获得新的学习经验或达到更高的教学目标。

2. 教学评价的种类

依照不同的分类标准,教学评价可作不同的划分,例如:按评价基准的不同,可分为相对评价、绝对评价和自身评价;按评价内容的不同,可分为过程评价和成果评价;按评价功能的不同,可分为诊断性评价、形成性评价和总结性评价;按照评价分析方法的不同,又可分为定性评价和定量评价。

(1) 相对评价

这种评价就是在被评价对象的群体或集合中建立基准,然后把各个对象逐一与基准进行比较,来判断群体中每一成员的相对优劣。对学习成绩的评定通常是以群体的平均水平为基准,以个人成绩在这个群体中所处的位置来判断。

为相对评价而进行的测验一般称作常模参照测验。它的试题取样范围广泛,命题方式直接明确,测验成绩主要表明学生学业的相对等级。由于所谓的常模实际上近似学生群体的平均水平,所以这种测验的成绩自然形成了正态分布。

利用相对评价来了解学生的总体表现和学生之间的差异,或比较群体学习成绩的优劣是相当不错的。它的缺点是,基准会随着群体的不同而发生变化,因而易使评价标准偏离教学目标;不能充分反映教学上的优缺点和为改进教学提供依据。

(2) 绝对评价

这种评价就是将教学评价的基准建立在被评价对象的群体或集合之外,把群体中每一成员的某种指标逐一与基准进行对照,从而判断其优劣。教学评价的标准一般是教学大纲以及由此确定的评判细则。

为绝对评价而进行的测验一般称作标准参照测验。它的试题取样就是预先规定的教学目标,测验成绩主要表明教学目标的达到程度,所以这种测验的成绩分布通常是偏态的,如低分多高分少,为正偏态,反之则为负偏态。

绝对评价的优点是评价标准比较客观,如果使用得当,可使每个被评价者都能看到自己与客观标准之间的差距,以便不断向标准靠近。另外,教学管理部门通过这种评价,可以直接鉴别各项教学目标的完成情况,明确今后的工作重点。它的缺点是,在制定和掌握评价标准时,容易受评价者的原有经验和主观意愿的影响,也不易分析出学生之间的学习差异。

(3) 自身评价

这种评价既不是在被评价群体之内确立基准,也不是在群体之外确立基准,而是将被评价的个体的过去和现在相比较,或者是对他的若干侧面进行比较。例如,某学生上学期的数学成绩是 70 分,这学期是 80 分,说明他的数学进步了;若该生的语文成绩两个学期都在 80 分以上,说明他的语文比数学要好些。

自身评价的优点是尊重个性特点,照顾个别差异,通过对个体内部的各个方面进行纵横比较,判断其学习的现状和趋势。但由于被评价者没经过与具有相同条件的其他学生作比较,难以判定他的实际水平和差距,激励功能不明显。因此,在实践中常需把自身评价和相对评价结合起来使用。

(4) 诊断性评价

这种评价也称教学前评价或前置评价,一般是在某项教学活动开始之前,对学生的知识和技能、智力和体力,以及情感等状况进行"摸底",通过了解学生的实际水平和准备状况,判断他们是否具有实现新的教学目标所必需的基本条件,为教学决策提供依据,使教学活动适合学生的需要和背景。

教育中的"诊断"是一个范围较大的概念,除了辨认缺陷和问题,还包括对各种优点和特殊才能禀赋的识别。因此,诊断性评价的目的是设计出可以满足不同起点水平和不同学习风格的学生所需的教学方案,并分别将学生置于最有益的教学程序中。

(5) 形成性评价

这种评价是在某项教学活动的过程中,为使活动效果更好而不断进行的评价。它能及时了解阶段教学的结果和学生学习的进展情况、存在的问题等,以便及时反馈,及时调整和改进教学工作。形成性评价进行得比较频繁,如一个章节或一个单元后的小测验。形成性评价一般又是绝对评价,即着重于判断前期工作的达标情况。

教学设计活动中进行的评价主要是形成性评价,如对新的教学方案进行评价通常是在该方案的试行过程中进行的,目的是为修改该方案收集有力的数据和资料。对于提高教学质量来说,重视形成性评价比重视总结性评价更有实际意义。

(6) 总结性评价

这种评价又称事后评价,一般是在教学活动告一段落时为把握活动最终效果而进行的评价。如学期末或学年末各门学科的考核、考试,目的是验明学生的学业是否达到了各科教学目标的要求。总结性评价注重的是教与学的结果,借以对被评价者所取得的较大成果做出全面鉴定、区分等级和对整个教学方案的有效性做出评定。

(7) 过程评价和成果评价

这两种评价通常是根据评价内容的焦点来区分的。过程评价主要是关心和检查用于达到目标的方法和手段如何。例如,完成某一教学目标是用录像教材好还是用程序化教材好。因此,过程评价往往是在教学过程或教学设计过程中进行的。它倾向于完成还需要修改的形成性评价的功能,但是也完成过程中对时间、费用、学生接受情况等方面的总结评价。成果评价或称产品评价,是关心和检查计划实施后的结果或产品使用中的情况,例如,某录像教材的教学效果或某教学设计方案的实施效果。它倾向于完成总结性评价的功能,但也可提供形成性评价的信息。

(8) 定性评价和定量评价

这两种评价是指评价分析方法的不同。定性评价是对评价作"质"的分析,是运用分析和综合、比较和分类、归纳和演绎等逻辑分析的方法,对评价所获取的数据资料进行思维加工。分析的结果一种是描述性材料,数量化水平较低甚至没有数量化,而另一种是与定量分析密切结合的定性分析。一般情况下定性评价不仅用于对成果或产品的评价分析,更重视对过程和相互关系的动态分析,以评价变量之间相互影响的过程。定量评价则是从量的角度运用统计分析、多元分析等数学方法,从复杂纷乱的评价数据中总结出规律性的结论,由于教学涉及人的因素、变量及其关系,是比较复杂的,因此为了揭示数据的特征和规律性,定量评价的方向、范围必须由定性评价来规定。可以说,定性评价与定量评价是密不可分的,二者互为基础、互相补充,切不可片面强调一方而偏废另一方。

3. 教学评价的原则

为了做好各种教学评价工作,必须根据教学的规律和特点,确立一些基本的要求作为评价的指导思想和实施准则。具体来说,教学评价应贯彻以下几条原则:

(1) 客观性原则

这条原则是指在进行教学评价时,从测量的标准和方法,到评价者所持的态度,特别是最终的评价结果,都应符合客观实际,不能主观臆断或掺入个人情感。因为教学评价的目的在于给学生的学和教师的教以客观的价值判断,如果缺乏客观性就会完全失去意义,还会提供虚假信息,导致错误的教学决策。

贯彻客观性原则,首先应做到评价标准客观,不带随意性;其次应做到评价方法客观,不带偶然性;第三应做到评价态度客观,不带主观性。这就要求以科学可靠的评价技术为工具,取得真实可靠的数据资料,以客观存在的事实为基础,实事求是,公正严肃地进行评定。

(2) 整体性原则

这条原则是指在进行教学评价时,要对组成教学活动的各个方面作多角度、全方位的评价,而不能以点代面,以偏概全。由于教学系统的复杂性和教学任务的多样化,使得教学质量往往从不同的侧面反映出来,表现为一个由多因素组成的综合体。因此,要真实地反映教学效果,必须对教学活动从整体上进行评价。

贯彻整体性原则,首先要评价标准全面,尽可能包括教学目标的各项内容,防止突出一点、不及其余;其次要把握主次,区分轻重,抓住主要矛盾,在决定教学质量的主导因素和环节上花大力气;第三要把定性评价和定量评价结合起来,使其相互参照,以求全面准确地判断评价客体的实际效果。

(3) 指导性原则

这条原则是指在进行教学评价时,不能就事论事,而应把评价和指导结合起来,不仅使被评价者了解自己的优缺点,而且为其以后的发展指明方向。也就是说,要对评价的结果进行认真分析,从不同角度查找因果关系,确认产生的原因,并通过信息反馈使被评价者明确今后的努力方向。

贯彻指导性原则,首先必须在评价资料的基础上进行指导,不能缺乏根据地随意评论;其次要反馈及时,指导明确,切忌耽误时机和含糊其辞,使人无所适从;第三要具有启发性,留给被评价者思考和发挥的余地,不能搞行政命令。

(4) 科学性原则

这条原则是指在进行教学评价时,不能光靠经验和直觉,而要根据科学。只有科学合理的评价才能对教学发挥指导作用。科学性不仅要求评价目标标准的科学化,而且要求评价程序和方法的科学化。

贯彻科学性原则,首先要从教与学统一的角度出发,以教学目标体系为依据,确定合理统一的评价标准;其次要推广使用先进的测量手段和统计方法,对获得的各种数据和资料进行严谨的处理;第三要对评价工具进行认真的编制、预试、修订和筛选,达到一定的指标后再付诸使用。

复习思考题

1. 教学设计包括哪些要素?
2. 阐述皮亚杰认知发展阶段理论要点。
3. 小学生和中学生认知、情感发展的一般特征是什么?
4. 选择一个教学内容,编写学习目标,不少于三条。
5. 选择一个教学内容,依据教学系统设计一般模式的要求设计一篇教案。

第 3 章　学与教的技能

学习目标

1. 了解自主学习的概念和特点。
2. 理解自主学习能力的培养相关事项。
3. 掌握自主学习的教学模式。
4. 掌握自主学习相关策略的设计。
5. 了解微格教学的概念和特点。
6. 掌握微格教学的实施过程。
7. 了解说课的概念。
8. 掌握说课的内容和技巧。

3.1　自主学习

3.1.1　自主学习概念

自主学习是与传统的接受学习相对应的一种现代化学习方式。顾名思义，自主学习是以学生作为学习的主体，通过学生独立地分析、探索、实践、质疑、创造等方法来实现学习目标。

3.1.2　自主学习特点

自主学习强调培育学生强烈的学习动机和浓厚的学习兴趣，从而进行能动的学习，即主动地、自觉自愿地学习，而不是被动地或不情愿地学习。因此，"自主学习"这一范畴本身就昭示着学习主体自己的事情，体现着"主体"所具有的"能动"品质；学习是"自主"的学习，"自主"是学习的本质，"自主性"是学习的本质属性。学习的"自主性"具体表现为"自立""自为""自律"三个特性，这三个特性构成了"自主学习"的三大支柱及所显示出的基本特征。

1. 自立性

① 每个学习主体都是具有相对独立性的人，学习是学习主体"自己的"事、"自己的"行为，是任何人不能代替、不可替代的。

② 每个学习主体都具有自我独立的心理认知系统，学习是其对外界刺激信息独立分析、思考的结果，具有自己的独特方式和特殊意义。

③ 每个学习主体都具有求得自我独立的欲望，是其获得独立自主性的内在根据和动力。

④ 每个学习主体都具有"天赋"的学习潜能和一定的独立能力，能够依靠自己解决学习过程中的"障碍"，从而获取知识。

学习"自立性"的四层涵义是相互联系、有机统一的。具有独立性的学习主体,是"自主学习"的独立承担者;独有的心理认知结构,是"自主学习"的思维基础;渴求独立的欲望,是"自主学习"的动力基础;而学习主体的学习潜能和能力,则是"自主学习"的能力基础。可见,自立性是"自主学习"的基础和前提,是学习主体内在的本质特性,是每个学习主体普遍具有的。它不仅经常地体现在学习活动的各个方面,而且贯穿于学习过程的始终。因此,自立性又是"自主学习"的灵魂。

2. 自为性

学习主体将学习纳入自己的生活结构之中,成为其生命活动中不可剥落的有机组成部分。学习自为性是独立性的体现和展开,它包含着学习的自我探索性、自我选择性、自我建构性和自我创造性四个层面的结构关系。因此,自为学习本质上就是学习主体自我探索、自我选择、自我建构、自我创造知识的过程。

① 自我探索往往基于好奇心。好奇心是人的天性,既产生学习需求,又是一种学习动力。自我探索就是学习主体基于好奇心所引发的,对事物、环境、事件等的自我求知、索知的过程。它不仅表现在学习主体对事物、事件的直接认识上,而且也表现在对"文本"知识的学习上。文本知识是前人或作者对客观事物的认知,并非学习主体的直接认识。因此,对"文本"知识的学习,实际上也是探索性的学习。通过自我探索而求知、认知,这是学习主体自为获取知识的方式之一。

② 自我选择性是指学习主体在探索中对信息的选择注意性。外部信息只有经学习主体的选择才能被纳入认知领域;选择是由于被注意,只有经学习主体注意的信息才能被选择而被认知(故有"视而不见、听而不闻"的状况)。因此,学习是从学习主体对信息的注意开始的。而一种信息能引起注意,主要是由于它与学习主体的内在需求相一致。由内在所求引起的对信息选择的注意,对头脑中长时记忆信息的选择提取运用从而发生的选择性学习,是自为学习的重要表现。

③ 自我建构性是指学习主体在学习过程中自己建构知识的过程,即其新知识的形成和建立过程。在这过程中由选择性注意所提供的新信息、新知识,是学习的对象。对这一对象的学习则必须以学习主体原有的经验和认知结构为前提,而从头脑中选择提取的信息是学习新信息、新知识的基础。这两处信息经由学习主体的思维加工而发生了新旧知识的整合和同化,使原有的知识得到充实、升华、联合,从而建立新的知识系统。因此,建构知识即是对新信息、新知识的建构,同时又包含了对原有经验和知识的改造和重组;即既是对原有知识的保留,又是对原有知识的超越。

④ 自我创造性是学习自为性更重要、更高层次的表现。它是指学习主体在建构知识的基础上,创造出能够指导实践并满足自己需求的实践理念模型。这种实践理念及模式,是学习主体根据对事物发展的客观规律、对事物真理的超前认识及对其自身强烈而明确的内在需求,从而进行创造性思维的结果。建构知识是对真理的认识,是对原有知识的超越;而实践理念模式则是以现有真理性知识为基础,并超越了它(即是对事物真理的超前认识)。这种超前认识是由明确的目标而导引的创造性思维活动,在这种活动中,学习主体头脑中的记忆信息库被充分地调动起来,信息被充分地激活起来,知识系统被充分地组织起来,并使学习主体的目标价值得到了充分张扬。可见,不管是探索性学习、选择性学习,还是建构性学习、创造性学习,都是自为学习重要特征的显现,也是学习主体获取知识的途径。从探索到选择到建构再到创造的过程,基本上映射出了学习主体学习、掌握知识的一般过程,也大致

反映出其成长的一般过程。从这个意义上说,自为学习本质上就是学习主体自我生成、实现、发展知识的过程。

3. 自律性

自律性即学习主体对自己学习的自我约束性或规范性。它在认识域中表现为自觉地学习。

① 自律性是学习主体的觉醒或醒悟性,对自己的学习要求、目的、目标、行为、意义的一种充分觉醒。它规范、约束自己的学习行为,促使自己的学习不断进取、持之以恒。它在行为域中则表现为主动和积极。主动性和积极性是自律性的外在表现。因此,自律学习也就是一种主动、积极的学习。主动性和积极性来自于自觉性。只有自觉到自己学习的目标意义,才能使自己的学习处于主动和积极的状态;而只有主动积极的学习,才能充分激发自己的学习潜能和聪明才智而确保目标的实现。

② 自律学习体现学习主体清醒的责任感,它确保学习主体积极主动地探索、选择信息,积极主动地建构、创造知识。

3.1.3 自主学习能力培养

培养自主学习能力是社会发展的需要。面对新世纪的挑战,适应科学技术飞速发展的形势,适应职业转换和知识更新频率加快的要求,一个人仅仅靠在学校学的知识已远远不够,每个人都必须终身学习。终身学习能力成为一个人必须具备的基本素质。

培养学生的自主学习能力应涉及如下几个方面:

1. 对学习的内在动机性因素的干预

自主学习的动机一般是内在的、自我激发的,而对这种动机具有催化作用的因素很多,包括自我效能感、结果预期、学习的价值意识、学习兴趣、归因倾向、合适的目标定向等。自我效能感指个体相信自己有能力较好地完成某种学习任务,是自信心在某些学习活动中的具体体现。研究表明,具有高的自我效能感的学生为自己确定的学习目标较高,更愿意通过独立学习实现自己的预定目标,证实自己的学习能力。学习的价值意识指个体认为学习的结果对自己有一定价值或意义,也较少使用精加工、组织、计划等策略。学习兴趣的重要性不言而喻。兴趣越高,愿望就越强,且有助于学习策略的应用。归因倾向对自主学习的影响为:如果个体把学习成功归因于能力,把失败归因于努力不够,就更易激发自主学习;如果个体把自己的成功归因于外部不可控因素,把失败归因于自身能力不足,就会影响其学习的主动性。目标定向也有重要影响。一般说来,以掌握知识、发展技能为目的的掌握性目标定向对自主学习的推动作用更大;以显示自己能力、超越别人、获取他人赞许为目的的表现性目标定向对自主学习的推动作用相对小些。要想激发学生内在的学习动机,必须综合考虑上述动机性因素,并视学生的具体情况有选择地进行干预。

2. 教给学生充足的认知策略

认知策略是个体对外部信息的加工方法,它是一种特殊形式的智慧技能,在学习和思维过程中的作用极为重要。

认知策略主要包含三大类:一是记忆策略,用于记忆事实性的知识,包括复述、聚类、利用表象、记忆术等策略;二是精加工策略,用于深入理解学习材料,包括释义、作小结、创设类比、做概括性的笔记、提问等策略;三是组织策略,也用于深入理解学习材料,包括选择要点、列提纲、观点组织等。

认知策略的习得包含两个层次,一是获得关于各种认知策略的知识,二是熟练地运用认知策略。认知策略的学习,关键在于能应用和迁移。在认知策略的教学上,可确立三类子目标:一是让学生掌握大量认知策略知识;二是让学生掌握关于何时、何地及为什么使用认知策略的条件性知识;三是激发学生策略运用的动机,训练学生对认知策略的实际运用。

令人担忧的是,在目前的基础教育中,与一般的知识和技能教学相比,认知策略教学还处于相对薄弱的地位。有研究表明,大学教师在认知策略教学上所花时间仅占整个教学时间的3%。因此,为培养学生的自主学习能力,应把认知策略作为首要目标或至少与其他知识、技能地位对等的目标来看待。

3. 促进学生的元认知发展

元认知指关于认知过程的知识、信念及对这些过程的监视和控制,可分为元认知知识和元认知过程两个方面。前者指关于自我、任务、策略等方面的知识或信念,如关于智力的信念、对任务难度的评价、对完成任务最佳策略的判断等;后者指对认知过程的计划、监控和调节,如时间管理、策略选择等。元认知是自主学习的重要过程或成分,培养学生的自主学习能力必须注意促进学生的元认知发展。可把元认知训练任务分解为两个层面:丰富学生的元认知知识,训练学生的元认知过程。元认知知识是静态的,对自主学习影响不大,而关于自身能力的信念对自主学习具有直接推动作用。因此,应把训练学生的元认知过程作为培养学生自主学习能力的一项重要任务。

具体做法如下:① 训练学习的计划过程,可分为目标设置、策略选择、时间规划等子过程。自己设置目标是自主学习者所具有的一个重要特征。一般说来,自主学习的学生更倾向于设置具体的、近期的、富有挑战性而又可完成的学习目标,帮助低学习动机的学生学会设置这类目标有助于增强他们的自主学习动机。因此,应把教会学生设置合适的学习目标作为一项重要的教学目标。策略选择过程指根据已经确定的学习目标选择能保证学习目标得以完成的学习策略。策略选择需要个体知道策略适用的具体条件,并能根据条件变化灵活地变换学习策略。时间规划指对学习的时间做出安排并为学习安排最佳时间,保证学习按期、及时、有效地完成。教会学生有效管理和安排学习时间也是自主学习教学中的重要目标。② 训练学习的自我监控和调节过程。该过程指观察和监视学习的进展情况和方向,使之不偏离既定的学习目标。自我监控的有效手段是自我记录,即及时、准确、经常地对学习进展情况做记录,自我调节是根据自我监控的结果调整学习进度或者把偏离目标的学习过程纳入到正常的学习轨道上,它又涉及自我反馈、自我纠正等过程。③ 训练学习的自我评价过程。自我评价包括自我总结、自我评估、自我归因、自我强化等子过程。自我总结是对学习结果进行系统、全面的概括,使所学的知识系统化、精练化;自我评估是把学习结果与既定的学习目标相比较,确定哪些目标已经完成,哪些目标尚未实现,进而对自己学习的优劣做出评判的过程;自我归因指根据自我评估的结果对学习成功或失败的原因进行反思,为后继学习提供经验或教训;自我强化是根据自我评估和自我归因的结果对自己作出奖励或惩罚的过程,它对后继学习往往具有动机作用。④ 训练学习的意志控制过程。意志控制是一种自主学习品质。维持学习持续进行的力量是意志。意志控制对学习过程具有维持作用。正是有了较强的意志控制力,自主学习的学生才能顽强克服学习过程中的困难,排除外界干扰,实现自己的目标。因此,加强对学生的意志磨炼对培养学生的自主学习能力十分必要。

4. 培养学生主动营造或利用有利于学习的社会和物质环境的能力

积极利用学习的社会环境的重要形式是主动寻求学业帮助。在自主学习的过程中，个体总会遇到这样或那样自己难以解决的学习问题，这就要求个体主动寻求他人帮助以克服自身的学习困难。因此个体知道何时、何地、如何主动寻求他人的帮助也是具有自主学习能力的表现。因而学业求助能力应纳入自主学习能力培养的目标体系中。学生主动选择或营造舒适、安静的学习场所，掌握从图书馆或其他途径查阅所需资料的方法，也是具有自主学习能力的表现，因此在教学中也应作为一个辅助性目标确立。

3.1.4 自主学习的教学模式

1. 自主学习中 T-S 教学模式

自主学习中 T-S(Teacher-Student)教师对学生的教学模式又称为指导教学模式，教师在课堂上的主导地位向指导地位转变，教师编辑和设置场景，让学生主动参与，教师则在活动进行中对学生的参与情况进行笔记、指导、点评和总结。这种教学模式由传统课堂上的传授和灌输为主转变为讨论、交流、探究和体验为主，课堂主要任务在于培养学生对语言的应用和创造能力以及解决问题的能力。

2. 自主学习中 S-S 教学模式

自主学习中 S-S(Student-Student)学生对学生的教学模式又称协作学习模式，即教师把全班学生分成几个协作学习小组，在一定的激励机制下，给学生分派任务，使小组学生为完成共同的学习任务而相互支持、相互合作。在 S-S 教学模式中学生不再单纯地依赖教师，而是与小组其他成员一起交流、协商、合作，共同解决问题，而交流、协商和合作都是促进学习者自主学习的重要因素。

3. PBL 模式

基于问题的学习(PBL)，即"Problem-Based Learning"，来自于美国神经病学教授 Howard Barrows 于 1969 年首创的以问题解决为中心的教学方法，最初主要应用于当时的医学教育，后来逐渐被其他的院校所采用，目前这种教学方法早已经跨越国界，在不同国家的教育领域得到广泛应用。对于这种教学方法的认识，可以从其教学目标上进行考察。Barrows 等(1995)认为，PBL 的目标包括：建构广泛而灵活的知识基础；发展有效地解决问题的技能；发展终身学习的技能；成为有效的合作者；内在的自我促进者。另外，Hmlo 等(1997)也指出，PBL 的学习目标主要在于：帮助学生发展高层次的思维技能和灵活的知识基础，最终将学生发展成为一个主动的学习者。由此 Howard & Barrows 和 Ann Kelson 博士将 PBL 概括为："是一种课程又是一种学习方式。"鉴于此，著者认为可以从教与学两个方面来理解 PBL，即从课程的角度去理解 PBL，它是通过提出问题，让学习者在问题解决的过程获取相关的知识的课程类型；从学习方式的角度来看，它是通过学习者采用小组协商合作、自主学习等形式来获取知识的一种学习方式。

（1）PBL 设计和实施的注意事项

PBL 的设计和实施是两个相互联系的过程，它们平衡了学生的需求、课程和特定的学习情境中的学习标准之间的关系。PBL 的设计和实施都以学生的需要和这种学习情境的特殊性为基础。在 PBL 的设计和实施过程中，应注意以下四个方面：

① 让学生认识到他们是问题情境中的"真实"角色。首先，我们要让学生进入问题情境并成为问题情境中的"真实"角色。给他们自行解决问题的权利，同时也让他们承担解决问

题的责任。这样就能充分调动他们的主动性,培养他们的责任感。

② 把学生置于结构不良的问题情境。PBL 强调问题情境的真实性,并且把问题情境作为学习组织中心。Blunden(1991)指出,"PBL 使用学生在实践中可能面临的情境作为学习的起点,这是一种学习者为中心的方法"。PBL 认为传统讲授式教学并不缺乏应试意义上的问题(Question),但那却是脱离真实情境的。PBL 中的问题是存在于真实情境中的、结构不良的。在传统的教学中,教师也经常以现实中的问题来帮助学生实现对某一现象或概念的理解。但由于传统的教学是以教学内容为中心的,这些问题在整个教学过程中所起到的作用是辅助性的,问题本身也是良构(Well-structured)的。在限定的条件中寻找到预先设定好的答案,良构性的问题对于学生习得某种特定的解题方法、步骤是有帮助的,但同时也限制了学生对于真实问题的思考和把握。我们知道,真实世界中的问题通常是多变的、劣构(Ill-structured)的,它要求解决者不仅要拥有解决问题的基本知识,还要具备批判性的思维能力、应变能力以及发现和使用适当学习资源的能力,而后者是很难在传统的解决良构性的问题训练中得到培养和提高的,这也正是学生在面对现实问题时无法实现知识迁移的主要原因。

③ PBL 是学生和教师双方共同的事。在 PBL 中,学生一直为解决问题而努力,他们不断地思考、分析,力求发现问题的关键之所在,不断地加深对问题的理解,努力寻找多种解决办法。通过这样的学习,最后成为一个自我指导的、会学习的学生。在解决问题的过程中,教师不是放手不管,让学生自己去学,而是学生的同伴,和学生一起解决问题,同时适当地激发学生的兴趣,鼓励学生提问,并适时地从认知上给学生以指导。

④ 评估伴随着整个学习过程。尽管对 PBL 学习的每一步都要进行评估,但是所有评估的根本目标都是鼓励学生围绕着问题进行思考。在思考过程中,学生能获得知识、应用知识并掌握技能。PBL 对学生的评估指标应该是他们对问题的理解深度,而不是对问题答案的复制情况。并且,评估结构指标应该是多方面的(如收集信息、完成任务、参与情感与态度、成果展示……),这一点可以从其教学目标上进行考察。

(2) PBL 的教学流程

PBL 中设置和安排的教学活动都有一个共同的目标,那就是让学生成为积极主动的、能自主学习的学生。老师们往往都精心构思一些问题情境,让学生在其中为解决问题而积极主动地学习。教学活动各个环节的顺序都不是死板、不可改变的。学生可以根据自己的情况调整顺序,也可以学完后面的某些环节后再重复前面的一些环节。

① 创设情境,呈示问题。老师在了解了课程和教学标准后,通过查阅一些课程资料、报纸杂志或者与同事讨论的方式为学生选择适当的问题。选择问题时,老师们也会兼顾学生的性格特征和需求,思考以什么样的方式呈现问题才能较好地吸引住学生。问题情境往往都很有趣。在问题情境中,学生可以和正在探测未知的人一起交流、探索,也可以和身处逆境的人一起感受生活的艰难、分享人生体验。

② 划分学习小组。小组的划分或者是依据学生的认知水平,或者是依据学生的兴趣爱好。通常是在发放多个可供选择的问题之后,由学生根据自己对问题的兴趣爱好自由地结合成小组,有的学者称这种分组方法为"基于问题的分组"。而分组方法中又有同质分组和异质分组之分。所谓同质分组是指把学习风格、认知水平相近或相同的学生编成一个小组;所谓异质分组是指把学习风格、认知水平相差比较大的学生编成一个小组。这里应该尽量让学生自愿组合,创设较为自由、舒适的合作氛围。

③ 分析问题。该环节主要是让学生对问题情境有一个清楚而彻底的理解(让学生先弄清楚对需要解决的问题他们已经知道些什么,还需要去学习些什么,以及他们对该问题的看法)。当给小组呈现初始问题后,学生们首先会激活头脑中与此问题相关的已有知识,并根据已有知识一般的观念和逻辑思考来建构解释这个问题的"理论"。当一个成员调动起自己的已有知识的时候,这些知识可能会激活另一位成员在曾经看来不可能的知识。一旦集体的知识被激活了,学习者就会开始详细解释他们知道什么,并尝试建立起他们的知识与问题中所描述的现象之间的桥梁。于是,合作便开始了。在此分析过程中,他们将对问题获得一个较为全面的认识,因此能很快知道怎样对各种信息资料进行分类、怎样给组员分配任务。

④ 收集和共享资源。学生一般都是三个或五个人组成一个小组,来共同讨论解决眼前的问题他们还需要收集哪些资料、学习哪些知识。当所有的资料都收集好以后,小组就被拆散。然后组与组之间交换组员,组成新的小组。这样他们就可以在新的组内共享信息。

⑤ 选择并陈述解决问题的方案。学生一旦选择出最佳的解决办法,他们就得为解释为什么他们认为这是最佳解决方案而做准备。他们可能会用概念地图(Concept Map)、图表、演示文稿、音像多媒体或者万维网主页的形式,给大家展示他们对问题的思考和为什么选择上面的最佳解决办法。具体选择什么方式,由学生根据自己的需要和自己在问题情境中的角色来确定。

⑥ 反思。学生在一起回顾、讨论他们在解决该问题的过程中,哪些地方做得好,哪些地方做得不够好,以后在解决该类问题的过程中怎样扬长避短;同时,也讨论在解决问题的过程中遗留下来的问题。这些从认知和元认知的角度进行的反思和讨论,对提高学生的思维能力很有帮助。

综上所述,在 PBL 的教学流程中穿插着两条重要线索:其一是问题解决的过程,即分析问题、形成假设、检验假设和修改假设;其二是围绕问题解决活动而进行的更丰富的求知探索活动,即学习要点的形成,以及由此引发的信息收集、处理和加工,最终达成新知识的意义建构。

3.1.5 自主学习策略的设计

1. 支架式教学策略

根据欧共体"远距离教育与训练项目"(DGXⅢ)的有关文件,支架式教学策略被定义为:这种策略"应当为学习者建构对知识的理解提供一种概念框架(Conceptual Framework)。这种框架中的概念是为发展学习者对问题的进一步理解所需要的,为此,事先要把复杂的学习任务加以分解,以便于把学习者的理解逐步引向深入"。很显然,这种教学策略来源于前苏联著名心理学家维果斯基的"最邻近发展区"理论。维果斯基认为,在儿童智力活动中,对于所要解决的问题和原有能力之间可能存在差异,通过教学,儿童在教师帮助下可以消除这种差异,这个差异就是"最邻近发展区"。换句话说,最邻近发展区是指儿童独立解决问题时的实际发展水平(第一个发展水平)和教师指导下解决问题时的潜在发展水平(第二个发展水平)之间的距离。可见儿童的第一个发展水平与第二个发展水平之间的状态是由教学决定的,即教学可以创造最邻近发展区。因此教学绝不应消极地适应儿童智力发展的已有水平,而应当走在发展的前面,不停顿地把儿童的智力从一个水平引导到另一个新的更高的水平。

建构主义者正是从维果斯基的思想出发,借用建筑行业中使用的"脚手架"(Scaffolding)作为上述概念框架的形象化比喻,其实质是利用上述概念框架作为学习过程中的脚手架。如上所述,这种框架中的概念是为发展学生对问题的进一步理解所需要的,也就是说,该框架应按照学生智力的"最邻近发展区"来建立,因而可通过这种脚手架的支撑作用(或称"支架作用")不停顿地把学生的智力从一个水平提升到另一个新的更高水平,真正做到使教学走在发展的前面。

支架式教学策略由以下几个步骤组成:

① 搭脚手架——围绕当前学习主题,按"最邻近发展区"的要求建立概念框架。

② 进入情境——将学生引入一定的问题情境(概念框架中的某个层次)。

③ 独立探索——让学生独立探索。探索内容包括:确定与当前所学概念有关的各种属性,并将这些属性按其重要性大小顺序排列。探索开始时要先由教师启发引导(例如演示或介绍理解类似概念的过程),然后让学生自己去分析;探索过程中教师要适当提示,帮助学生沿概念框架逐步攀升。起初的引导、帮助可以多一些,以后逐渐减少——愈来愈多地放手让学生自己探索,最后要争取做到无需教师引导,学生自己能在概念框架中继续攀升。

2. 抛锚式教学策略

这种教学策略要求建立在有感染力的真实事件或真实问题的基础上。确定这类真实事件或问题被形象地比喻为"抛锚",因为一旦这类事件或问题被确定了,整个教学内容和教学进程也就被确定了(就像轮船被锚固定一样)。建构主义认为,学习者要想完成对所学知识的意义建构,即达到对该知识所反映事物的性质、规律以及该事物与其他事物之间联系的深刻理解,最好的办法是让学习者到现实世界的真实环境中去感受、去体验(即通过获取直接经验来学习),而不是仅仅聆听别人(例如教师)关于这种经验的介绍和讲解。由于抛锚式教学要以真实事例或问题为基础(作为"锚"),所以有时也被称为"实例式教学策略"或"基于问题的教学策略"。

抛锚式教学策略由这样几个步骤组成:

① 创设情境——使学习能在和现实情况基本一致或相类似的情境中发生。

② 确定问题——在上述情境下,选择出与当前学习主题密切相关的真实性事件或问题作为学习的中心内容(让学生面临一个需要立即去解决的现实问题)。选出的事件或问题就是"锚",这一环节的作用就是"抛锚"。

③ 自主学习——不是由教师直接告诉学生应当如何去解决面临的问题,而是由教师向学生提供解决该问题的有关线索(例如需要搜集哪一类资料、从何处获取有关的信息资源以及现实中专家解决类似问题的探索过程等),并要特别注意发展学生的"自主学习"能力。自主学习能力包括:确定学习内容表的能力(学习内容表是指为完成与给定问题有关的学习任务所需要的知识点清单);获取有关信息与资源的能力(知道从何处获取以及如何去获取所需的信息与资源);利用、评价有关信息与资源的能力。

3. 随机进入教学策略

由于事物的复杂性和问题的多面性,要做到对事物内在性质和事物之间相互联系的全面了解和掌握,即真正达到对所学知识的全面而深刻的意义建构是很困难的,往往从不同的角度考虑可以得出不同的理解。为克服这方面的弊病,在教学中就要注意对同一教学内容要在不同的时间、不同的情境下,为不同的教学目的、用不同的方式加以呈现。换句话说,学习者可以随意通过不同途径、不同方式进入同样教学内容的学习,从而获得对同一事物或同一问题的多方面的认识与理解,这就是所谓的"随机进入教学"。显然,学习者通过多次"进入"同一教学内容将能达到对该知识内容比较全面而深入的掌握。这种多次进入,绝不是像传统教学中那样,只是为巩固一般的知识、技能而实施的简单重复。这里的每次进入都有不同的学习目的,都有不同的问题侧重点。因此多次进入的结果,绝不仅仅是对同一知识内容的简单重复和巩固,而是使学习者获得对事物全貌的理解与认识上的飞跃。

随机进入教学的基本思想源自建构主义学习理论的一个新分支——"弹性认知理论"(Cognitive Flexibility Theory)。这种理论的宗旨是要提高学习者的理解能力和他们的知识迁移能力(即灵活运用所学知识的能力)。不难看出,随机进入教学对同一教学内容在不同时间、不同情境下,为不同的目的、用不同方式加以呈现的要求,正是针对发展和促进学习者的理解能力和知识迁移能力而提出的,也就是根据弹性认知理论的要求而提出的。

随机进入教学策略主要包括以下几个步骤:

① 呈现基本情境——向学生呈现与当前学习主题的基本内容相关的情境。

② 随机进入学习——取决于学生"随机进入"学习所选择的内容,而呈现与当前学习主题的不同侧面特性相关联的情境。在此过程中教师应注意发展学生的自主学习能力,使学生逐步学会自己学习。

③ 思维发展训练——由于随机进入学习的内容通常比较复杂,所研究的问题往往涉及许多方面,因此在这类学习中,教师还应特别注意发展学生的思维能力。其方法是:教师与学生之间的交互应从"元认知级"进行(即教师对学生应加强思维方法的指导,向学生提出的问题应有利于促进认知能力的发展而非纯知识性提问);要注意建立学生的思维模型,即要了解学生思维的特点(例如教师可通过这样一些问题来建立学生的思维模型:"你的意思是指?""你怎么知道这是正确的?""你对这个问题怎样进行分析?""这是为什么?"等);注意培养学生的发散思维(这可通过提出这样一些问题来达到:"还有没有其他的含义?""请对 A 与 B 之间做出比较?""请评价某种观点"等)。

4. 启发式教学策略

上面列举的三种自主学习策略(围绕"概念框架"的支架式学习、围绕"真实问题"的抛锚式学习和围绕"事物多面性"的随机进入学习)是目前国外比较流行的、适用于多媒体网络教学环境的自主学习策略。事实上,只要能发挥学生的主动性、积极性,能体现学生的学习主体作用,就能有效地促进学生对知识意义的主动建构,而不一定局限于上述三种自主学习策略,更不一定要局限于国外的经验,从我们自身的文化传统和教学实践中也能总结出不少非常有效的自主学习策略。以发挥学生的主动性和首创精神为例,我们的先哲孔子创造的"启发式教学"就是一个光辉的范例。

关于"启发式教学",许多人都以为这是苏格拉底的首创。事实上,孔子不仅一贯坚持启发式教学,而且"启发式"这个名称本身也是由孔子(而不是苏格拉底)所创造。我们不妨将被称为"产婆术"的苏格拉底启发式对话法与孔子的启发式教学法作一比较。

一位名叫欧谛德谟的青年,一心想当政治家,为帮助这位青年认清正义与非正义问题,苏格拉底运用启发式方法和这位青年进行了下面的对话(以下简称苏格拉底为苏,简称欧谛德谟为欧):

苏:虚伪应归于哪一类?

欧:应归入非正义类。

苏:偷盗、欺骗、奴役等应归入哪一类?

欧:非正义类。

苏：如果一个将军惩罚那些极大地损害了其国家利益的敌人,并对他们加以奴役这能说是非正义吗？

欧：不能。

苏：如果他偷走了敌人的财物或在作战中欺骗了敌人,这种行为该怎么看呢？

欧：这当然正确,但我指的不是欺骗朋友。

苏：那好吧,我们就专门讨论朋友间的问题。假如一位将军所统帅的军队已经丧失了士气,精神面临崩溃,他欺骗自己的士兵说援军马上就到,从而鼓舞起斗志取得胜利,这种行为该如何理解？

欧：应算是正义的。

苏：如果一个孩子有病不肯吃药,父亲骗他说药不苦、很好吃,哄他吃下去了,结果治好了病,这种行为该属于哪一类呢？

欧：应属于正义类。

苏格拉底仍不肯罢休,又问：如果一个人发了疯,他的朋友怕他自杀,偷走了他的武器,这种偷盗行为是正义的吗？

欧：是,他们也应属于这一类。

苏：你不是认为朋友之间不能欺骗吗？

欧：请允许我收回我刚才说过的话。

从这一段生动的对话可以看出,苏格拉底启发式教学的特点是：抓住学生思维过程中的矛盾,启发诱导,层层分析,步步深入,最后导出正确的结论。

下面再看孔子的启发式教学。他只有八个字："不愤不启,不悱不发"(《论语·述而》)。按宋代朱熹的解释："愤者,心求通而未得之意；悱者,口欲言而未能之貌；启,谓开其意；发,谓达其辞。"可见,"愤"就是学生对某一问题正在积极思考,急于解决而又尚未搞通时的矛盾心理状态。这时教师应对学生思考问题的方法适时给以指导,以帮助学生开启思路,这就是"启"。"悱"是学生对某一问题已经有一段时间的思考,但尚未考虑成熟,处于想说又难以表达的另一种矛盾心理状态。这时教师应帮助学生弄清事物的本质属性,从感性认识上升到理性认识,然后才能用比较准确的语言表达出来,这就是"发"。

孔子的启发式教学虽然只有八个字,但它不仅生动地表现出孔子进行启发式教学的完整过程,而且还深刻地揭示出学习过程中遇到疑难问题时将会顺序出现两种矛盾的心理状态,或者说两种不同的思维矛盾,以及这两种矛盾的正确处理方法。和苏格拉底对话法相比较,二者的共同之处是,彼此都十分重视学生思维过程中的矛盾,但是两者处理思维矛盾的方法则完全不同：苏格拉底是通过教师连续不断的提问迫使学生陷入自相矛盾状态,从而把学生的认识逐步引向深入,使问题最终得到解决；孔子则是由教师或学生自己提出问题,由学生自己去思考,等到学生处于"愤"的心理状态,即遇到思维过程中的第一种矛盾而又无法解决时,教师才去点拨一下,然后又让学生自己继续去认真思考,等到学生进入"悱"的心理状态,即遇到思维过程中的第二种矛盾且无法解决时,教师又再点拨一下,从而使学生柳暗花明,豁然开朗。

由以上分析可见,苏格拉底的对话法实际上是以教师为中心,学生完全被教师牵着鼻子走,这种启发式虽然也能使学生印象深刻,但是由于学生的主动性发挥不够,对于较复杂问题的理解,即涉及高级认知能力的场合,恐怕对问题难以理解得很深入。而孔子的启发式则是以学生为中心,让学生在学习过程中自始至终处于主动地位,让学生主动提出问题、思考问题,让学生主动去发现、去探索,从中找出解决问题的方法,教师只是从旁边加以点拨,起指导和促进作用。两相比较,不难看出,尽管两种启发式在教学中都很有效,都能促进学生的思维,但是显然孔子的启发式有更深刻的认知心理学基础,更能发挥学生的主动性和首创精神,更有利于对知识意义的主动建构,因而在自主学习策略的设计中我们应当采用的是孔子(而不是苏格拉底)的启发式(但是在以教为主的教学策略设计中则可考虑采用苏格拉底对话法)。

5. 基于 Internet 的探索式教学策略

这种策略在 Internet 上的应用范围很广,从简单的电子邮件或邮件列表学习方式,到大型、复杂的学习系统中都有采用。实施这种策略需要由某个教育机构(如中学、大学或研究机构)提出一些适合由特定的学生对象来解决的问题,并通过 Internet 向学生发布,要求学生解答。与此同时提供大量的、与问题相关的信息资源供学生在解决问题过程中查阅。另外,还有专家负责对学生学习过程中的疑难问题提供帮助。给学生的帮助并不是直接告诉他答案,而是给以适当的启发或提示,如"请查阅某某站点上的某某文章"之类。这种学习策略彻底改变了传统教学过程中学生被动接受的状态,而使学生处于积极主动的地位,因而能有效地激发学生的学习兴趣和创造性。实现这种策略的学习,并不需要复杂的技术和昂贵的设备,只要利用电子邮件功能便可。

基于 Internet 的探索式学习有四个基本要素,即问题、资料、提示和反馈。将这四个要素组织和衔接好,便能在简单的技术背景下,达到良好的教学效果。实施这种教学策略要注意的一点就是,应防止学生产生过强的挫折感,为此要有比较敏感的信息反馈系统,以便及时给予学生帮助。

3.1.6 自主学习教学设计模板[①]

通用自主学习教学设计模板

问题(项目)的主题

设计者　　　　　　　　　单位(学校)
学科领域　　　　　　　　　　　　　　适合年级
课程标准　　　　　　　　　　　　　　所需时间
概述(学习内容和学习者特征)

学习目标(任务、成果)

学习策略(情境、模式、方法)

学习资源(材料、工具)

学习活动(过程、结构)

---

① 此模板材料作者为内蒙古师范大学现代教育技术中心李龙。

学习建议（必要时填写）

学习评价（范例、量规）

其他要说明的事项（致谢）

专题自主学习教学设计模板

专题课程的主题

设计者　　　　　　　　单位（学校）
学科领域　　　　　　　　　　　　适合年级
课程标准　　　　　　　　　　　　所需时间
概述（学习内容和学习者特征）

学习目标（任务、成果）

学习活动（过程、结构）

学习资源（材料、工具）

学习评价（范例、量规）

基于网络的探究型学习（Web Quest）教学设计模板

探究型学习（Web Quest）的主题

设计者　　　　　　　　单位（学校）
学科领域　　　　　　　　　　　　适合年级
课程标准　　　　　　　　　　　　所需时间
导言

任务

资源

过程描述	
学习建议	
评价	
总结	

微型探究式学习(Mini Quest)教学设计模板

微型探究式学习(Mini Quest)的主题

设计者		单位(学校)		
学科		年级		课时
情境				
任务				
成果				
资源				
评价				

研究型学习教学设计模板

研究的问题或任务

设计者		单位(学校)	
学科领域		适合年级	
课程标准		所需时间	
确定课题			
组织分工			
收集信息			

整理分析信息

创建答案(解决方案)

评价/展示作品

3.2 微格教学

3.2.1 微格教学的含义

微格教学(Microteaching)是师范生和在职教师掌握课堂教学技能的一种培训方法,又被译为"微型教学""微观教学""小型教学"等。"微",是微型、片断及小步的意思;"格"取自"格物致知",推究、探讨及变革的意思,又可理解为定格或规格,它还限制着"微"的量级标准(即每"格"都要限制在可观察、可操作、可描述的最小范围内)。微格教学就是把复杂的教学过程分解为许多容易掌握的单一教学技能,如导入、讲解、应变、提问、媒体使用、强化、学习策略辅导、学生学业成就评价等,对每项教学技能进行逐一研讨并借助先进音像设备、信息技术,对师范生或在职教师进行教学技能系统培训的微型、小步教学。

微格教学通常让参加培训的学员(师范生或在职教师)分成若干小组。在导师的理论指导下,对一小组学生进行 10 min 左右的"微格教学",并当场将实况用摄像机摄录下来。然后在指导教师引导下,由小组成员反复观看录制成的教学录像片,进行讨论和评价,最后由导师进行小结。这样依次让所有学员轮流进行多次微格教学,使师范生或在职教师的教学技能、技巧有所提高,从而也提高了教师的整体素质。

微格教学是在 1963 年由美国斯坦福大学的 D·W·爱伦(D. W. Aallen)和他的同事 W·伊芙(W. Eve)首先为师范生在从事教师工作之前提供一个教学实践的机会而设计、开发、建立的。它被誉为"本世纪 60~70 年代师范教育中最有影响的发明之一"。微格教学的形式一般可描述为一个浓缩的教学实践,在班级大小、课程长度和教学复杂程度上都缩减了。爱伦和伊芙把微格教学定义为:"一个有控制的实习系统,它使师范生有可能集中解决某一特定的教学行为,或在控制的条件下进行学习。"

3.2.2 微格教学的特点

微格教学是培训师范生教学技能"自我完善"行之有效的途径和手段,具有以下特点:

1. 强调理论联系实践,重在技能的训练

教育学、心理学与教学论为微格教学及实践活动提供了理论指导。微格教学中的示范、备课、写教案、角色扮演、反馈和讨论等一系列活动,使教育教学理论得到具体地贯彻和体现。

2. 训练目标明确、集中,重在技能的分解

微格教学将复杂的教学过程涉及的教学技能进行合理分类,确立达到的教学目标,使师范生有明确的努力方向。由于一次教学练习(角色扮演)所用时间短,学生人数少,只集中训练一两个教学技能,训练目标可以制订得更加明确具体,有利于判断被训练者是否达到了培训目标及找出他们训练中的不足。

3. 观察示范典型、具体，重在细节分析

从师范生的心理特点来看，"他们十分关心自己的形象，要从各方面深入了解自己"，微格教学为师范生观察自己，评价自我提供了良好的条件。示范的时间短，内容少，主题集中，便于分析研究，可以反复观看，深入理解。采用录像的方法，不仅可以对示范技能进行精心选择，还可以提供正反两方面的经验，比传统的观察某个教师一两节课的方法效果要好得多。

4. 信息反馈及时、有效，重在自我训练

心理学的实验表明，反馈在学习上的效果是十分显著的，而每日的反馈比每周的反馈效果更好。师范生通过重放录像可以及时进行自我观察分析，发现其教学过程中存在的问题；还可以把有争议的片断用录像机搜索出来，使用录像机暂停、慢放、重放等功能，把教学中存在的问题表露无遗；参训者以"第三者"来观察自己的教学活动，容易收到"旁观者清"的效果。

心理学的研究还表明，学习者自己知道了行为的得失，自己去克服缺点要比教师帮助改正缺点更为优异。借助录像，师范生观看了自己的教学过程，对自己存在的缺点认识深刻、清楚、客观，改正错误的决心大，克服了以往指导教师评价时的多种干扰因素的影响，有利于快速提高教学技能。

5. 减轻参训者心理压力，利于创新思维培养

大部分学生第一次走上讲台都很慌张，面对众目睽睽不知所措。在微格教学培训中，师范生或在职教师不会有太大的心理压力，并且过好了第一次讲课的"关"，以后就会形成沉着稳定的教态。因为如果试教失败，不会对扮演学生的人产生不良心理影响，他们不必为影响学校的正常教学而担心。这种训练为师范生将来的教育实习打下了基础，增加了他们的自信心，减轻他们在学习中的心理压力。培训者可以根据大家的意见完善并改进自己的方案，或对同一技能的使用提出新的方案。

3.2.3 微格教学的实施过程

微格教学的实施是以微格教学理论为指导，以训练教学技能为目标的教学实践过程。微格教学一般包括以下几个步骤：

1. 理论指导

进行微格教学前，首先要使受训练者了解微格教学的基本理论、微格教学的训练方法、各项教学技能的教育理论基础、教学技能和行为模式。认识微格教学的目的和作用，做到方向明确，胸有成竹。

2. 观摩示范

首先观摩微格教学示范录像带。在选择示范带时要遵循两条原则，一是水平要高，二是针对性要强。示范的水平越高，学习的起点就越高；针对性越强，该技能的展现就越具体、越典型。在观看示范录像带的时候，指导教师首先要提出具体要求，明确目标、突出重点，边观看边提示；提示时要画龙点睛，以免影响学生观察和思考；然后组织学习、讨论、谈观后感，哪些方面做得好、值得学习，对照录像，检查自己的教学存在哪些差距，在职教师尤其要注重后者。示范的目的是为了使受训者进行模仿，对学员理解教学技能都会起到十分重要的作用。通过大家相互交流、沟通、集思广益，酝酿在这一课题教学中应用该教学技能的最佳方案，为下一步编写教案作准备。

3. 确定培训技能和编写教案

当被培训的教学技能和教学课题确定之后,受培训者根据教学目标、教学内容、教学对象、教学条件进行教学设计,编写详细的教案。每次训练只集中培训一两项技能,以便使师范生容易掌握这种技能;指导教师要引导学习者钻研教学技能的理论,在熟悉教材的基础上,重点考虑教学技能的运用,根据要求由学员自己备课,编写出教案;在指导教师的指导下,学员交流备课情况,取人之长,补已之短。

微格教学设计给出的是微型课的框架,要付诸实施,特别是考虑到便于训练,还要把它落实为具体的教案。教案的内容应包括以下几点:

① 教学目标:表述要具体、确切,不贪大求全,便于评价。
② 教师的教学行为:按教学进程,写出教授、提问、实验、举例等教师的活动。
③ 应用的教学技能:在教学过程中教师的某些行为可以归入某些教学技能,在其对应处注明;对重点训练的技能应注明其构成要素。这是训练教师对教学技能的识别、理解和应用能力的一项内容。
④ 学生行为:教师预想学生在回忆、观察、回答问题时的可能行为。对学生行为的预先估计是教师在教学中能及时采取应变措施的基础。
⑤ 教学媒体:将需要用的教学媒体按顺序注明,以便准备和使用。
⑥ 时间分配:教学中参照教师行为、学生行为持续的时间。

4. 角色扮演

角色扮演是微格教学的中心环节,是受训者训练教学技能的具体教学实践活动,在活动中每个受训者都要扮演一个角色,模拟进行教学。在微型课堂中,十几名师范生或进修教师轮流扮演教师角色、学生角色和评价员角色,一方面扮演"教师"者要"真枪实弹",按照自己的备课计划,实施教学,训练教学技能;另一方面扮演"学生"者要自觉进入特定情景,由一名指导教师负责组织指导,一名摄像操作人员负责记录(可由学生担任)。教师角色教学约为 $5\sim15$ min,用摄像机记录下来,评价员填写评价表。

5. 反馈评价

教师角色自己观看录像,自我进行分析、评价教学技能应用的方式和效果是否达到了预期目标,再由指导教师和学员一起组织讨论评议。学习者对指导教师的评价是十分看重的,指导教师的意见举足轻重。因此,指导教师的评价应尽量客观、全面、准确。对于扮演者的成绩和优点要讲足,缺点和不足要讲准、讲主要的,要注意保护学习者的自尊心和积极性。要以讨论者的身份出现,讨论"应该怎样做和怎样做更好",这样效果会更好。最后将评价数据输入计算机进行定量的综合评价。

6. 修改教案后重新进行角色扮演

对反馈中发现的问题按指导教师及学员集体的建设性意见修改教案。经准备后进行重教。重教后的反馈评价方法与前相同。若第一次角色扮演比较成功,则可不进行重教,直接进行其他教学技能的训练。

学生的各项教学技能经过微格教学训练并达到一定水平以后,指导教师应安排学习者进行各项技能的综合训练。在课堂教学过程中,各项技能是有机结合在一起的,任何单项的教学技能都不会单独存在。比如训练导入技能,重点研究导入的方式、新旧知识的联系、情境的创设等问题,但导入过程必然用到语言技能,只是对这些技能暂不考虑,只重点考虑导入技能的应用情况。对学生的教学综合技能进行训练,才有可能形成师范生整体的教学能力。

3.3 说 课

3.3.1 说课的基本概念

说课就是教师口头表述具体课题的教学设想及其理论依据,也就是授课教师在备课的基础上,面对同行或教研人员,讲述自己的教学设计思想,然后由听者评说,达到互相交流、共同提高的目的的一种教学研究和师资培训的活动。说课既可以是针对具体课题的,也可以是针对一个观点或一个问题的。说得简单点,说课其实就是说说你是怎么教的,你为什么要这样教。说课也是教师资格证考试和教师招聘考试中必需的环节。

1. 说课与备课、上课的关系

(1) 说课与备课的关系

说课与备课具有相似的地方,其相似点包括三个方面:首先,说课与备课的教学内容是相同的,它们针对的都是教学内容;其次,说课与备课都是一种课前的准备工作,当然说课也可以进行教学反思;最后,说课和备课的主要做法相同,都要吃透课程标准、学习教材、了解学生、选择教法、设计教学过程等。

当然,说课和备课也有不同的地方:第一,它们的概念和内涵不同。备课是教学任务如何完成的方法步骤,是知识结构如何转化为学生认知结构的实施方案,属于教学活动;说课属于教研活动,要比备课研究问题更深入。第二,它们的对象不同。说课面对的是同行或教研人员,说明自己为什么要这样备课;备课是要把结果展示给学生,即面对学生去上课。第三,它们的目的不同。说课是帮助教师认识备课规律,提高备课能力;而备课是以面向学生为目的,它促使教师搞好教学设计,优化教学过程,提高课堂效率。第四,活动形式不同。说课是一种集体进行的动态的教学备课活动;而备课是教师个体进行的静态的教学活动。第五,要求不同。说课重在说,要求教师把教学设计思想通过说的方式表达出来,说出做什么、怎么做、为什么这样做;备课重在实用,强调教学活动的安排,只需要写出做什么,怎么做就行了。

(2) 说课与上课的关系

说课与上课有很多共同之处。如说课是对课堂教学方案的探究说明,上课是对教学方案的课堂实施,两者都围绕着同一个教学课题,从中都可以展示教师的课堂教学操作艺术,都能反映教师语言、教态、板书等教学基本功。一般来说,从教师说课的表现可以预见教师上课的神情,从说课的成功可以预见其上课的成功。说好课可为上好课服务。因为说课说出了教学方案设计及其理论依据,使上课更具有科学性、针对性,避免了盲目性、随意性。而上课实践经验的积累,又为提高说课水平奠定了基础。这些反映了说课与上课的共性和联系。但说课与上课之间也存在着明显的区别,主要表现在以下方面:

第一,说课与上课要求不同。上课主要解决教什么,怎么教的问题;说课则不仅解决教什么,怎么教的问题,而且还要说出"为什么这样教"的问题。

第二,说课与上课的对象不同。上课是课堂上教师与学生间的双边教学活动;说课是课堂外教师同行间的教研活动。上课的对象是学生,说课的对象是具有一定教学研究水平的领导和同行。由于对象不同,因此说课比上课更具有灵活性,它不受空间限制,不受教学进度的影响,不会干扰正常的教学;同时,说课不受教材、年级的限制,也不受人员的限制,大可到学校,小可到教研组。

第三,上课的评价标准虽也看重教师的课堂教学方案的实施能力,但更着重课堂教学的效果,着重学生实际接受新知、发展智能的情况;说课重在评价教师掌握教材、设计教学方案、应用教学理论以及展示教学基本功等方面。虽然一般认为,说课水平与上课水平具有正相关关系,但也有例外,即某些教师说课表现不差,但实际课堂教学却不理想,一个重要原因是上课中会出现一些其他干扰因素。从表3.1可以看出,说课与上课的目的、形式、内容、评价都有很大差异。

表 3.1　说课与上课的区别

差异项目	说　　课	上　　课
目的不同	提高教师知识水平与教学能力	全面提高学生整体素质
形式不同	执教者以教师为对象,是面对教师的一项单边活动	执教者以学生为对象,是面对学生的一种双边活动
内容不同	运用教材及相关教育科学理论	运用教材
评价不同	以教师整体素质作为评价的标准	以学生的学习效果为评价标准

可以看出,说课是介于备课和上课之间的一种教学研究活动,对于备课是一种深化和检验,能使备课理性化,对于上课是一种更为严密的科学准备。

2. 说课的意义

(1) 说课有利于提高教研活动的实效

以往的教研活动一般都停留在上几节课,再请几个人评评课。上课的老师处在一种完全被动的地位,听课的老师也不一定能理解授课教师的意图,导致教研实效低下。通过说课,让授课教师说说自己教学的意图,说说自己处理教材的方法和目的,让听课教师更加明白应该怎样去教,为什么要这样教,从而使教研的主题更明确,重点更突出,提高教研活动的实效。另外,我们还可以通过对某一专题的说课,统一思想认识,探讨教学方法,提高教学效率。

(2) 说课有利于提高教师备课的质量

教师上课前都要备课,但很多老师都只是简单地备怎样教,很少有人会去想为什么要这样备,备课缺乏理论依据,导致了备课质量不高。通过说课活动,可以引导教师去思考——思考为什么要这样教学,这就能从根本上提高教师备课的质量。

(3) 说课有利于提高课堂教学的效率

教师通过说课,可以进一步明确教学的重点、难点,理清教学的思路。这样就可以克服教学中重点不突出,训练不到位等问题,提高课堂教学的效率。

(4) 说课有利于提高教师的自身素质

一方面,说课要求教师具备一定的理论素养,这就促使教师不断地去学习教育教学的理论,提高自己的理论水平。另一方面,说课要求教师用语言把自己的教学思路及设想表达出来,这就在无形中提高了教师的组织能力和表达能力,提高了自身的素质。

3.3.2 说课内容和技巧

说课并无定法,但一定要讲述自己的教学设计思想。因此,我们可以按照任何一个教学设计模型来安排说课的程序。说课的内容一般包括:说教材,说学生,说教学目标与重难点,说教法与学法,说教学过程,说教学中可能发生问题的思考等。

(1) 说教材

说课,首先教者要说明自己对教材的理解,因为对教材理解透彻,才能制定出较完满的教学方案。说教材包括三个方面内容:第一,教材简析。在认真阅读教材的基础上,说明教材的地位、作用和前后联系。第二,明确提出本课时的具体教学目标。课时目标是课时备课时所规划的课时结束时要实现的教学结果。课时目标越明确、越具体,反映教者的备课认识越充分,教法的设计安排越合理。说课中要避免千篇一律的套话,要从识记、理解、掌握、应用四个层次上分析教学目标。分析教学目标要从思想目标、知识目标、能力目标三个方面加以说明。第三,分析教材的编写思路、结构特点以及重点、难点、关键。

(2) 说学生

说学生也称为学情分析或学习者分析。按照教育理论,教师必须在对学生了解的情况下才能实施教学。学情分析说明教师对所教的学生是否了解,教学设计是否符合学生的特点。说学生主要包括三个方面的内容:第一,学生的一般特征分析,包括学生的年龄、心理、认知特点等情况的分析,具体分析时可以参照皮亚杰儿童认知发展阶段论。第二,学生的起点水平分析,包括预备技能和目标技能的分析,分析学生对将要学的知识是否有充分的准备,有没有作何补救措施;学生对将要学习的知识已经掌握了哪些,在教学中做到详略得当。第三,学生的学习风格和学习态度分析。

(3) 说教法、学法

教学方法多种多样,每一种教学方法都有其特点和适用范围,不存在任何情况下对任何年龄学生都有效的教学方法。因此,说课者要从实际出发,选择恰当的教学方法。而且,随着教学改革的不断深入,还要创造性地运用新的教学方法。

一般来说,任何一节课都是多种教学方法的综合运用,说课者要注意说明这节课的教学内容应以哪种教学方法为主,采用哪些教学手段。无论以哪种教法为主,都是结合学校的设备条件以及教师本人的特长而定的。要注意实效,不要生搬硬套某一种教学方法,要注意多种方法的有机结合,提倡教学方法的百花齐放。

从教学任务来看,感知新知时,以演示法、尝试法、实验法为主;理解新知时,以谈话法、讲解法为主;形成技能时,以练习法为主。

从教学对象来看,低年级多用演示法、实验法;中年级多用启发谈话法或引导发现法、尝试教学法、探究研讨法;高年级可适当用讲解法、尝试教学法、自学辅导法。

从学法指导来看,现代教育对受教育者的要求,不仅是学到了什么,更主要的是学会怎样学习。说课活动中虽然没有学生,看不到师生之间和学生之间的多边活动,但教师必须说明如何根据教学内容、围绕教学目标指导学生学习,教给学生什么样的学习方法,培养学生哪些能力,如何调动学生积极思维,怎样激发学困生学习兴趣等。从教师的说课过程中要体现以学生为主体,充分发挥学生在学习活动中的作用。

4. 说教学过程

说教学过程是说课的重点部分,因为通过这一过程的分析才能看到说课者独具匠心的教学安排,它反映着教师的教学思想、教学个性与风格。也只有通过对教学过程设计的阐述,才能看到其教学安排是否合理、科学,是否具有艺术性。通常,教学过程要说清楚下面几个问题:

① 教学思路与教学环节安排。说课者要把自己对教材的理解和处理,针对学生实际,借助哪些教学手段来组织教学的基本教学思想说明白。说教学程序要把教学过程所设计的基本环节说清楚。但具体内容只需概括介绍,只要听讲人能听清楚"教的是什么""怎样教的"就行了,不能按教案像给学生上课那样讲。另外注意一点是,在介绍教学过程时不仅要讲教学内容的安排,还要讲清"为什么这样教"的理论依据(包括大纲依据、课程标准依据、教学法依据、教育学和心理学依据等)。

② 说明教与学的双边活动安排。这里说明怎样运用现代教学思想指导教学,怎样体现教师的主导作用和学生的主体活动和谐统一,教法与学法和谐统一,知识传授与智能开发的和谐统一,德育与智育的和谐统一。

③ 说明重点与难点的处理。要说明在教学过程中,怎样突出重点和解决难点,解决难点运用什么方法。

④ 说明采用哪些教学手段辅助教学。什么时候、什么地方用,这样做的道理是什么?

⑤ 说明板书设计。

说教学程序,还要注意运用概括和转述的语言,不必直接照搬教案,要尽可能少用课堂内师生的原话,以便压缩实录篇幅。

说课是教师以语言为主要工具,向同行阐述自己对某一教学内容的理解、施教方案的设计以及施教效果的预测与反思等的一种教学研究方式。这种教学研究方式能有效地促进教师深入钻研课程标准与教材、灵活运用教学理念进行教学设计以及自觉进行教学反思。如何有效开展教学研究、让说课活动上档次,从而有效促进教师专业成长?这是新时期教学研究的一项重要工作,可以从以下几个方面来把握:

(1) 把握教材

"教材的地位和作用"说得恰当与否,直接反映说课者对教材的理解程度,并影响到教学目标的制订。对教材理解越深刻,说课内容将越充实、全面,反之就只能是蜻蜓点水、触及皮毛。

先看一则教材分析实例:"实验室里研究不同价态硫元素间的转化"是《化学1(必修)》(鲁科版)"第三章硫的转化"第二课时的内容。教材是在介绍"碳的多样性""氮的循环"之后引入该节内容的。因此,学生对研究物质性质的方法和程序已有一定基础,可以进行简单的实验探究活动。

上述分析显然不够厚实。"教材的地位",不仅仅是指该内容在教材中的"地理位置"(处于哪一章哪一节),更包含这节内容在教材体系中的意义以及该内容的认知价值、迁移价值和情意价值。因此,应该站在全局的角度来把握教材的地位和作用,可以从以下三个方面综合分析:

① 该内容所处的"地理位置"以及安排意图。这就要求教师不仅要描述该教材安排在哪里,更要分析教材编者是基于怎样的考虑才把它安排在这里。具体说来,它应该包括:首先,前面已经安排了哪些知识,作为该内容的基础;其次,本课包含哪些内容,这些内容之间有何内在联系;最后,该内容与后续学习中内容有怎样关系或者该内容在后续学习中将得到怎样的深化等。

② 该内容的学习,要让学生掌握哪些方面的知识、训练哪些方面的技能或者科学方法、

发展他们哪些方面的能力和建立怎样的情感、养成怎样的态度和形成怎样的价值观等。

③ 本节内容的学习，对学生的后续学习和终生发展有什么重要的作用。

只有分析透这些内容，教学目标的制订才有基础，否则教学目标将成为无源之水、无本之木。

(2) 学习目标

学习目标分析是说教材的一个重要组成部分，把握了教材之后就可以确定学习目标了。有些老师习惯使用"教学目标"这个词，我们认为使用"学习目标"这个词更确切一些。"教学目标"的主体是教师，是教师完成了目标，却不意味着学生达到了"学习目标"。从学生的角度考虑，"学习目标"更适合。

学习目标是教学设计的出发点和归宿，它对教学活动具有很好的导向和监控作用。说课时，如何科学描述学习目标呢？让我们先来看两个例子：让学生掌握硝酸的物理性质和化学性质，特别是硝酸的强氧化性；学生受到发散思维能力的锻炼。

这样的表达是否合理呢？我们知道，学习目标是教学活动后促使学生达成的身心发展水平。学习目标表述必须考虑以下几个方面：第一，必须明确说明对象——即学习什么、掌握什么。第二，行为主体应该是学生而不是老师，不是老师要干什么，而是学生应该获得什么。所以，"让学生掌握……""培养学生……"都在说教师要干什么，而不是学生要获得什么。第三，必须用具体明确的词语来界定目标属性，像"了解""掌握"这样的词都是模糊的，因为学生不知道自己达到怎样的程度可称为"了解""掌握"。我们可以使用诸如"说出……的名称""用自己的话说明……""对……进行解释"或"陈述……之间的关系"等这样明确的词。第四，学习目标的表述应该是一个结果而不是过程，"受到……的锻炼"是一个过程，不宜作为学习目标。最后，学习目标要写得小而具体，不能写得太大，比如："学生德智体得到全面发展"等。

此外，根据新课程标准的要求，教学目标应力图体现"知识与技能""过程与方法""情感态度和价值观"三维课程目标。但是，说课时有没有必要人为地将教学目标划分为三个方面呢？这也是值得探讨的。因为三维目标往往是融为一体并在同一学习过程中实现的。若将教学目标分解为三个方面加以描述，会不会割裂三维目标之间的内在联系呢？

(3) 重难点

从一定意义上讲，教学过程就是强调重点和突破难点的过程。因此，确立教学重点、难点成为教学设计的一个关键，也是说课活动必须阐述的一个内容。要确定重点、难点，就必须搞清什么知识是重点，分析学习难点是如何形成的。

什么是教学重点？教学重点是指有共性、有重要价值（包括认知价值、迁移价值和情意价值）的内容，这些内容的学习不仅有利于知识本身的系统化，而且还有利于学生能力水平的提升。所谓难点，就是学生难于理解和掌握的内容。

一些有特色的说课，在分析教材重点、难点的同时，还分析了教学关键点。所谓关键点，指的是教材中对顺利地学习其他内容（包括重点、难点）起决定性作用的知识。分析这一内容很有意义，因为关键点往往是学习与研究其他知识点的枢纽，是众多学习矛盾中的主要矛盾。准确把握教学关键点往往在教学中能起到画龙点睛的作用。

(4) 学情分析

深入分析课程标准和教材，在于把握教学目标和内容。但仅仅把握教学目标和内容是不够的，因为学生是学习的主体，学生情况制约着学习的开展，影响着目标的达成。因此，学情分析也是说课必须突出的一个方面。如何分析学情呢？

由于学习不仅受学生原有的知识基础和技能水平制约，而且还受学生的认知风格、能力状况和学习兴趣等影响。因此，一个好的说课方案，应尽可能从学生的"已知""未知""能知""想知"和"怎么知"等五个方面综合分析学生情况，这些方面都是因材施教的基础。

① 学生的"已知"。这里的"已知"是指学生已经具备的、与本节内容相关的知识经验和能力水平等。明确这点很重要，它决定了教与学的起点。

② 学生的"未知"。"未知"是与"已知"相对而言的，它既包括通过学习应该达成的终极目标中所包含的未知知识与技能等，还包括实现终极目标之前的过程中所涉及的学生尚不具备的知识与技能等。

③ 学生的"能知"。"能知"就是通过这节课教学，学生能达到什么样的目标要求。它决定学习终点（即学习目标）的定位。

④ 学生的"想知"。所谓"想知"，是指除教学目标规定的要求外，学生还希望知道哪些目标以外的东西（注：学生学习中，往往会通过提出疑问来体现"想知"。当然，学生的"想知"可能会超出教学目标或学生的认知水平。如果真是如此，课堂教学可不予拓展，但建议给学生一个提示性的交代或利用课外时间作个别解答）。

⑤ 学生的"怎么知"。"怎么知"反映学生是如何进行学习的，它体现学生的认知风格、学习方法和学习习惯等。

下面是某老师在《硝酸的性质》说课中所描述的"学情"：硝酸是氧化性的酸，既有酸性又有氧化性。学生在初中化学中已初步接触了硝酸，知道它是一种常见的酸、具有酸的性质。在《化学1》的学习中，学生掌握了氧化还原反应的实质，知道物质的氧化性（或还原性）和构成物质中心元素的化合价有着密切关系。这些知识为硝酸化学性质的学习奠定了基础。此外，经过前面章节的学习，学生已初步掌握"从物质类属和氧化还原反应的角度"和"通过实验探究"来学习元素化合物知识的方法。因此，通过本课的教学，让学生掌握硝酸化学性质是完全能够实现的。当然，教材只介绍"硝酸发生氧化还原反应，其中+5价的氮被还原"，并未分析为何不同浓度的硝酸与铜反应得到的还原产物不同、不同浓度的硝酸其氧化性存在差异等，这些内容将会成为学生的疑点。此外，由于受知识水平的限制，学生对教材中提到的硝酸"常用来制备染料、塑料、炸药"也会感到困惑。

该案例从知识基础、能力水平和学习方法等角度分析学生现有的学习状况，并对学习过程中可能出现的疑点（"想知"）进行预测，较为深入、全面地分析了学生的学习情况，是一个较为成功的案例。

(5) 教学流程

教学流程是指教学过程的系统展开，它表现为教学活动推进的时间序列。换句话说，它就是教学活动如何引入、如何展开以及如何结束等。根据学生学习活动的一般过程，教学流程先后顺序一般为导入新课、新课研习、课堂小结、巩固训练等。当然，新课研习包含多个环节在其中，说课时要根据不同类型的学习内容来进一步地细化。

阐述教学流程是说课的重点，因为教学内容的处理、教学方法的选择、教学目标的达成等，都是通过这个环节来实现的，而且教师的教学理念也必须通过它来体现。那么，如何在说课活动中阐述教学流程呢？

① 根据学习过程的要求来阐述教学流程内容。学习过程经历了定向、活动、反馈与调控阶段。定向阶段，则要让学习者明确学习内容以及学习目标；活动阶段，学习者根据学习

目标与内容开展相应的学习活动；而反馈与调控阶段，则要获取（测量）学生学习效果以及调整学生学习活动等。因此，阐述教学流程时，必须说明以下主要内容：教学活动在怎样的情景下开展，怎样体现新课导入和结课的呼应；怎样呈现相关材料，怎样指导学生开展信息加工，怎样指导学生开展学习内容的整合，怎样指导学生实现知识迁移并使学习内容进一步整合与内化等；采用怎样的手段来测量或评定学生的学习效果，通过哪些途径收集学生的反馈信息，如何根据学生反馈信息调控学生的学习活动等。

② 在三维目标的指引下，从教师教和学生学两个方面阐述教与学双边活动的设计。在教师活动的设计方面，包括设计怎样的情景导入新课、如何组织和呈现教学内容、设计和指导开展哪些实验活动、选择哪些教学辅助设备、如何进行讲解、设计怎样的问题或练习供学生使用、如何进行归纳小结以及怎样板书等；在学生活动方面，围绕教师引导、指导，开展哪些有效的学习活动（如阅读什么材料、观察什么实验、完成什么练习、如何进行实验、怎样开展讨论、如何进行自我学习反馈、如何实现知识迁移等）。

此外，由于教学是围绕着教学重点来开展的，而教学的关键又在于突破难点。因此在阐述教学流程时，必须就如何突出重点和如何突破难点多作文章。此外，学习者的学习热情和兴趣制约着学习活动的开展和学习效果的高低。因此，教学设计的阐述也要体现如何激发学生的学习热情和兴趣等内容。

（6）教学反思

说课活动中，如何进行反思呢？这是一个值得深入探究的问题。一般说来，教学反思就是教师以研究者的心态或视角，审视自己教学实践的过程。它包括两个方面：教师对教学中的缺点和错误进行反省与批判；对教学中的优点和长处的肯定和坚持。所以说课时说教学反思，无非是剖析自己在教材分析、学生分析特别是教学设计等方面有哪些可取之处以及存在的不足之处。具体包括：

① 教学预设中的成功之处。例如，对教材分析和学生分析有哪些独到之处；根据学生学习情况，准备了哪些调控措施；怎样有效地激发学生学习兴趣；如何落实对学生学习结果的反馈与监控；在课程资源开发中有哪些过人之处等。

② 教学预设中尚存在的不足或难以把握之处。具体包括：对教学目标的定位特别是隐性目标（如过程与方法、情感态度与价值观等）存在哪些困惑；学情分析还有哪些难以把握的地方；教学设计中设计的活动哪些可能无法达到预期的效果等。

下面这个案例，是某老师在《氧化还原反应》说课中的反思：

本节课教学，始于有关铁的腐蚀防护和应用，而终于涉及该问题的解决，较好地实现了新课导入和教学终结的呼应，体现了"基于问题解决"的教学模式，并最终实现了对初中化学知识的提升。教学时，无法对铁的冶炼反应归类的事实，必将打破学生原有的认知平衡。在此基础上，引导学生从新的视角分析、看待化学反应，有利于他们学习兴趣的激发。而对氧化还原反应概念的教学，从具体的化学反应入手，让学生感知不同反应中元素价态变化的差异，进而引导学生根据价态变化对化学反应进行分类，并归纳提炼出氧化还原反应的概念，然后安排练习进行训练，了解学生掌握情况。这样教学，符合"感知—辨认—概括—定义—迁移应用"的概念学习模式。此外，关于氧化还原反应的应用，并不是通过教师的讲授来实现的，而是让学生在问题解决中感悟、体验。

当然，在本设计中，有些问题还有值得思考的必要。比如，由于学生微观知识储备不够，通过阅读教材来认识氧化还原反应的本质，这样的任务能否顺利达成；对于反应中氧化反应与还原反应之间的对立统一关系,仅仅通过"迁移应用"中的一个问题,是不是就可以合理建立等。如果这些教学目标无法顺利实现,在教学过程中还要做哪些知识铺垫?这都是值得研究的。

3.3.3 说课范例

《鲸》说课稿

今天我的说课的主题是"鲸"。我将从教材分析、学情分析、教学目标、教学方法、教学过程以及板书设计这六个方面进行陈述。

第一个部分是教材分析。本篇课文是人教版新课标小学语文五年级上册的第三单元的一篇科普性说明文。本单元教材都是以说明文为主,选定本篇课文的意图在于让学生了解有关鲸的科学知识,培养其科学素养和人文素养,通过学习之后学生能够做到学以致用,激发学生探索海洋生物的兴趣,培养珍爱动物、保护濒临灭绝动物种类的意识。

第二个部分是学情分析。在学习兴趣方面,根据学生以往学习说明文的经验来看,学生往往是对于说明的对象本身感兴趣,而忽视了作者为什么、怎么去说明事物,所以在学习本文的过程中,学习说明方法并能够将其运用到实际生活中也是比较困难的。另外,在生活经验方面,大部分学生对"鲸"这种海洋生物比较陌生,因为鲸这种海洋动物在我们生活中出现的非常少,有些同学甚至还是第一次听说。

结合以上的学情分析和教材分析,根据新课程标准的要求,我设定了以下三个部分的教学目标:知识与技能、过程与方法、情感态度与价值观。首先是第一个维度,知识与技能。正确读写本课的生字词,通过查阅字典等方法来理解字词的含义,例如"退化""胎生""上腭"等词语。流利地朗读课文,了解鲸的特点、种类、生活习性等方面的知识。第二个维度是过程与方法,通过自主合作探究的学习方法,例如打比方、举例子、列数字等。在阅读中掌握介绍鲸的各种说明方法;通过口语交际训练,发展口语表达能力和思维能力。第三个维度是情感、态度与价值观。通过对于本文的学习,激发探索海洋动物的兴趣,培养珍爱动物的情感,提高热爱自然、保护濒危物种的意识。

结合以上的分析,我认为本篇课文的重点是了解鲸的特点、种类、进化过程、生活习性等方面的知识,而难点就是学习列数字、打比方、举例子、做比较等多种说明方法,并能够适当地用于实际写作当中。

下面进行第四个部分,学法教法。我认为,教学中只有引导学生与文本进行对话,用心灵去感受,实现思想与思想的碰撞,情感与情感的交流,心灵与心灵的接待,才能使教学过程充满活力,体现自主活动的状态。所以在教法中将结合讲授法,演示法,讨论法。何为学法,教育家陶行知先生说过:好的先生,不是教学生,乃是教学生学。学习习惯的培养与学习方法的指导是培养学生素质的一个关键。基于这样的思考,我将我的学法分为合作交流和自主自助。通过这样两种方法的结合,能够调动学生的主观能动性,丰富课堂氛围,语文课就是学生与文本、与教师进行心灵对话的过程,在这个过程中,我将带领学生体验学习方法、经历学习过程。基于这样的思考,我在我的教学过程中设了以下六个环节:第一,引奇激趣,导入课文。第二,初读课文,整体感知。第三,再读课文,体会写法。第四,自读自悟,感悟升华。第五,总结内容,拓展提升。第六,布置作业,巩固提高。

首先是第一个环节,以奇激趣,导入课文。在上课伊始,我会在黑板上板书一个非常大的字"鲸",带领学生们通过了解鲸的结构去认识本课的第一个生字"鲸"。就本课课题向学生进行提问,鲸的偏旁部首是鱼,那"鲸"是不是鱼呢?第二个问题是作为一个老师的我,为什么要在黑板上写出如此大的一个"鲸"字呢?提出这两个问题之后希望能够联系文字设计问题、设置悬念,激发学生的好奇心理。

  第二个环节是初读课文,整体感知。首先我会让学生轻声地阅读课文,在课文中找出自己认为陌生的字词,再学会运用查阅工具书以及联系上下文的方法理解字词的含义。其次教师我带领学生去读这些字词,纠正学生的读音,最后再让学生以小组内互相带读的方式纠正读音,加深学生对这些生字新词的印象。

  紧接着就到了我的第三个环节,再读课文,感受特点。在这个环节中我将分为两个部分进行分析。第一个是分读段落,感受特点。什么是分读段落,感受特点呢?因为本篇课文分为七个自然段,所以我将本着学生是学习的主体的原则,要学生分出段落进行朗读,教师在他们读之后纠正他们的读音,并在他们朗读之后提出问题:鲸有怎样的特点,哪一段表现了鲸的大呢?提出这样两个问题是为了将重点集中于本文第一自然段,所以就到了我的第二项环节,品读重点段,体会写法。首先我会让学生仔细地默读课文,阅读第一自然段后在段中找出有关写鲸的大的相关语句,让学生在旁边做好批注,写下自己的感受和理解;其次,再让学生进行交流与合作,这时候在多媒体上出示本篇课文的第一段文字,通过这一段文字让学生进行交流和理解。至此将会顺势点拨要点,将段落中体现说明方法的相关语句提炼出来,再让同学们交流、讨论与之相对应的说明方法有怎样的作用。

  第四个部分自读自悟,感悟升华。学习完第一自然段之后,我们也了解了这些说明方法的作用以及它的重要性。这时候,我会让同学们再读课文中其他段落,通过其他段落感受鲸的其他特点。接着就让小组交流阅读感受,在这一段的时候我们可以让学生自己去找出文章中相对感兴趣的段落反复地去读,让学生用自己喜欢的方式如朗读、对话等方法与同学们一起共同感受和理解。通过连续不间断的学习,我们已经感受到了一些说明文的方法和相关作用,这时我会初设文字课件进一步体会说明方法及其所起的作用和重要性。紧接着我会出示文中的相关词语,"约""一般""可以"等,让学生体会说明文用词的准确性和严密性。

  第五个部分是总结内容,拓展提升。学习以上的内容之后我会让学生告诉老师通过这堂课的学习对文章理解之后收获了哪些知识,有了怎样的感受。我们知道,我们现在像朋友一样的认识了鲸,鲸是一个多么可爱的动物啊,这个时候我会再播放对鲸大肆捕杀的图片,让同学们在对比中感受到鲸所处环境的危险,让学生自己谈谈看完图片之后的感受,引导学生体会到珍惜和保护濒危灭绝动物的重要性。

  教学过程的结尾部分是布置作业,在这个环节中我会这么跟同学们讲:其实鲸是濒临灭绝的动物了,为了能够让这个和我们一起生活在地球上的动物能够和谐幸福地一起生活、一起相处,我们应该做些什么呢?这时候我会邀请学生以鲸的自述为题,根据课文和自己搜集到的资料进行写作文,适当运用本节课所学的说明方法,如打比方、列数字和举例子等说明方法。主题体现出珍惜动物,保护美好家园。

  以上就是我的教学过程。最后一个部分是板书设计,教育学中指出所有教育中要数黑板最为普通,最为直观,所以我的板书追寻的是直观、简练、一目了然。我的板书设计结合我的教学过程,将内容分为说明方面和说明方法。说明方面就是鲸大的特点、哺乳动物、种类以及生活习性;说明方法有列数字、打比方、作比较、分类别等多种说明方法。

《在海边》说课稿

1. 说教材

《在海边》选入新《语文读本》，充分体现了编者们"起点就占据了精神的制高点"的观点。它属于鉴赏性阅读部分，意在丰富学生的底蕴，增进文学素养。本文是一篇感情浓郁，哲理深刻的抒情性散文。它以诗一样的语言和军乐般激昂的情感，突现了作者对生命的沉浮哲理。

在作者眼中，小时候大海敞开的深蓝神奇的怀抱，是温婉深情、明媚清丽的。成人后体味了百态再和大海静静对视时，内心充满喧哗，感受到的不再是伟大与快乐，而是对宇宙无限、人类命运的无以把握和空间浩荡无始无终的深沉思索。大海是沧桑历史的见证，在叠层石灰岩前，作者感到大海的威严与浩瀚，认识到生命真实的严酷；而在海滨公路上，她看到了在汹涌海浪中出现的"人类的意志"，还有人类征服自然的不懈情怀。所以作者说："我们明知我们无论走过多么漫长的岁月……我们也得迈着'沉重而均匀的脚步'走下去，并且尽可能地使这过程充实，辉煌，充满创造的荣耀。"

全文思路清晰，感情深沉，宣示了对寻找生命存在意义由困惑到释然的过程，揭示出只要不断奋斗，就能创造出生命的永恒。

2. 说学情

学生对于散文并不陌生，但对于这样一篇哲理性强的课文，理解起来有一定的难度，所以在教学时可根据学生已掌握的散文知识，授予学生阅读散文的基本方法，引导学生通过自读感悟，理清全文的基本结构。要理解主题，关键是引导学生进入文本，与作者面对面的交谈，使学生能通过文中的物像来了解作者对于生命的感悟。对于物像这种表现方式，高中学生已经接触过一些，所以对于物像的提炼学生能在较短时间内完成，但对于物像中所蕴含的作者的思考，则需要通过学生的相互间的交流合作和老师的引导来共同完成，也以此真正实现师生间的互动。

3. 说学法

《课标》指出："阅读是学生个性化的行为，要珍视学生独特的感受、体验和理解。"整堂课，我力图让学生充分表达自己的感受，并在拓展部分让学生根据自身的感悟与自己对话，以实现对文本的个性化解读。

"学贵为疑"，本文的理解难度较大，我主要通过以"问"带"思"的方式让学生的思维活跃起来，勇敢地与作者对话，以理解作者的感悟。在课的设计中，让学生抓住文中的议论抒情句对作者的观点进行分析，并有意识地创设情境，组织学生的探索活动，激起求知欲，让学生自己提出问题，并通过小组讨论形成自己的认识，从而解决问题，理解全文的主旨。

4. 说教学思路

这节课主体部分包括三个环节：

① 走进文本。让学生通过初读课文，抓住散文的"实"，理清全文的基本思路，让学生对课文有一个整体的感知。

② 走进作者。再读课文，抓住散文中的议论抒情句，理解文中的"虚"，通过自主提问，归纳全文的主题。

③ 走进自己。联系古今中外的名人在海边的不同感受，激活学生的思维，让学生自由地表达自身的感悟。

5. 课后反思

① 让学生在充分阅读中感受。充分地阅读课文,是理解和探究文本的前提。在本课一开始,就由男生、女生、教师分部分朗读课文,一方面想让学生对文本有一个完整的感知,同时,也想通过教师的示范渲染氛围,激发学生的阅读兴趣。这一部分需 8 min,较费时,但新课标要求尊重学生,这也算是尊重学生感受的一个方面。第二次完整的读放在整体感知之后,让学生用自己最喜欢的方式读课文,可大声读、小声读、默读、快速浏览等,也是出于尊重学生考虑,虽然场面的热闹程度可能会受影响,但学生有选择的权力,只要他是真正读了就行。课文还有分男、女生齐读,全班齐读,个别读,都意在强调对重难点语句的理解、品味,希望让学生紧扣住文本。

② 让学生在合作探究中领悟。在重难点突破环节,我安排学生抓住文中关键句,自主发现问题,提出问题,再通过其让学生间合作互答、集体探究,教师进行点拨。通过这种生生、师生间的合作交流、思维的碰撞来产生火花。这篇课文的主题深刻,我始终提醒自己:不要老是想着把自己对课文"深刻的领会""独到的见解"灌输给学生,而是让学生自己去领悟。哪怕学生只领悟出了五分,也比老师灌给他十分强。而事实上,一旦学生思想火炬被点燃,他们精神世界所迸发出的"深刻""精彩""独到"远远超出教师的想象,更是教师的任何事前设计所无法预见的。在这种情况下,"民主""平等""自主""探究"都自然而然呈现出来。

③ 让学生在拓展延伸中表达。新课标要求注重学生的个体感受,课堂是学习知识的地方,更应该是学生展示的平台。本文的结尾,我设计让学生根据自己的感受来表现自己的感悟或大胆地与作者对话,一方面希望学生敞开心灵,放飞思想,更希望学生能充分地在这个舞台上展示自己,使学生的主体地位得到进一步的发挥。而事实上,学生的口头表达能力及精彩的言论着实让我折服。

总的说来,感受最大的是,永远不要自以为是,永远不能低估学生的智慧,要努力做一个学生心灵海洋的推波助澜者,而不是主宰者。

《细胞中的元素和化合物》说课稿

今天我说课的内容是人教版高中生物必修一第二章第一节"细胞中的元素和化合物",本节说课主要从以下几个方面进行:

1. 说教材

说教材包括说教材的地位和作用,教材的重难点,教学目标以及学情分析。《细胞中的元素和化合物》是必修一《分子与细胞》第二章"组成细胞的分子"中第一节的内容,是学生学习高中生物的基础。这一部分内容承接了第一章"走进细胞"中第二节"细胞的多样性和统一性",并为后续学习细胞的基本结构、细胞的物质输入输出奠基,因此在教材中起到了承上启下的作用。学好本部分知识有利于调动学生后续学习的积极性,因此本节内容不仅是本章的重点更是整个必修内容的重要内容。

通过对新课标的理解,我确定了以下的教学三维目标:① 知识与技能目标。要求学生简述细胞的主要元素,说出细胞的基本元素是碳,学会检测生物组织中的糖类脂肪和蛋白质。② 过程与方法目标。要求学生进行分析、比较、归纳等逻辑推理训练以及培养学生综合运用所学知识分析问题和解决问题的能力。③ 情感态度与价值观。认同生命的物质性和生物界在物质组成上的统一性以及增强学生对生物本质的认识,渗透协调美和思想美。

本节课的主要内容是细胞中的元素和化合物。我将"组成细胞的元素和化合物"作为本节课的教学重点。检测生物组织中的糖类脂肪和蛋白质,要求学生不仅掌握实验方法更要掌握探究实验的过程,因此这一部分内容不仅是本节的重点更是本节的难点。构成细胞的基本元素是碳,学生要理解这部分内容,要将化学知识和生物知识结合起来构建知识体系,因此学生也较难掌握,作为本节课的教学难点。

我从知识结构和情感层次两个方面来分析当下的学情。学生在学习本节课之前已经学习了细胞的多样性和统一性,在初中也学习了一部分的生物知识和化学知识,这些知识都为本节课打下了坚实的基础。高一学生对生物具有很强的好奇心,乐于探索,敢于提出自己的观点,因此老师在教学过程中应该注重学生提出问题能力的锻炼,要学生自己进行探究实验,这也与新课标内容相吻合。老师要多提问、多启发,要学生从学会到会学。

2. 说教法设计和学法指导

① 教法设计。通过对新课标的理解,我坚持以学生为主体、以老师为主导,充分调动学生学习积极性。根据生物学科特点重视激发学生兴趣,吸引学生,倡导探究性学习。在教学过程中构建探究式学习法,让学生掌握探究学习的过程,在以后遇到问题时可以通过此方法来解决生活和学习中的问题,完成教是为了不教的教学目标。通过讲授法系统连贯地向学生传递知识,让学生在较短时间内获得大量知识,提高学生的学习效率。通过讨论法来活跃课堂气氛,激发学生的学习激情,同时注重团队合作意识的培养。通过实验法让学生不仅掌握实验的技能,更要掌握探究实验的方法。

② 学法指导。学习过程是学生自己学习的过程,因此学生应该注重自学能力的锻炼,在学习过程中与同学积极讨论,一方面吸取同学的优点,另一方面培养自己团队合作的意识。通过实验来分析实验现象、得出实验结论,通过对实验探究过程进行归纳,提出问题、做出假设。设计实验,进行实验结果分析,最后得出结论的过程就是探究实验的过程。通过以上过程的学习,学生在以后遇到问题时都可以运用此方法来解决。在学习过程中要主动参与到学习过程中,运用多媒体网络来搜集资料、拓展自己的知识面。在学习过程中要注重生生互动与师生互动,全面积极地参与到学习中。

3. 教学过程

第一,创设情境导入新课。首先让学生们观看地壳中的元素相关视频,让学生们通过对视频的观看将注意力一下子集中到课堂教学中,另一方面让学生思考,借此引出本节课细胞中的元素和化合物。

第二,观察讨论加深理解。让学生们观察地壳与人体细胞的主要元素对比表,让学生们思考细胞中的元素含量与无机环境的元素含量有何区别,通过小组讨论自己得出结论。让学生自己得出结论避免了填鸭式的教学方式,让学生们对自己得出的结论记忆犹新,同时获得深深的满足感。接下来让学生们观察组成细胞元素的饼状图,通过直观的演示让学生们能够找出其中的大量元素、微量元素以及矿质元素。让学生们将正常的植株与缺氮的植株进行对比观察,学生们通过观察发现缺氮植株小叶黄,通过这样的观察提高学生的观察和自主学习能力。接下来再让学生们观看缺磷植株和缺钾植株,让学生们知道虽然微量元素在细胞中含量很少但却起着至关重要的作用。让学生们对于以上的学习进行思考,家中的植株缺少以上三种元素的哪一种呢?然后通过思考得出怎样的方法可以解决这一问题。如果以上元素都没有缺少是否会缺少另外一种元素呢?通过上网搜集资料来解决这些问题。

第三，实验探究、深入学习。首先我向学生抛出以下问题：哪些植物器官细胞中富含糖类脂质或蛋白质？让学生们根据生活经验做出假设。接下来我将做出相同假设的同学分为一组，要求每个小组都设计一个实验，训练他们积极探究合作精神的培养。对于检测细胞中的还原糖这一实验，首先通过观看动画的方式让学生们掌握实验步骤和实验结论。淀粉检测在初中就已经学习过，进一步以动画的形式让学生回顾实验内容。蛋白质的检测是本节课一个重要的实验，通过动画播放让学生们知道这一实验经过了哪些实验过程，发生了哪些实验反应，最后得出什么样的实验现象。对于脂质反应这一解释也是通过动画播放让学生们了解实验过程，分析实验现象，得出结论。

本节课主要学习这四大实验的主要过程，在下一节课中我将带领学生走进实验室来完成这四个实验，因此本节课的学习对下节课起着至关重要的作用。经过实验现象分析便可得出自己的实验结论。

4. 课后总结

通过一个小例子来带领学生们回顾所学知识，同时进行课后总结。通过组成细胞的元素和化合物的学习完成了本节课的教学重点，通过检测生物体内的糖类脂肪和蛋白质完成了本节课的教学难点。通过以上过程，我完成了自己设计的教学三维目标。在作业布置方面多以有创新性和发散性的作业来启发学生，让学生思考组成细胞的元素追根溯源来自无机环境，为什么细胞内的元素组成比例与无机环境却大不相同呢？

《二氧化碳的性质》说课稿

今天我说的课题是"二氧化碳的性质"，我将从以下五个方面来阐述其内容：教材分析、教法分析、学法指导、教学流程和板书设计。首先我们来看一下本节课在教材中的地位及作用。此节课出现在人教版九年级化学16单元课题3，它主要介绍了二氧化碳的性质及其用途，在此之前，学生已经学习过了二氧化碳的制取，对二氧化碳有了大致的了解，同时有些内容会和以后将要学习的燃烧与灭火常见的酸和碱有关，起着承上启下的作用。

就目前而言，我所面对的是一群初三的学生，化学对于他们来说是一门新的课程，对于这门由实验组成的学科他们学习兴趣浓、好奇心强、思维活跃，但他们在实验探究能力、逻辑思维能力、判断力方面有所欠缺。出于这样的思考，我从知识与技能、过程与方法、情感态度与价值观三方面切入设定教学目标。

首先我们看一下知识与技能。我将通过各种实验相结合，让学生自主归纳出二氧化碳的物理性质、化学性质及其鉴别方法。在此基础上，培养学生动手能力，以及分析和解决问题等各种能力。在实验过程中，我会给予学生适当的表扬和鼓励，增强他们的信心，激发他们的兴趣，从而达到情感的升华，培养他们爱护环境保护资源的意识。

本着新课标的标准，在适度教育基础上，我将把教授二氧化碳的物理性质、化学性质以及验证方法作为教学重点，将二氧化碳与水的反应作为教学的难点。那么，我们该如何突出重点、突破难点呢？将如何利用合理的教学手段，使教与学和谐统一呢？下面来看我们的教法分析。

根据美国的实用主义教育学家杜威所提倡的"教育即生活""在做中学""以活动为中心"的教育准则，我将拟定联系生活策略、知识类比策略以及实验探究策略，在启发式教学模式下,运用多媒体演示教学,将三者和谐统一起来,突破传统的教学模式,让学生真正地成为学习的主人翁,做到主动参与、探究发现以及合作交流。

为了完成教学目标,解决重难点,我将以生活到化学最终回归生活为主线,将教学流程分为以下几个部分:旧识回顾、新课导入、提出问题、实验探究、归纳总结以及课题延伸。

首先我们来看二氧化碳的制取。我将向学生展示四组二氧化碳制取的装置,让他们选出正确的一副以便检验他们的学习效果,同时让他们知道旧知识与新知识之间的联系,温故而知新。接着,我们将会讲一个有趣的故事——人、狗与神奇的山洞:一个人牵着一条狗去山洞探险,在路途中,狗意外死亡了,而人却安然无恙,这时会提问学生:同学们,你们知道这是为什么吗?难道真的有传说中的魔鬼在山洞里面吗?通过本节课的学习,就会真相大白了。有趣的故事必然激发学生的好奇心,带着疑问的学习也必然会提高课堂效率。

化学是一门以实验为基础的学科,它以教师演示实验或者学生自己动手实验,将书本上出现的知识具体化,变无形为有形。二氧化碳的性质这一章节内容涉及知识点较多,我将分为以下三个板块来进行实验探究。

物理性质,二氧化碳与澄清石灰水的作用以及二氧化碳与水的反应。首先进行物理性质的探究实验,让学生自己动手进行。将二氧化碳倒入放有燃烧蜡烛的烧杯中,学生会有这样的发现,下面的蜡烛先熄灭、上面的蜡烛后熄灭,根据已有的化学知识,他们必然得到,二氧化碳的密度大于空气的密度这一物理性质。接着进行第二组实验,将水倒入还有二氧化碳的塑料瓶中,学生会发现塑料瓶会向内凹陷,这进一步说明了二氧化碳能溶于水这一物理性质。

下面带领学生探究二氧化碳与澄清石灰水的反应,让一个学生上台演示实验,让其向澄清石灰水的试管中吹气,他会发现,澄清石灰水变浑浊,这时我会提问:同学们,你们知道这个反应方程式是什么吗?接着进行引导,我们呼出的气体主要成分是二氧化碳,那么澄清石灰水的主要成分又是什么呢?是氢氧化钙,接着介绍碳酸钙的难溶物质,最后在教师与学生共同合作中得到以下的方程式:$CO_2+Ca(OH)_2=CaCO_3+H_2O$。接着,我们直接将制取的二氧化碳通入澄清的石灰水中而不是人的呼吸,学生会得到这样的现象:开始时,澄清的石灰水变浑浊,随着二氧化碳的大量的通入,原本的浑浊的石灰水又变得澄清,这是为什么呢?实验二与上述实验是一样的,由于实验二涉及原理较难,我将向学生展示此方程式,扩展他们的视野,增长他们的知识,为以后的学习埋下了伏笔。

下面将进行教学难点——二氧化碳溶于水的反应。我将把学生分为四组,每一组准备一朵沾有紫色石蕊试液的小花,第一组向其喷洒稀醋酸,第二组向其喷洒水,第三组将其直接放入装有二氧化碳的集气瓶中,第四组先向其喷水再放入装有二氧化碳的集气瓶中。四组实验得到不同的结果,实验一紫色石蕊小花变红,实验二和实验三无变化,实验四也变红,根据紫色石蕊试液遇酸变红的性质,可以得到二氧化碳与水反应,生成了某种酸性物质。我会告诉他们,这种酸性物质是碳酸,方程式如下所示:$CO_2+H_2O=H_2CO_3$,由于碳酸具有不稳定性,接着我将向学生验证碳酸的不稳定性。

将实验一和四所得的小花加热,得到以下现象:实验一所得的红色小花不变色,而实验四所得的红色小花变为了原来的紫色,这进一步说明了碳酸在加热的条件下易分解,生成了二氧化碳和水。经过以上的实验,学生已经经历了发现问题、进行猜想、实验探究以及合作交流。

接下来,我会让他们进行归纳总结,我将在一旁进行指导,得出二氧化碳的物理性质与化学性质。在化学中,结构决定性质,性质决定用途,我将让学生发散思维,根据二氧化碳的性质来推测它在生活中具有哪些用途,比如人工降雨、灭火、防腐剂以及气体肥料等。

  下面我会向学生提问:二氧化碳有这么多的用途,它在生活中是否有弊端呢?你们又是否听过温室效应?自然地把温室效应这个话题引入学习中来,向学生介绍温室效应产生的原因以及其造成的后果,给他们敲警钟,让他们保护环境、爱护自然,最终实现从生活到化学,从化学到社会的教学理念。

  课上的学习需要及时的巩固才能达到最佳的效果,课外作业是必不可少的,突破以往的是,此次作业将是一篇科普小论文,让他们写一篇《二氧化碳的"功"与"过"》,通过课上的学习以及课后查阅资料,既巩固了课上知识又锻炼了他们课外学习的能力。

复习思考题

1. 根据 PBL 内涵与设计要求,设计一个 PBL 的教学。
2. 什么是支架式教学策略,如何在教学中运用支架式教学策略?
3. 什么是抛锚式教学策略,怎么确定"锚"?
4. 说课包含哪些内容?需要注意哪些问题?
5. 自选一个教学内容,设计一篇说课稿。

第 4 章　PowerPoint 多媒体课件设计与制作

学习目标

1. 能够使用绘图工具设计幻灯片。
2. 能够正确在课件中插入多媒体对象。
3. 能够根据需要设计动画。
4. 能够准确设计超链接。
5. 能够结合课件设计原则制作幻灯片。

4.1　认识 PowerPoint

4.1.1　PowerPoint 简介

　　PowerPoint 简称 PPT，是微软公司设计的演示文稿软件，是 Microsoft Office 家族成员之一，制作的文件称为"演示文稿"，也称为电子教案、电子讲义、电子课件、多媒体课件等。PowerPoint 不是专为制作教学课件设计开发的，它可以用在产品介绍、公司介绍等商业领域。PowerPoint 能够集成文字、图像、声音、视频和动画等多种媒体效果，形式丰富多彩、生动活泼、易学易用。目前多媒体开发工具种类繁多，但无论是国内还是国外，无论是教育领域还是商业领域、政府部门，PowerPoint 是使用最为广泛的多媒体开发工具。PowerPoint 版本较多，比如 2000 版、2003 版、2007 版、2010 版等。

4.1.2　PowerPoint 工作环境

　　PowerPoint 工作环境如图 4.1 所示。

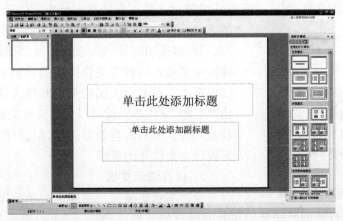

图 4.1　PowerPoint 工作环境

① 标题栏:显示当前演示文稿标题。

② 菜单栏:显示各种操作菜单。

③ 工具栏:显示各种操作工具。

操作提示:上图显示的工具栏包括"常用工具栏""格式工具栏"和"绘图工具栏"。如果想打开或关闭某个工具栏,依次点击菜单栏视图/工具栏,其中画上"√"号的为当前打开的工具栏。想要打开或关闭某个工具栏,只要点击前面的"√"号即可。

④ 大纲/幻灯片浏览区:在普通视图下,点击上面的"大纲"选项卡,就能以大纲的形式浏览幻灯片,这时看到的是幻灯片中的文字内容。点击"幻灯片"选项卡,就能以缩略的形式浏览幻灯片,这时不仅看到内容,还可看到幻灯片的样式。在大纲/幻灯片浏览区中点击某张幻灯片,在工作窗口就能显示该张幻灯片。

⑤ 视图栏:PowerPoint 提供了三种视图:,从左到右依次是普通视图、幻灯片浏览视图和幻灯片放映视图。普通视图是用于撰写或设计幻灯片的。幻灯片浏览视图能以缩略图形式显示幻灯片,便于查看、操作。幻灯片放映视图用于幻灯片放映,幻灯片设计的效果,比如动画、超链接,插入的声音、视频等需在放映视图下才能观看。

操作提示:当演示文稿中的幻灯片数量较多时,采用幻灯片浏览视图能快速定位幻灯片;如果想调整幻灯片的顺序,比如将第五张幻灯片调到第二张,只要在幻灯片浏览视图中左键按住第五张幻灯片不放,将其拖到第一张幻灯片后面松开鼠标即可。另外,在幻灯片浏览视图中,按住 Ctrl 键不放,拖动某一张幻灯片,松开鼠标,则能复制这张幻灯片。放映幻灯片除了点击放映视图按钮外,还可以按 F5 键从头放映,按 Shift+F5 则放映当前页。在幻灯片放映过程中,按 B 键(Black)则黑屏,按 W 键(White)则白屏,单击鼠标或按任意键退出黑白屏,为了保护投影仪,通常切黑屏。

⑥ 工作窗口:在普通视图下,工作窗口可以编辑幻灯片。

⑦ 备注区:可以在备注区添加备注信息。

⑧ 任务窗格:在某些操作中,比如自定义动画、幻灯片设计以及幻灯片板式中,可通过任务窗格进行幻灯片设计。

4.1.3 PowerPoint 的基本操作

1. 新建演示文稿

点击菜单栏的文件/新建就可以新建演示文稿。在任务窗格中可以选择新建演示文稿的方式,常用的方式有"空演示文稿""根据设计模板"和"根据内容提示向导"等,见图 4.2。根据内容提示向导新建演示文稿是一种方便快捷的创建演示文稿的方式,只需根据提示对演示文稿的类型和样式等进行选择,然后依次点击"下一步",就可以创建演示文稿了,你所需做的就是修改其中的内容就可以了,但这种方式往往不能满足设计者个性化的需求。

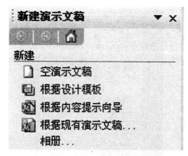

图 4.2 新建演示文稿

2. 保存演示文稿

保存演示文稿是一项较为简单的工作,需要强调的是我们在设计幻灯片的时候要养成及时保存的习惯,一般 3~5 min 就要进行一次保存操作,以免因死机、断电等突发因素造成不必要的麻烦,在实际的操作中可按 Ctrl+S 快捷键进行保存。

另外,演示文稿可以有多种保存类型,需特别注意的是演示文稿可以保存为网页(htm、html)格式,这种格式的演示文稿可以直接进行网上发布。因这种格式的演示文稿可以在IE浏览器上打开,所以适用于在那些没有安装PowerPoint软件的计算机上播放。

操作提示:很多情况下,我们是在自己的计算机上做一个演示文稿,然后放到另一台计算机上播放,由于我们无法判断别的计算机是否安装了PowerPoint软件,安全起见,我们可以再保存一个网页格式的演示文稿,因为IE浏览器每台计算机都是安装了的。

演示文稿还可以保存为"演示文稿设计模板(pot)"格式,利用它我们可以自己设计幻灯片模板。在设计幻灯片的时候,常感到PPT提供给我们的设计模板太少,不够我们使用,很多人想自己设计模板。其方法是点击菜单栏中的视图/母版/幻灯片母版,在幻灯片模板中进行设计,达到自己满意的效果为止,然后点击"另存为",将其存储到 C_1/Program Files/Microsoft Office/Templates/Presentation Designs(PPT所有模板都存储在这里),将保存类型改为"演示文稿设计模板(pot)",这样自己设计幻灯片模板就成功了。使用时只要在幻灯片设计中打开设计模板即可,如果没有刚才设计的模板,点击下方的"浏览",找到刚才存储的pot文件就可以了。

3. 编辑幻灯片

(1) 添加幻灯片

想在某张幻灯片后插入新幻灯片,单击此张幻灯片,点击菜单中的插入/新幻灯片,就能在此张幻灯片后插入一张新幻灯片。另外,点击某张幻灯片,按回车键也能在后面插入新幻灯片,这种方法更为方便。

(2) 删除幻灯片

右键点击大纲/幻灯片浏览区中的某张幻灯片,在弹出的快捷菜单中点击"删除幻灯片"即可删除改张幻灯片,也可以按键盘的Del键直接删除。

(3) 复制幻灯片

复制幻灯片分为两种情况。第一种是在同一演示文稿中复制。右键点击大纲/幻灯片浏览区的某张幻灯片,在弹出的窗口中点击"复制",在需要的地方点击"粘贴"即可。

操作提示:在复制、粘贴幻灯片的时候,有时候会发现粘贴后的幻灯片和原来的幻灯片在版式、文字大小、色彩上都不一样,这时需要点击粘贴属性⃞右侧的箭头,在弹出的窗口中选择"保留源格式"即可。

第二种情况是在不同文稿中复制。可以将其他演示文稿中的幻灯片批量插入到当前演示文稿中。单击插入/幻灯片(从文件),弹出"幻灯片搜索器",在"浏览"中查找目标幻灯片,在下面的"选定幻灯片"中选择需要插入到当前演示文稿中的幻灯片,如果要插入多张,按住Ctrl键进行点选,如果要保留源格式,将下面的"保留源格式"前的"□"勾选上即可,这样我们就可以把其他演示文稿中的幻灯片插入到当前幻灯片中,见图4.3。

(4) 移动幻灯片

选择需要移动的幻灯片,将其拖到适当的位置后松开鼠标即可。在幻灯片较多的情况下,在幻灯片浏览视图中进行此项操作更为方便。

(5) 更改幻灯片版式

点击菜单中的格式/幻灯片版式,在任务窗格中点击所需的版式即可更改幻灯片的版式。

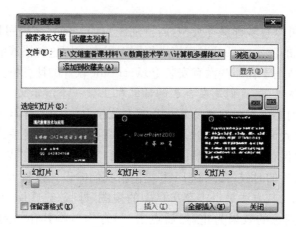

图 4.3 幻灯片搜索器

4. 输入和设置文字

文字是 PPT 课件中最基本也是最重要的元素，PPT 展示给观众的主要内容往往是蕴含在文字之中的，所以我们不能忽略文字的设计。很多人在设计 PPT 的时候，主要关注图片、声音、视频、动画的效果，却很少重视文字的设计，这就造成很多 PPT 课件拥有数量众多的图片、丰富的多媒体素材和绚丽的动画效果，而文字设计却十分糟糕，这样的课件算不上优秀的 PPT 课件。

(1) 文字的量

大家可以想象一下，在你见过的幻灯片中，什么是最让你难以忍受的？答案无外乎是满屏的文字，我们称这样的课件为电子书。有些人在做课件的时候，把讲解的内容一句不漏地放在课件中，讲解时照本宣科，对演讲者来说，演讲变得轻松，但对听众而言，听着别人照本宣科地对着你念一节课是件多么痛苦的事。在现实中，我们受到这样的折磨还少吗？别忘了，PPT 的作用是用直观的、形象的视觉效果来吸引和保持观众的注意力，给观众看看漂亮的东西有助于集中注意力。

幻灯片中的文字应该是简短的、标题式的、提纲挈领的、富有启发性的，它往往就是一句话或者是几个字，而不是长篇大论。幻灯片中的文字要尽量做到简洁。如果遇到某些特定场合，必须呈现大段文字，也要根据实际情况，将文字分段显示或将文字分布在几张幻灯片上，而不能用一张幻灯片展示大量文字。

(2) 文字的大小

文字的大小是一个重要的问题，但是很多人在制作 PPT 的时候没有考虑这个问题。想必大家都见过文字小得难以辨认的幻灯片，也见过字体过于庞大，让人看了眼睛发胀的幻灯片。根据笔者课件设计的经验，我们在制作课件前，首先要考虑的问题是课件将要在什么场合使用，是在大礼堂、课堂上还是小型会议室里；观众有多少，几百人还是几十人、几个人，这些决定了你幻灯片中文字的大小。在大礼堂里，面对几百人的听众，为了保证所有人都能看清幻灯片中的文字，正文建议使用 32 号以上的文字。当然，在小型会议室里，只有几个听众，使用大号的字体会显得不适宜。在 120 座左右的多媒体教室，正文使用 28 号字体是比较适中的。总之，文字的大小要保证观众看清文字的内容。另外需要指出的是，课件的标题、二级标题和正文之间的字体大小要有区分。最后，从设计角度来说，字体越大占用的版面就越大，留下来的设计空间就相对少了；字体越小，设计的空间就越多。因此，作为幻灯片的设计者,我们要精心选择使用何种大小的字体。

(3) 字体的使用

很多 PPT 的制作者为字体的问题伤透脑筋,他们浏览字体列表去努力寻找,希望能为演示文稿寻找好的字体,认为这些字体越"酷"越好,殊不知字体可以成就你的幻灯片,也可能毁掉你的片子。实际上,在课件制作中,字体排版是一种重要的艺术形式,它可以为你想表达的东西搭建好舞台。字体能够传递一种态度、一个观点或其他因素。汉字里的宋体、仿宋体、黑体字传递科学的、严谨的气息。有些字体则显得生动、活泼、有趣,比如幼圆体、娃娃体、徐静蕾体等手写体等。如果用草体字作为幻灯片正文使用的文字的话,那就显得糟糕了,因为观众要花很长时间去辨认你写的是什么。英文字体中的 Times New Roman、Arial 等字体是常见的经典字体,Comic Sans 和 Sans-serif 既整洁又有现代感。这些字体虽然常见却不俗套,使用它们会很安全,绝对不会让你的幻灯片看起来有什么不妥之处。它们是样式很好看的字体,均经过专业的设计,能让你的幻灯片看起来得体,可放心使用。

5. 设置幻灯片长宽比例

幻灯片默认的显示比例是 4∶3,这种比例现在已经很少用了,因为它看起来不太美观。现在的显示器多采用 16∶9 的画幅,这种比例符合视觉黄金分割原理,看起来更美观。数码相机中大部分的画幅比例是 3∶2 或 16∶9。我们可以在设计演示文稿之前调整幻灯片的长宽比例。做法是点击菜单栏中的文件/页面设置,弹出"页面设置"窗口,在"宽度"和"高度"下的文本框中输入适合的数值即可(比如宽度设置为 32,高度设置为 18),见图 4.4。如果高度值大于宽度值就可以设计出书本的效果。

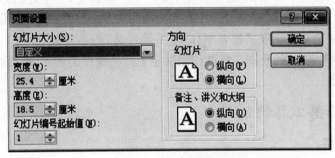

图 4.4　幻灯片页面设置

操作提示:如果要调整幻灯片的长宽比例,需要在新建演示文稿时就设定好,不能等到幻灯片都设计好之后再修改长宽比例,那样会导致文本框中的文字出现混乱,幻灯片中的图片也会出现变形。

6. 打包演示文稿

大家在做 PPT 课件时可能会有这样的经验:在自己的计算机上链接了很多音乐、视频和动画,并且使用了很多好看的字体,但是当将课件移到其他机器上时就会发现,这些链接都无效了。实际上在课件中插入的多媒体对象只是建立了 PPT 与这些媒体之间的链接,当课件移动之后,这些链接就不存在了。为了解决这个问题,我们可以把演示文稿打包。

点击菜单栏中的文件/打包成 CD,可弹出"打包成 CD"窗口,选择"选项"按钮,在弹出的"选项"窗口中,将复选框前的"√"号勾选上,就可以将 PPT 链接的多媒体打包到一个文件夹之中。选择"嵌入的 True Type 字体"可以在其他计算机上显示课件中所有的字体。在这里也可以给 PPT 演示文稿设置密码,见图 4.5。设置好后点击"复制到文件夹"完成打包。

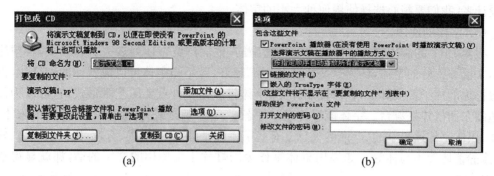

图 4.5 打包演示文稿

4.2 绘图工具的使用

4.2.1 绘图工具使用的要义

一个优秀的课件应该是图文并茂的。有些人说到图片就产生了畏难情绪,是不是还得学习 Photoshop 之类的图形处理软件？实际上,如果能善用 PPT 自带的绘图工具,就能够满足我们幻灯片设计的需要了。前面的讨论中已经提到,幻灯片中不宜有过多的文字,幻灯片中的文字应该是简短的、标题式的、提纲挈领的、富有启发性的。有些读者可能会问,如果一张幻灯片只有寥寥几个文字,不是显得太空旷了吗？实际上,一个好的幻灯片设计应该尽量将文字图片化,这样既可以避免幻灯片上有拥挤的文字,又使得页面饱满,不那么空旷,而且能满足观众的视觉需要。根据笔者制作 PPT 的经验,绘图工具在 PPT 制作中扮演着重要的角色,从某种意义上讲,绘图工具的使用决定了一个课件的优劣,然而在实际制作中,很少有人认识到这点。

4.2.2 绘图工具的使用

1. 绘图工具栏

PPT 绘图的所有工具都在绘图工具栏中。绘图工具栏一般在工作窗口的最下方,如果没有,可以点击视图/工具栏/绘图,就可以调出绘图工具栏了,如图 4.6 所示。

图 4.6 绘图工具栏

2. 绘制图形

使用绘图工具栏的 ＼↘□○ 工具可以绘制直线、箭头、矩形（正方形）和椭圆形（圆形）。注意,使用以上工具进行绘制时,按住 Shift 键进行绘制能得出特殊形状,比如按住 Shift 键的同时使用直线或箭头工具可以绘制出特殊角度的直线和箭头,按住 Shift 键的同时使用矩形工具就能绘制出正方形,按住 Shift 键的同时使用椭圆工具就能绘制出圆形。

除了使用以上几个工具绘制图形外,还可以使用"自选图形"绘制图形,点击自选图形右侧的箭头,打开自选图形工具组。自选图形包括线条、连接符、基本形状、箭头总汇、流程图、星与旗帜、标注、动作按钮等,如图 4.7 所示。合理而巧妙地利用这些工具基本上能够满足

课件制作的需要。

① 线条。可以绘制直线、箭头、曲线、任意多边形和自由曲线。

② 连接符。建立两个对象之间的连接关系,而且调整一个对象的位置时,连接符会随之调整。

③ 基本形状。提供了圆角矩形、菱形、梯形、正方体、圆柱体、五边形、六边形等基本形状。

④ 箭头总汇。提供了各种各样的箭头。

⑤ 流程图。提供了制作流程图所需的图形。

⑥ 星与旗帜。提供了星形和一些旗帜标志。

⑦ 标注。提供了标注所需图形。

⑧ 动作按钮。设定了动作按钮及默认的链接位置。

图 4.7　自选图形

3. 为图形填充颜色

绘制好图形后,可以为图形填充颜色。在 PPT 幻灯片中,一个图形有两种颜色,可以通过 　　 进行设置。前一个图标用于设置图形的填充色,后一个图标用于设置线条色或图形的边框色。

操作提示:一般来说,绘制的图形填充色和边框色是不一样的,如果要让填充色和边框色一样,其方法有两种。第一种方法是将图形的边框色改为和填充色一样的颜色,第二种方法是将图形的边框色改为"无线条色"。同样地,如果想让一个图形透明,可以将图形的填充色改为"无填充色"。

图形填充有"填充颜色"和"填充效果"两种,"填充颜色"是填充一种单一色,"填充效果"包括渐变、纹理、图案和图片 4 种,见图 4.8。其中,填充渐变色是填充色的重要内容,后面将结合案例具体讲解填充渐变色的使用。

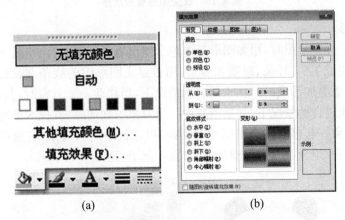

图 4.8　图形填充方式与填充效果

4. 调整图形形状

当图形绘制好后,我们可以根据需要修改图形形状。点击选中图形,会发现图形周围出现 8 个小圆点,拖动小圆点可以缩放图形。按住 Shift 键不放,用鼠标拖动对角的 4 个小圆点可以等比例缩放图形,在缩放图形时不会造成图形的变形。图 4.9 所示图形中绿色的小点(A)用以旋转图形,黄色的小点(B)可以改变对象的形状,图 4.9(a)是原始图形,图 4.9(b)

是按住绿色小点进行旋转后的图形,图 4.9(c)是向下拖动黄色小点改变形状后的图形。

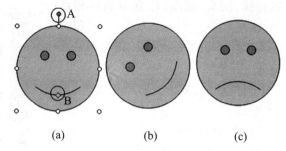

图 4.9　调整图形形状

5. 图形的叠放次序

当我们依次在幻灯片中绘制正方形、圆形和六边形时,我们会发现,PPT 是按照绘制图形的先后顺序叠放图形的,即最先绘制的正方形在最下方,最后绘制的六边形在最上方。如果要调整图形的叠放次序,比如要将正方形置于最上面,则可以右键点击正方形,在弹出的快捷菜单中选择叠放次序/置于顶层即可,也可以根据实际需要使用置于底层、上移一层或下移一层等,见图 4.10。

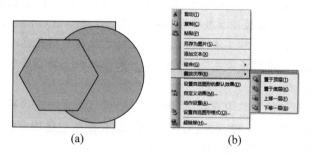

图 4.10　改变图形叠放次序

6. 组合图形

在使用 PPT 进行绘图时,很多图形是由单个图形组合而成的,比如图 4.11(a)的熊猫图像,用 8 个椭圆组成了头、耳朵、眼睛和鼻子,用自定义图形中的线条/曲线绘制了嘴。这个图形是由 9 个对象叠加形成的。在未组合的情况下,当移动一个对象时,其他 8 个对象不会移动。同样,在未组合的情况下,如果给其中一个对象添加动画,其他 8 个对象也没有动画。如果想让 9 个对象一起移动或产生同样的动画,可以选中所有对象,右键单击,在弹出的快捷菜单中选择组合/组合,就可以把对象组合在一起了,见图 4.11(b)。

图 4.11　组合图形

操作提示:如果要组合的对象附近没有其他对象,可以按住鼠标左键不放同时拖动鼠标,将需组合的对象包含在鼠标画出的矩形区域中就可以全选对象了。如果要组合的对象附近有其他对象,不好拖选,则可以按住键盘的 Ctrl 键不放,再一个一个左键点击要组合的对象。注意,当鼠标移到一个对象上时,鼠标后面出现一个"＋"号时才可以单击。当要组合的对象全选后,一定要在其中一个对象上点击右键才能出现图 4.11(b)所示的快捷菜单,如果在空白处右击,则不显示该菜单,且选中的对象变为未选中状态。

7. 图形的对齐

在 PPT 课件制作过程中,要使图形排列更加美观就需要对齐图形,点击绘图工具栏 绘图(R)▼ 右侧箭头,选择"对齐和分布"可以打开对齐类型。下面我们使用 PPT 绘图工具结合对齐方式的运用绘制坐标系,见图 4.12。

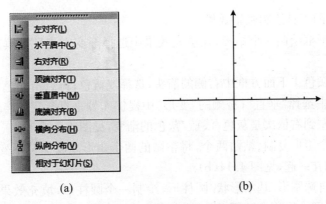

图 4.12 图形的对齐及使用

第一步,按住 Shift 键不放,使用箭头工具绘制一个向右箭头作为 X 轴,粗细改为 2.25 磅。再按住 Shift 键不放使用直线工具绘制一个很短的直线作为坐标点,粗细也是 2.25 磅。

第二步,复制粘贴出 8 个坐标点,将第一个坐标点和最后一个坐标点的位置确定下来。

第三步,选中所有的 8 个坐标点,在对齐和分布中选择"顶端对齐"(或者"底端对齐"),再选择"横向分布",最后将 8 条短线拖放到 X 轴上。

第四步,将 8 个坐标点和 X 轴组合,复制粘贴一个,选择其中的一个坐标轴,在 绘图(R)▼ 中选择"旋转或翻转",选择"向左旋转 90°",再点击"水平翻转",纵坐标完成,再调节纵横坐标的位置即可。

操作提示:在上面的操作中,将 8 个坐标点拖放到坐标轴的操作可能做不到那么精确。一般来说,鼠标拖动主要用于粗调节,精细的调节需要使用键盘的上下左右键。选中对象,按下键盘的上下左右键,对象会向相应的方向移动微小的距离。有时我们会发现,按下键盘微调的距离也比较大,不符合要求。这时候我们可以点击 绘图(R)▼ 中的"网格和参考线",打开"网格和参考线"窗口,将对齐中"对象与网格对齐"前面的"√"号去掉,这样就可以对对象进行更加细致的调节了,如图 4.13 所示。

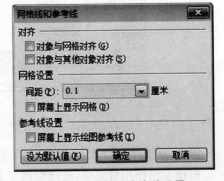

图 4.13 网格和参考线设置

2.2.3 绘图工具的高级应用实例

下面我们将通过一些具体的实例具体探讨在 PPT 课件制作过程中如何使用绘图工具来美化课件。也许你会发现这些效果在某些课件中见到过，那是因为网上有一些绘图工具制作的按钮、图标模板。说到这，有些人可能觉得既然网上都有，为什么我们还要自己学着去设计呢？理由很简单，网上现成的设计只有那么几十种，很多人在做 PPT 的时候都会使用这些模板，用得多了，这些设计就显得老套，无法再吸引观众的眼球了。况且，使用别人的东西总会有风险的，比如在一次演讲中，你的课件的模板、按钮和图标和另一个人的课件是一样的，你觉得观众会怎样看待你的课件甚至你的演讲呢？实际上，只要掌握绘图工具的使用方法，我们就可以创造出自己想要的图形，这对于美化 PPT 课件是十分有用的。

例 1 利用绘图工具绘制画轴效果。

第一步，用矩形框绘制一个矩形，在填充效果中选择渐变方式进行填充，这里我们选用双色渐变。

第二步，点击颜色 1 下面方框中右侧的箭头，选择浅蓝色；再点击颜色 2 下的箭头，选择灰色；在底纹样式中选择"垂直"；右侧的"变形"中提供 4 种垂直渐变的样式，这里我们选择最后的一种，即从左到右依次是灰色/浅蓝/灰色的渐变，见图 4.14(a)。

第三步，将这个矩形复制、粘贴两个，将粘贴的两个矩形高度保持不变，宽度适当变窄，再将它们依次叠加在一起，见图 4.14(b)。

第四步，选择自选图形/基本形状/圆柱形，绘制一个圆柱形，填充效果和上面的矩形一样，复制、粘贴一个圆柱形放在下面。

第五步，绘制一个椭圆形，填充色为黑色，放在上面的圆柱形上，再复制、粘贴一个放在下面的圆柱形下。

第六步，将上面绘制的图形按实际情况进行叠加，需要时改变叠放次序，一个画轴就完成了，见图 4.14(c)。

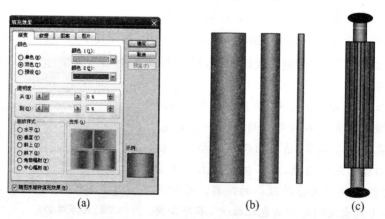

图 4.14 利用绘图工具制作画轴

例 2 利用绘图工具绘制图 4.15 所示的各种按钮效果。

按钮 1 制作相对简单：选择椭圆工具，按住 Shift 键绘制一个圆形。选择"填充效果"填充，在"填充效果"中选择"渐变"选项卡，为对象填充渐变效果。渐变中提供了"单色""双色"

图 4.15 按钮

和"预设"三种渐变方式,这里我们用"双色"渐变方式进行填充。所谓的"双色渐变"就是在右侧的"颜色 1"和"颜色 2"指定的两种颜色之间进行各种样式的渐变。点击"颜色 1"右侧的箭头,选择浅蓝色,再点击"颜色 2"右侧的箭头,选择较颜色 1 深一点的蓝色。在"底纹样式"中提供了"水平""垂直""斜上""斜下""角部辐射"和"中心辐射"六种样式,每种样式都有几种变形效果。这里我们选择"中心辐射",右侧的"变形"中提供两种渐变的样式,这里我们选择第一种,即中心浅蓝色、边缘是较深的一种蓝色的渐变,见图 4.16。这样绘制的按钮就有一定的立体感了。

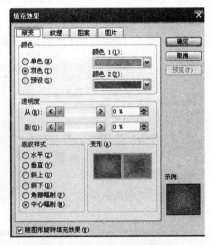

按钮 2 制作稍微复杂一些:选择椭圆工具,按住 Shift 键绘制一个圆形,与按钮 1 一样,使用双色渐变方式进行填充。颜色 1 使用相对较浅的灰色,颜色 2 选用更浅的灰色。在底纹样式中选择"水平",在右侧的"变形"中提供了四种水平渐变样式,这里我们选择

图 4.16 填充双色渐变

第一种,即上面灰色、下面浅灰的渐变。将制作好的圆形复制、粘贴一个,得到两个一模一样的圆形,再按住 shift 键,拖动粘贴圆形的四个对角圆点的任意一个,将其尺寸等比例缩小一点,再对其进行垂直旋转,使其渐变方向和大圆相反,见图 4.17(b)。最后将小圆置于大圆上即可,必要时需改变两个圆形的叠放次序。

(a) (b)

图 4.17 利用绘图工具制作渐变按钮

按钮3的制作最复杂,它用到填充、透明和叠加等多种效果,制作方法是:

第一步,选择椭圆工具,按住 Shift 键绘制一个圆形。使用双色渐变方式进行填充,颜色1选用黑色,颜色2选用白色。在底纹样式中选择"中心辐射",在右侧的"变形"中选择第二种,即中心白色、边缘黑色,见图4.18(a)。

第二步,将绘制好的圆形复制、粘贴一个,将粘贴的圆形填充为红色。双击该图形,在弹出的"设置自选图形格式"窗口中选择"颜色和线条"选项卡,将填充色透明度改为60%左右,这样该圆形就有透明效果了,将其叠加在第一步制作的圆形上。

第三步,绘制一个圆形,使用双色渐变进行填充,颜色1使用任意色(这里用红色),颜色2选择白色。在底纹样式中选择"中心辐射",在右侧的"变形"中选择第2种,即中心白色、边缘红色,见图4.18(b)。在"透明度"选项中,"从"是控制颜色1透明度的,"到"控制颜色2的透明度。为制作该例中的小亮点效果,将"从"即颜色1的透明度改为100%,这样颜色1就透明了,见图4.18(c)。将圆形的线条色改为"无线条色"并拖到适当位置即可。

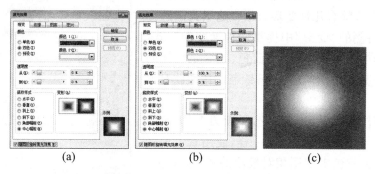

图4.18 利用绘图工具制作按钮

第四步,按照上面的步骤可以为按钮添加一个月牙的渐变效果。

例3 利用绘图工具绘制图4.19所示效果。

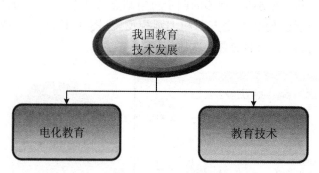

图4.19 绘制图形

第一步,选择椭圆工具,绘制一个椭圆,选择"填充效果",在"渐变"选项卡中选择双色渐变。颜色1选择黄色,颜色2选择黑色,底纹样式选择"斜上",变形方式选择第一个,制作出左上角黄色、右下角黑色的渐变效果。

第二步,将第一步做好的椭圆复制粘贴一个,将其等比例缩小一点,填充黄色,并将其置于前面的椭圆之上。

第三步,将第二步做好的黄色椭圆复制粘贴一个,将其等比例缩小一点,填充浅灰色,并将其置于黄色椭圆之上。

第四步,将灰色椭圆复制粘贴一个,将其缩小一点,填充双色渐变,颜色1选择白色,颜色2选择任意色,底纹样式选择"斜上",变形方式选择第一个,在"透明度"中将"到"(颜色2)的透明度设置为100%,这样就会制作出左上角白色、右下角透明的椭圆。

第五步,将上面做好的透明椭圆复制粘贴一个,将其缩小一点,底纹样式选择"斜上",变形方式选择第二个,制作出左上角透明、右下角透明白色的椭圆,并将其置于前面的透明椭圆之上。

第六步,画两个圆角矩形,输入相应的文字,再用连接符将它们连接起来即可。

操作提示:如果图形叠加过程中看不到效果,很可能是层次的问题,将各个图形调到应有的层次上去就能得到想要的效果了。

例4 利用绘图工具绘制图4.20所示效果。

第一步,选择自选图形/基本形状/圆角矩形,绘制一个圆角矩形,填充浅灰色,边框设置为白色,线宽2.25磅,添加阴影,并调整阴影位置在图形右下方。

第二步,选择自选图形/基本形状/圆角矩形,按住Shift键绘制一个正圆角矩形,边框设置为2.25磅、白色,填充蓝色。

第三步,绘制一个圆形,选择"填充效果"的"双色渐变"进行填充,颜色1选择白色,颜色2

图4.20 绘制图形

选择任意色,在"透明度"中将"到"的透明度调为100%,这样颜色2就变透明了,在"底纹样式"中选择"中心辐射",在"变形"中选择第一种方式,将圆形的线条色设置为"无线条色"。

第四步,将做好的正圆角矩形放置到第一步做成的圆角矩形上,再将第三步做成的渐变图形放置在正圆角矩形上,效果如图4.20中最上面的图形所示。并将这个图形复制、粘贴两个,将正圆角矩形的填充色分别改为绿色、橙色。

第五步,将每行对象组合,并进行左对齐和纵向分布就可以了。

操作提示:在以上操作中,不能将图4.20中最上面的图形先组合再进行复制、粘贴、填充。这样的话,当改变填充色时,组合图形中的所有对象颜色都改变了。我们应该先复制、粘贴,再选中正圆角矩形修改颜色,这样修改的仅仅是正圆角矩形的颜色,不影响其他对象的颜色,做好后再将对象组合。

例5 利用绘图工具绘制图4.21所示效果。

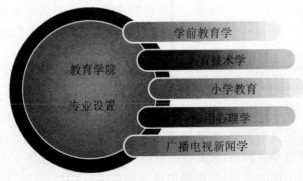

图4.21 绘制图形

第一步,绘制一个圆形,用"双色渐变"进行填充,颜色1用深红,颜色2用颜色浅一些的红色,"底纹样式"使用垂直渐变,选择适当的变形效果,让圆形从左到右按照深红/浅红/深红的顺序渐变。

第二步,再绘制一个小一点的圆形,用双色渐变进行填充,"底纹样式"使用中心辐射,填充为边缘深灰、中间浅灰的效果,并输入需要的文字。

第三步,绘制一个圆角矩形,拖动圆角矩形左上方黄色的小点,改变圆角弯曲的程度,让圆角弯曲程度达到最大,形成半圆形的弧度。绘制好后复制、粘贴4个,为圆角矩形填充垂直渐变效果,左侧为深色,右侧为浅色,且每个圆角矩形的填充色有所区别。

第四步,选中5个圆角矩形(用鼠标拖选或按住Ctrl键一个一个点选),选择"绘图"工具的"对齐或分布",选择"纵向分布",让5个圆角矩形间距保持一致,再调整每个圆角矩形位置,让圆角矩形排列更具有层次感,直到满意为止,最后输入文字,效果如图4.21所示。

例6 利用绘图工具绘制课件内容概要,效果如图4.22所示。

图4.22 绘制课件内容概要

第一步,在PPT中绘制半圆有两种方法。第一种是绘制一个圆形,调整其位置,将其一半放到灰色区域,一半留在白色区域。在幻灯片放映的时候只显示白色区域的部分,灰色区域的部分是隐藏起来的。第二种方法是选择自选图形/基本形状/弧形,按住Shift键的同时绘制一个正弧形,达到180°时放开鼠标,再绘制一条直线将弧形连接起来即可,见图4.23。这里我们使用第一种方法。为绘制好的图形填充蓝色和白色的垂直渐变,并适当调整蓝色的透明度,直到满意为止。再画一个圆形,填充色改为"无填充色",边框色为浅灰色,并将边框设置为3磅。将两个圆形的一半放到灰色区域,一半放到白色区域。

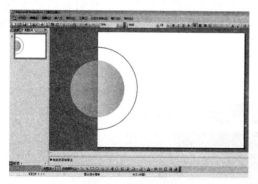

图4.23 绘制半圆形

第二步,绘制一个圆形,使用黑白两种颜色进行水平填充,填充的效果从上到下依次是黑/白/黑。复制、粘贴这个圆形,将其填充效果改为垂直填充,填充的效果从左到右依次是黑/白/黑,并等比例缩小此圆形,将其叠加到第一个圆形上去,如图4.24所示。

第三步,复制粘贴上面的圆形,使用黑白两种颜色进行"中心辐射"填充,填充效果为中心白色,边缘黑色。再将此圆形复制、粘贴一个,将粘贴的圆形填充为红色。双击该红色图形,将填充色透明度改为 60%,最后将这两个圆形缩小一些叠加到第二步绘制的图形上去,效果如图 4.25 所示。

图 4.24　效果图 1

图 4.25　效果图 2

第四步,将第三步做成的图形复制、粘贴 4 个,将上面透明圆形的颜色分别改为绿色、橘黄色、紫色、深红色,然后再分别将这些图形组合(注意应该先复制、粘贴、更改颜色再组合,而不能先组合之后再进行操作),效果如图 4.26 所示。

第五步,调整按钮的大小,并将其进行"纵向分布",使其间距保持一致,左右微调按钮的位置,让它们压在弧形上。最后绘制圆角矩形,并输入文字,调整到满意位置。

图 4.26　效果图 3

例 7　利用绘图工具绘制如图 4.27 所示效果。

第一步,绘制一个圆角矩形,边框宽度设置为 3 磅,填充渐变色,使其渐变效果为从左到右颜色为深绿/浅绿/深绿。

第二步,绘制一个圆角矩形,使用白色和任意色进行水平填充,让任意色透明,产生上面为白色,下面透明的效果,调整其大小放到第一步绘制的圆角矩形上面。

第三步,再绘制一个圆角矩形,填充色改为浅灰色,适当调整其大小和位置,直到满意为止。

第四步,选择直线工具,按住 Shift 键绘制一条水平直线,颜色改为白色,粗细改为 2.25 磅,为直线填充阴影效果,打开阴影设置面板,将阴影颜色设置为黑色,调整阴影位置,直到达到图 4.27 所示效果。

图 4.27　绘制图形

第五步,将上面做成的直线复制、粘贴 3 条,将第 1 条和第 4 条的位置固定下来,再全选 4 条直线,在"对齐与分布"中先选择"左对齐",再选择"纵向分布",即可达到图 4.27 所示效果。

例 8　利用绘图工具绘制图 4.28 所示画框效果。

第一步,选择自选图形/基本形状中的六边形,按住 Shift 键绘制一个正六边形。填充效果使用"渐变"中的"预设",在这里系统给我们预设了许多渐变效果,我们选择倒数第二个"银波荡漾",底纹样式使用默认的"斜上"。

第二步,将上面的正六边形复制、粘贴一个,等比例缩小一些,边框色调整为白色,填充绿色到黑色的渐变,使得从左上角到右下角依次是黑/绿/黑的渐变,并放到前一个

图 4.28　画框

正六边形的上面。

第三步，将第二步制作的图形复制粘贴 3 个，分别调整 3 个图形上方正六边形的填充色，让它们从左上角到右下角依次是黑/灰/黑/蓝/黑/黑/黄/黑。

第四步，将各个对象组合，并调整位置直到满意为止。

4.3　多媒体对象的插入与控制

4.3.1　图片的插入与设置

1. 插入艺术字

在 PPT 课件中插入艺术字比较简单，只要点击绘图工具栏中的艺术字工具 ![A] 就可以插入艺术字了。艺术字是常用的一个工具，很多人在设计幻灯片的时候都会使用到它。艺术字的准确使用能让文字显得更加形象、生动，能够吸引观众的眼球。可惜的是，很多人在使用艺术字的时候没有考虑艺术字的表现风格与表现形式，这样滥用艺术字并没有使课件看起来与众不同，反而带来了不好的效果，比如庞大的字体、歪歪斜斜的样式、花哨的色彩和糟糕的排版。艺术字的使用需要分清场合，课件的正文不宜使用艺术字，艺术字主要应用在标题、需要强调的文字、提示性的文字上。另外，艺术字的表现特点主要有两个：第一，艺术字是可以调整形状的；第二，艺术字是可以填充的。

图 4.29 说明了艺术字形状是可调的。其做法是首先绘制一个圆形，填充色设置为"无填充色"。边框色设置为红色，粗细设置为 4.5 磅。使用自选图形中的五角星，将五角星的填充色设置为红色。点击艺术字工具，输入"天涯论坛网"，设定好字体大小和字体样式。在"艺术字形状"中将字体形状改为"细上弯弧"，如图 4.29(b)所示。再调整艺术字大小和文字间距，直到满意为止。调整好后输入"灌水专用章"几个字，改变文字颜色，调整一下位置即可。

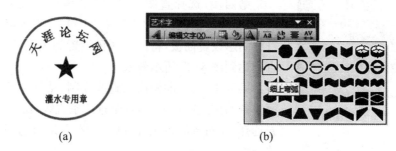

图 4.29　艺术字形状调整

图 4.30 向我们展示了艺术字的填充效果。实际上，艺术字和普通文字最大的区别在于艺术字是可以进行填充的，我们可以给艺术字填充渐变效果，使得文字看起来更生动。当然，我们除了可以给艺术字填充渐变效果外，还可以给它填充图片。填充的图片如果是静止的，那么艺术字就是静止的；如果给艺术字填充的是一个 GIF 格式的动画图片，艺术字就会动起来。

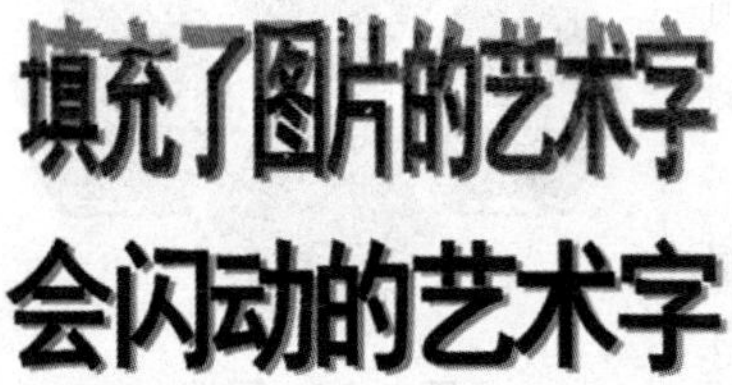

图 4.30　艺术字的填充效果

操作提示：为保证艺术字中所有的文字都能闪动起来，GIF 动画尽量使用运动范围比较大的动画。如果 GIF 动画只是一只一睁一闭的眼睛，那么填充到艺术字当中后，艺术字的闪动效果将不明显。

2. 插入图片

在课件中插入图片也比较简单，点击菜单中的插入/图片/来自文件，查找到需要插入的图片文件即可。这是常用的插入图片的方式，但这样插入的图片会让观众感到乏味。为了让插入的图片更加生动，我们可以使用填充的方式插入图片，就是先用绘图工具绘制一个图形，然后对图形填充效果，在"填充效果"窗口中选择"图片"选项卡，将图片以填充的方式填充到图片中去。图 4.31 中的设计显然比仅仅插入一张矩形图片要好。

图 4.31　以图形填充方式插入图片

3. 善用图片工具栏

在幻灯片中插入图片后，右键单击图片，在弹出的菜单中有"显示图片工具栏"选项，单击就会出现图 4.32 所示的图片工具栏。善用图片工具栏能给图片增加不少魅力。

图 4.32　图片工具栏

是色彩模式工具，可以调整图片的色彩模式为自动、灰度、黑白和冲蚀效果。

是增加/降低对比度工具，可以增加或降低图片的对比度。

是增加/降低亮度工具，可以增加或降低图片的亮度。

是压缩图片工具。如果课件里面有大量的高分辨率的图片，会使制作的演示文稿占用的空间非常大，不仅移动不方便，而且影响放映的流畅性。我们可以使用图片工具栏中的"图片压缩工具"压缩图片。单击"压缩图片工具"后弹出"压缩图片"窗口，在"更改分辨率"中将分辨率改为"Web/屏幕"，在"应用于"中选择"文档中的所有图片"，如果不选择，仅压缩选中的图片。经过这样的操作后，演示文稿占用的空间就大大降低了，当然图片的清晰度会降低，但并不影响观众正常观看。

是设置透明度工具，通常图片都有白色的底，如果想去掉白色的底，只需选择该工具，在白色底上单击一下即可使其透明，如图 4.33 所示。

4. 装饰图片

许多人在制作课件的时候总会觉得插入到幻灯片中的图片缺少点什么。当然，我们可以利用其他软件，比如 Photoshop、美图秀秀之类的软件对图片进行处理。但往往我们只需对图片进行简单的修饰就行了，毕竟图片处理软件的使用有较大的难度，而且简单的修饰也无需动用专业的软件。我们可以巧妙地利用上一节中提及的绘图工具来美化、装饰图片，增加图片的美感,给观众赏心悦目的感觉。

图 4.33 设置透明色

例 1 改变图片的色调。

图片的色调大体上有暖色和冷色两种,有时候我们希望更改图片的色调。在 PPT 中,用矩形工具画一个和图片一样大小的矩形放在图片上,如果要把图片变为暖色调,只要给此矩形填充红色,并设置 90% 左右的透明度就可以了;如果要把图片变为冷色调,只要填充蓝色或绿色,然后将其设置为 90% 左右的透明度就可以了,如图 4.34 所示。

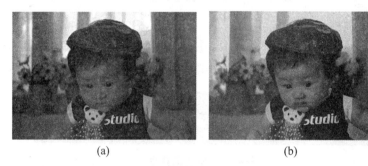

图 4.34 将暖色调图片变为冷色调

例 2 为图片添加渐变效果。

图 4.35(a) 是原始图片,图 4.35(b) 和图 4.35(c) 是修饰后的图片,实际上就是给图片增加了渐变效果。图 4.35(b) 是在图片上绘制一个和图片大小一样的矩形,将矩形填充垂直方向的双色渐变,一种是白色,一种是任意色,使矩形从左向右产生白色到任意色的渐变,再让任意色透明即可。图 4.35(c) 和图 4.35(b) 一样,只是矩形的渐变方式从左到右依次是白色/任意色/白色,再让任意色透明即可。

图 4.35 为图片添加渐变效果

例 3 为图片添加画框效果。

在自选图形的"基本形状"中选择梯形,绘制一个梯形,调整好大小,点击梯形左下角的黄色小点调节梯形的形状，为梯形填充深红与浅红色的渐变。做好后复制粘贴一个，旋转90°放在右侧，把两个梯形拼接起来，要不断使用黄色小点调节梯形形状，直到两个梯形完全拼接起来。将做好的两个梯形各复制、粘贴一个，旋转适当的角度后放在下面和右边。再选择"基本形状"中的直角三角形工具，填充色为深红色，边框色为红色，粗细为3磅，做好后复制、粘贴一个，旋转一定角度放在右下方，画框完成，如图 4.36 所示。

图 4.36　为图片添加画框效果

4.3.2　声音的插入与控制

1. 在课件中插入声音

声音是 PPT 课件中不可或缺的一个要素，它可以增加课件的表现力，创设学习情境，激发学生的学习兴趣。PPT 课件中常用的插入声音的方式是点击菜单栏中的插入/影片和声音/文件中的声音，然后找到声音所在的位置，点击确定后弹出对话框"你希望在幻灯片放映时如何开始播放声音"，有"自动"和"在单击时"两个选项可供选择。所谓的"自动"就是幻灯片放映时自动播放声音，一般用于课件的背景声。"在单击时"是指使用者需要单击小喇叭图标才可以播放声音，一般用于需要对声音播放时机进行控制的场合。

操作提示：如果选择"自动"，可以将声音的小喇叭图标拖到 PPT 工作区以外的灰色区域，这样在放映时就不会出现小喇叭图标了。如果选择"在单击时"，小喇叭图标默认是放在工作窗口中央位置的，一般将小喇叭等控制按钮放在幻灯片的下面区域。

2. 声音的控制

按照上面的操作步骤，我们将声音插入到课件中去了，但是在实际的使用中还会有很多问题需要解决，比如，在当前页插入的声音，当课件进入下一页时声音就没有了。在很多场合，我们需要对插入的声音进行必要的控制，比如播放、暂停、停止、快进、快退等。

（1）控制声音结束的位置

在幻灯片中插入声音，如不进行设置，在播放的时候单击鼠标声音就停止了。有时候我们希望能够控制声音的结束位置。其操作方法是：右键单击小喇叭图标，在弹出的菜单中选择"自定义动画"，打开任务窗格，在任务窗格中点击声音文件后的向下箭头，打开工具列表，在列表中选择"计时"，打开"播放声音"窗口，在"效果"选项卡中找到"停止播放"，会发现默认选择的是"单击时"，这就意味着单击鼠标声音就停止播放，我们可以选择"在　张幻灯片之后"选项，在文本框中输入适当的数字，比如 5，那么插入的声音就会从当前幻灯片开始一直播放 5 张，当播放到当前幻灯片后的第 6 张时声音就停止播放，如图 4.37 所示。

（2）控制声音播放、暂停与结束

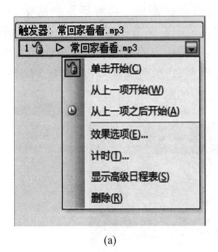 

(a) （b)

图 4.37　控制声音结束位置

用上面的方式插入声音还有一个问题，就是演讲者在使用幻灯片的时候往往需要暂停声音播放进行必要的讲解，等到讲解完毕后再继续播放声音，此时可以用触发器来实现这个效果。将"播放""暂停""停止"三个按钮作为触发器，分别控制声音的播放、暂停、停止，对声音的控制更加方便、灵活，其实现步骤如下：

第一步，选择绘图工具中的相关工具，配合使用填充效果和组合功能，制作具有立体感的圆球形图标，并分别添加文本"播放""暂停""停止"，这三个圆球形将作为控制声音播放的三个按钮。

第二步，选择插入/影片和声音/文件中的声音，将声音文件插入到幻灯片中。

第三步，右键单击声音图标，在弹出的快捷菜单中选择"自定义动画"。在任务窗格点击"添加效果"，选择最下方的"声音操作"中的"播放"，如图 4.38 所示。

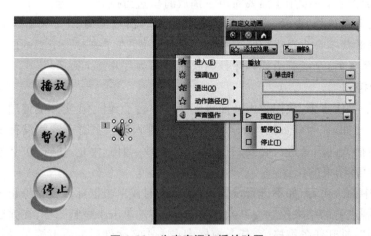

图 4.38　为声音添加播放动画

第四步，选择自定义动画任务窗格中刚添加的"声音播放"，点击右侧箭头，选择"计时"，打开"播放声音"窗口，选择触发器/单击下列对象时启动效果，选择"组合 2"（组合 2 就是"播放"按钮）。此步骤的作用是，当单击"播放"矩形框时触发"播放声音"的动作，声音就开始播放，如图 4.39 所示。

第 4 章　PowerPoint 多媒体课件设计与制作

第五步,重复第三步和第四步的操作,在"添加动画效果"中为声音添加"暂停""停止"两个动画,并为它们添加相应的触发器,即可实现对声音的播放、暂停和停止的控制。运行时点击"播放"按钮可播放声音,点击"暂停"按钮声音暂停,再单击一次继续播放,点击"结束"按钮声音结束,再单击"播放"可重新播放。

（3）使用插入对象的方式插入声音

通过上面的方法我们能够对插入到幻灯片中的声音进行一定的控制,但是这还不能满足我们的需要,演讲者往往需要对声音进行更多的控制,比如快进、快退、调节音量等,我们可以通过插入对象的方式实现这种控制。

点击菜单中的插入/对象,弹出"插入对象"窗口,在"对象类型"中选择"Windows Media Player",点击"确定"后即在幻灯片中插

图 4.39　为声音添加触发器

入了 Windows Media Player 控件,如图 4.40 所示。播放器黑色区域是显示视频的,因是播放声音,可将播放器上方中间的小点向下拖动,只留下播放进度条和控制选项,就可以将黑色区域切掉了。

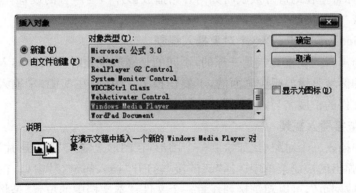

图 4.40　插入 Windows Media Player 控件

此时还并没有完成操作,因为 Windows Media Player 还不知道应播放哪个文件,所以我们要告诉播放器播放文件的位置和名称以及音频文件的扩展名。在播放器上右键单击,在弹出的快捷菜单中选择"属性",弹出属性窗口,在 URL 后面的文本框中输入声音的地址、文件名和扩展名就可以了,如图 4.41 所示。

操作提示:URL 地址的输入非常关键,它决定播放器能否播放你想要的声音,一般有两种方法。第一种方法是输入要播放声音的绝对路径,比如 D:\音乐\常回家看看.mp3。用这种方式输入路径时,如果把课件拷贝到其他计算机上,播放器还是从这个地址寻找要播放的声音,如果不是巧合,一般是不会找到的,所以这个 URL 地址就无效了。在制作中我们常采用第二种方法,就是首先将演示文稿和声音放在同一个文件夹中,然后在 URL 中输入相对路径,即文件名＋扩展名(常回家看看.mp3)就可以了。移动时不能只拷贝演示文稿,而要拷贝整个文件夹,这样就能保证声音在其他计算机上也能播放了。

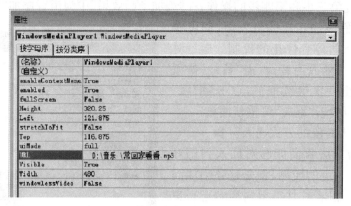

图 4.41　输入声音文件的绝对路径

4.3.3　视频的插入与控制

在幻灯片中插入视频主要有三种方式,第一种是直接插入视频,第二种是使用插入对象的方式插入视频,第三种是使用超链接的方式插入视频。

1. 直接插入视频

点击菜单栏中的插入/影片和声音/文件中的影片,然后找到影片所在的位置,点击确定后弹出对话框"你希望在幻灯片放映时如何开始播放影片",与声音的设置一样,可以根据需要选择"自动"或"在单击时"。

2. 使用 Windows Media Player 对象插入视频

设置方式与声音的设置方式是一样的,不同的是播放视频时 Windows Media Player 播放器上方黑色的区域是播放视频画面的,不要切掉了。另外,在 URL 中输入文件名和扩展名时注意视频文件的扩展名与声音不同,比如 wmv 等。

3. 使用超链接插入视频

在幻灯片中插入一个对象(比如绘制一个图形,在图形上输入"观看影片"),在对象上单击鼠标右键,在弹出的快捷菜单中选择"超链接",打开"插入超链接"窗口,在"链接到"下面选择"原有文件或网页",可以超链接到任意一个文件;"本文档中的位置"是将当前页链接到演示文稿中的另一张幻灯片上,所以此处选择"原有文件或网页"。在"查找范围"中选择视频所在位置,找到后单击"确定"。放映幻灯片时,点击对象就会播放视频,如图 4.42 所示。

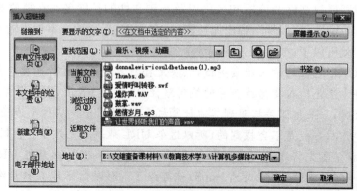

图 4.42　用超链接插入视频

操作提示：第一种插入视频方式的优点是视频嵌入在幻灯片中播放，播放速度快，缺点是无法对视频进行控制。第二种方式视频也是嵌入在幻灯片中播放的，而且可以对视频进行控制，缺点是 Windows Media Player 支持的视频格式较少，需要转换视频格式。第三种方式的特点是视频不是嵌入在幻灯片中播放，而是弹出播放器窗口，这就决定了只要计算机中安装了主流播放器就能够播放大多数视频格式，但同时启动速度慢，启动时弹出窗口，需要附加操作方能播放。为保证视频能够移动，当使用第一种和第三种方式插入视频时，需要对课件进行打包处理；使用第二种方式插入视频时，要将演示文稿和视频文件放在同一个文件夹中，视频地址输入相对路径（文件名＋扩展名），移动时拷贝文件夹即可。

4.3.4　Flash 动画的插入与控制

Flash 具有很强的动画演示能力，在教学中的应用可以提高学生的兴趣，同时有利于过程的演示，在教学中应用比较广泛。PPT 可以演示 Flash 动画，其操作步骤是：

第一步，选择视图/工具栏/控件工具箱，打开"控件工具箱"面板，点击最后一个"其他控件"，在弹出的控件中选择 Shockwave Flash Object，如图 4.43(a)所示。这时鼠标变成十字形"＋"，用鼠标在幻灯片上拖出任意大小的区域，这个区域就是 Flash 播放窗口。

第二步，鼠标右键单击所拖出的区域，选择"属性"，打开"属性"窗口，找到"Movie"，在其后的文本框中输入所要播放动画路径和文件名、扩展名，Flash 文件的扩展名为.swf。与插入视频一样，为了保证动画在其他机器上也能播放，我们先将 Flash 和演示文稿置于一个文件夹之中，这样在"Movie"后的文本框中只要输入文件名＋扩展名就可以了，移动时移动整个文件夹就能保证这个动画在任何计算机上都能正常使用了。

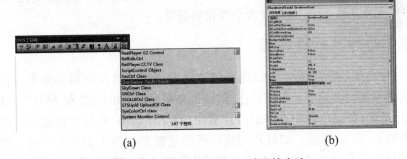

图 4.43　PPT 中插入 Flash 动画的方法

操作提示：因 PPT 中的控件比较多（如图 4.43 中有 147 个控件），要在这么多控件中找到 Shockwave Flash Object 比较困难。实际上这些控件是按照字母 A～Z 的顺序排列的，操作时在英文输入法下按下键 S，就定位到开头为 S 的控件上了。"属性"窗口中除了"Movie"，其他属性也都很有作用，比如是否允许 Flash 全屏播放、设置颜色、是否将 Flash 嵌入到演示文稿中、是否循环播放等，有兴趣的读者可以自己尝试。

4.4　动画设计

动画具有很强的表现力，能引起观众的兴趣，因此，动画是 PPT 设计中非常重要的一个部分。PPT 中的动画主要有两个功能。一是为了演示的需要，比如在一页幻灯片中有多个对象,演讲者希望这些对象不是一下子展示出来,而是根据讲解一个一个地出现,这就需要用到动画。如果我们想演示某个过程,比如太阳系行星围绕太阳旋转、小车运行、计算机运算过程等,也需要使用动画。动画的第二个功能是美化,使用动画来美化课件,让课件引人入胜,引起观众的兴趣。

一提到动画,很多人就会想到 Flash。Flash 具有强大的动画功能,但它是专业软件,操作较困难,而多数 PPT 的设计者可能只需要做简单的动画就可以了。PPT 中的动画非常简单,易于掌握,但如果运用恰当,也可以做出丰富的效果,基本上能够满足一般课件的需要。如果要做复杂的动画,可以选择 Flash。

PPT 中实现动画的方式主要有三种:动画方案、幻灯片切换和自定义动画。自定义动画中包含进入、退出、强调和动作路径。

4.4.1 动画方案

在菜单栏中点击幻灯片放映/动画方案,在任务窗格中就弹出动画方案设计窗口,如

图 4.44 动画方案

图 4.44 所示。可以在窗口中选择一种合适的效果,如果要使演示文稿中的所有幻灯片上都应用这个动画方案,点击下方的"应用于所有幻灯片"就可以了;如果只是在当前幻灯片使用这个动画方案,就无需点击该按钮。如果想更改动画方案,点击另一个动画方案就可把前一个动画方案替换;如果所有的动画方案都不用了,点击"无动画"即可。动画方案是制作动画最快捷的方式,只需要点击几下鼠标,演示文稿中所有幻灯片都可应用这种动画方案;其缺点是缺乏变化,往往不能满足设计者个性化的需要。

4.4.2 幻灯片切换动画

所谓幻灯片切换是指从前一张幻灯片切换到下一张幻灯片运用的效果。在默认情况下,幻灯片从上一张切换到下一张没有任何效果,在视频编辑中称之为"硬切"。如果想在切换过程中使用动画,在菜单栏中点击幻灯片放映/幻灯片切换,在任务窗格中就弹出幻灯片切换窗口,如图 4.45(a)所示。幻灯片切换动画的设置和动画方案基本一样。我们在设计 PPT 时,习惯使用幻灯片切换中的"从全黑到淡出",这会使幻灯片看起来很不错。

在幻灯片切换窗口的下方有个"换片方式",默认的换片方式是"单击鼠标时",这就告诉大家,为什么我们在放映幻灯片的时候单击鼠标就会进入到下一页。实际上,单击鼠标换片的方式容易引发很多误操作,在专业性更强的 PPT 课件中,常常使用超链接来换片。还有一种换片方式是"每隔",如图 4.45(b)所示。选择此种方式,在后面文本框中输入适当的数字,比如 5,其单位是秒,再点击"应用于所有幻灯片"按钮,这就意味着幻灯片每隔 5 秒会自动切换到下一张,演讲者无需对课件进行操作,仅仅去专注你的讲解就可以了。如果讲解者在讲解的时机上能配合幻灯片的切换,会达到很好的效果。比如,演讲者朗诵诗歌,预先设定好幻灯片切换时间,当朗诵到某处时就会自动出现相应的图片,这样的展示效果就很好,且不会分散演讲者的注意力。

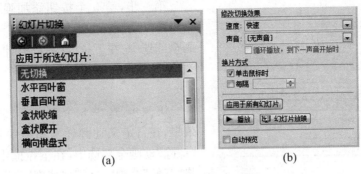

图 4.45　幻灯片切换与设置

4.4.3　自定义动画

自定义动画是 PPT 动画最重要的部分,通过自定义动画的巧妙设计和组合使用,往往能达到意想不到的效果。添加 PPT 自定义动画很简单,但如何根据我们的需要把动画用得恰当却有一定的难度。要使用 PPT 自定义动画,需要注意以下几个问题:

① 动画的设计。这是很关键的,做不出好看的动画最重要的一个原因是你根本不知道想要做什么样的动画效果。建议读者多看,多参考别人的动画。

② 时间。动画实际上是利用人的视觉残留特性,将静止的图片以每秒大于 25 帧的速度播放而造成动起来的假象而已,所以时间在动画中非常重要。在 PPT 中提供了动画的开始、延迟、速度和重复等设置来控制动画的时间。准确控制动画的时间能让动画符合演示的需要。

③ 对象运动的路径。我们可以把路径理解成"运动轨迹",物体沿着什么轨迹运行就是 PPT 中路径的概念。这个路径可以自己画,用自由曲线、直线、圆形都可以,有了路径后物体就可以按你想要的轨迹运行。

④ 效果选择。PPT 中自带的效果是很清楚的,可通过细微调整得到自己想要的结果。在复杂动画中,很多时候并不是一个动画效果,而是同一个对象由几种动画效果叠加起来,这也是制作出漂亮动画的关键。消失和强调只不过是一种特殊的效果,想要动画精彩,必须很多个效果一起使用。

只要理解和掌握了上面几点,制作出 PPT 复杂漂亮的动画是轻而易举的事情。当然,制作 PPT 复杂动画还需要耐心,经过不断的调试才能达到满意的动画效果。下面通过几个例子来介绍自定义动画的设置。

例 1　利用自定义动画展示如图 4.46 所示的课程内容框架。

动画描述:放映时只显示"课程主要内容"几个字和半圆形,单击一次鼠标,弧形从上而下展开,然后最上面的圆点闪烁 3 次,出现"第一章 教育技术学基本理论",接着第二个圆点闪烁 3 次,出现"第二章 教育技术理论基础",以此类推,直到课程内容框架完全展示。具体操作是:

第一步,选择半弧形,打开自定义动画,为其添加进入/擦除效果,方向改为"自顶部",速度改为"快速"。

第二步,将 5 个按钮全选,添加进入/出现效果,在自定义动画任务窗格中将 5 个按钮"出现"动画全部选中,将"开始"都改为"之后"。

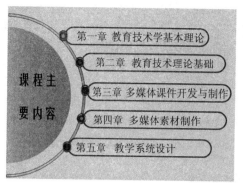

图 4.46 利用自定义动画展示课程内容框架

第三步,给 5 个按钮添加强调/闪烁动画,在自定义动画任务窗格中将 5 个按钮"闪烁"动画全部选中,在下拉框中打开"计时",将"开始"改为"之后","速度"改为 0.6 s,"重复"改为 3 次。

第四步,选中 5 个文本框,添加进入/擦除效果,在自定义动画任务窗格中将 5 个文本框"擦除"动画全部选中,在下拉框中选择"计时",将"开始"改为"之后","速度"改为"快速"。

第五步,在自定义动画任务窗格中调整所添加动画的顺序,半弧形先从上而下擦除展开,然后按照按钮图标出现、闪烁、文本框擦除 3 个动画为一组进行顺序调整,如图 4.47 所示。

操作提示:第一,如果多个对象的动画相同,可以不用一个一个添加动画,而是全选对象,一起添加动画。第二,自定义动画中不同类型的动画在任务窗格上前方标志的颜色是不同的,比如"进入"动画前方的标志是绿色的,"强调"动画是黄色的,"退出"动画是红色的,这样方便我们查找动画。第三,移动动画只要在自定义动画窗格中鼠标左键按住动画不放,直接向上、向下拖动,在合适的位置放开鼠标即可。最后,在本例中,由于只有第一个动画使用了"单击时",其他都用"之后",所以整个动画只要单击一次鼠标,后面依次展示。

例 2 制作如图 4.48 所示的画轴展开效果。

动画描述:单击鼠标,图片随着画轴展开而展开。其制作步骤是:

第一步,用绘图工具绘制一个画轴,再复制粘贴一个,调整画轴的位置,让两个画轴完全重合在一起,视觉上只有一个画轴,做好后放在图片的最左边。

第二步,选择图片,添加进入/擦除效果,方向改为"自左侧",速度改为"中速 2 s"。

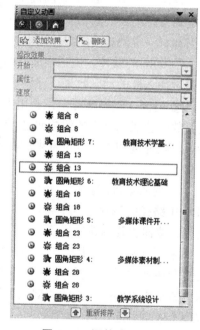

图 4.47 调整动画顺序

第三步,选中上面的画轴,添加动作路径/向右效果,这时画轴的动作路径就呈现出来了,其中绿色点是起始点位置,红色代表结束点位置,这个路径比较短,可以按住 Shift 键不放,向右拉动路径,让红色点置于图片的最右端。

图 4.48 画轴展开效果

第四步,为了让图片的擦除效果和画轴的向右运动效果配合起来,打开画轴动画的"计时"效果,"开始"改为"之前",速度改为"中速 2 s",这时画轴的运动是先由慢变快,然后由快变慢,不是匀速运动,解决方法是打开画轴动画的"效果"选项,在"路径"选项卡中将"平稳开始""平稳结束"前面方框中的"√"号去掉即可。

例3 制作如图4.49所示的地球围绕太阳旋转效果。

动画描述：模拟地球围绕太阳旋转的效果，地球在公转的同时进行自转。其制作步骤是：

第一步，绘制太阳和地球。注意，为了看清地球自转，绘制地球不能使用圆形，可以用椭圆或其他类型的圆形代表地球。

第二步，选中地球，为地球添加动作路径/其他动作路径/圆形扩展效果，这时会出现一个圆形虚线，它就是地球运动的轨道。将圆形轨道放大并变成椭圆，将太阳置于轨道的中心。轨道上的绿色点代表地球的起始运动位置。如不改变地球位置，在放映时，地球先跳到起始位置再运动。可以先将地球置于绿色小点处，这时轨道会跟着移动，没有关系，再将轨道拖回原处，让地球和绿色点位置重合即可。

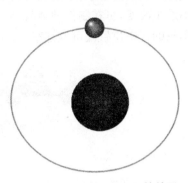

图4.49 地球围绕太阳旋转效果

第三步，打开圆形扩展动画的"计时"效果，"速度"改为8s，"重复"改为"直到幻灯片末尾"。再打开"效果"选项卡，将"平稳开始""平稳结束"前面方框中的"√"号去掉，这样地球公转就能匀速了。

第四步，再选中地球，为其添加强调/陀螺旋效果，"开始"设置为"之前"，"速度"改为2s，即地球自转一周2s，重复也改为"直到幻灯片末尾"。

第五步，为使效果更好，可以绘制一个与轨道形状完全相同的椭圆形，将填充色改为"无填充色"，仅保留线条色，并将这个圆形置于地球下方即可。

例4 模拟键盘删除效果。

动画描述：屏幕上显示"安庆师范范学院"几个字，光标在第二个"范"后面闪烁3次，然后将"范"字删除，模拟光标删除的效果。其制作步骤是：

第一步，键入"安庆师范范学院"的字样，在第二个"范"后面绘制一个竖线，模拟光标效果，再键入"安庆师范学院"几个字。

第二步，选中竖线，添加自定义动画/强调/闪烁效果，打开闪烁的"计时"效果，速度改为0.7s，重复3次。

第三步，为"安庆师范范学院"添加退出/消失效果，"开始"改为"之后"。

第四步，为"安庆师范学院"添加自定义动画/进入/出现效果，"开始"改为"之后"。

第五步，选中竖线，添加强调/闪烁效果，打开闪烁的"计时"效果，速度改为0.7s，重复改为"直到幻灯片末尾"，"开始"改为"之后"。

第六步，将"安庆师范范学院"和"安庆师范学院"后端对齐，让"学院"两个字完全重合，放映观看效果。

操作提示："进入"动画中的"出现"效果和"退出"动画中的"消失"效果是比较特殊的动画效果，它们能让对象出现在屏幕上或在屏幕上消失而没有任何效果。

例5 小车运动效果，如图4.50所示。

动画描述：模拟小车自左向右运行。其制作步骤是：

第一步，将在Photoshop中处理好的车身和车轮图片导入到幻灯片中去。

第二步，选中车身和两个车轮，为它们添加自定义动画/动作路径/向右的动画，在路径中绿色的点代表起始点，红色点代表结束点。默认的向右运动路径较短，可按住Shift键不放,点击红色点上的小圆点向右拖动,拉长路径。为了使在动画结束端车身和车轮相对位置不发生改变,可在制作动画前将汽车复制、粘贴,放到理想的位置,只要将红色点拉到车身和车轮的正中位置即可保证车身、车轮相对位置不变,如图 4.51 所示。

图 4.50 小车运动效果

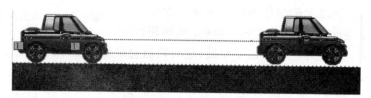

图 4.51 车身、车轮的定位

第三步,选中车身、车轮的"向右"动画,打开"计时"效果,将速度改为 6 s;在"效果"选项卡中,将"平稳开始""平稳结束"前的"√"号去掉。

第四步,选中两个车轮,为其添加强调/陀螺旋动画,打开陀螺旋的"计时"效果。"开始"改为"之前",速度改为 2 s,重复改为 3 次(因为向右运动总共 6 s,陀螺旋转动 1 圈 2 s,在 6 s 的时间内转动 3 周),放映幻灯片观看效果。

例 6 用自定义动画制作星星闪烁的效果,如图 4.52 所示。

图 4.52 星星闪烁的效果

动画描述:制作出星星在天空中闪烁的效果。其制作步骤是:

第一步,选择绘图工具栏中的自选图形/星与旗帜/五角星,绘制一个五角星,为其填充中间白色、边缘透明的渐变效果,绘制好后复制、粘贴 7 个,可调节五角星上的小黄点,改变五角星的形状,并调整五角星的大小,让每一颗星都不一样。

第二步,全选刚刚绘制的 8 颗星,添加进入/出现动画,再添加退出/上升动画,将刚才添加的所有动画的"开始"改为"之前",将上升动画的"重复"改为"直到幻灯片末尾"。

第三步,这样就为每颗星添加了两个动画,在任务窗格中调整动画的顺序,将每颗五角星的两个动画放在一起,如图 4.53 所示。选择第二颗五角星的两个动画,打开"计时"效果,在"延迟"中输入一个 0~1 之间的数字,比如 0.4。再为后面的五角星做同样的处理,只是每颗星的"延迟"时间不同。

第四步,选中前面做好的五角星,复制、粘贴,放在页面的下方,将"退出/上升"改为"退出/下降"即可。

例 7 用自定义动画制作时钟效果,如图 4.54 所示。

动画描述:在钟面上绘制时针、分针和秒针,模拟时钟效果,秒针一分钟旋转一周,分针一个小时旋转一周,时针 24 小时旋转一周。

分析:使用自定义动画/强调/陀螺旋效果可以实现时钟指针的旋转,但陀螺旋效果是围绕对象中心点旋转的。以秒针为例,可以将秒针复制、粘贴一个,将粘贴的秒针与前面的秒针首尾相连,再将粘贴的秒针填充色和线条色改为"无填充色"和"无线条色",将其与前面的秒针组合起来,在这个组合图形中,我们仅能看到一半,另一半是透明的,中心点的位置就是钟面上秒针的尾部位置。

第一步,导入钟面图片,用自选图形中的圆角矩形绘制一个时针,用三角形工具并通过变形绘制一个秒针,用箭头工具绘制一个分针。

图 4.53 制作星星闪动动画

第二步,将秒针复制、粘贴一个,让两个图形首尾相连,如图 4.55 所示,并将后一个秒针设置为无色,再将两个图形组合。用同样的方法制作时针和分针。

图 4.54 时钟效果

图 4.55 两秒针首尾相连

第三步,将三个指针全选,为它们添加强调\陀螺旋效果,将它们的"开始"设置为"之前","重复"设置为"直到幻灯片末尾"。将时针的速度设置为 12:00:00,将分针的速度设置为 1:00:00,将秒针的速度设置为 60 s。

4.5 超链接及实现

课件按照播放顺序的不同可分为顺序型课件和交互型课件。在顺序型课件中,演讲者按照演讲的顺序一张一张地播放幻灯片就可以了,这样虽然方便控制,但对于观众而言,很难从整体上把握演讲内容。交互型课件一般有一个主页面,一个问题讲完之后返回到主页面,再讲解第二个、第三个,这有利于观众整体把握内容。

超链接的设置比较简单,这里不再赘述,只是有几点需要强调:第一,使用超链接做交互式课件一定要做到"有来有回",即每一点讲解完后要能返回到主页面。第二,对文字做超链接,可以选中文字,点击右键,在弹出的快捷菜单中选择"超链接",即可将文字链接到计算机中其他文件或是演示文稿中的另外一张幻灯片。用这种方法制作的文字超链接,其下方有条横线,而且文字颜色也会自动发生改变,且其颜色不能通过一般的方法进行改变。要改变超链接文字的颜色需要点击格式/幻灯片设计,在弹出的任务窗格上方选择配色方案,单击下方的"编辑配色方案",在弹出的"编辑配色方案"窗口中点击"强调文字和超链接"前的色块,再点击"更改颜色",选择想要的颜色,超链接文字颜色就被更改了,如图 4.56 所示。在做文字超链接时,还可以选中文字所在的文本框,在文本框上点击右键做超链接,这样文字上就不会出现下划线,文字颜色也不会改变,这种方式更常用。第三,在用超链接制作交互式课件时常会出现的一个问题是:当一个问题讲完之后进入下一个问题时,会出现把已演示过的幻灯片重新演示一遍的情况。为了解决这一问题,可在幻灯片浏览区选中这些幻灯片,右键单击,在弹出的快捷菜单中选择"隐藏幻灯片"。所谓的隐藏幻灯片是指这些幻灯片在单击鼠标时直接跳过,但它们可以通过超链接的方式进入。

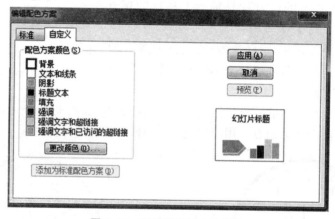

图 4.56　更改超链接文字颜色

4.5.1　用超链接做交互式选择题

作为一个完整的课件,应该设计练习题。一般来说,练习题需要给学生提供答案。我们可以使用超链接的方式给出答案,当学生回答错误时,给出提示,回答正确也给出提示,使练习更具趣味性。

首先在第一页做出问题的题目,比如"安徽省的省会是( )",给出 4 个选择项:A 北京,B 杭州,C 合肥,D 武汉。在第二页上输入"对不起,回答错误!",第三页上输入"恭喜,回答正确!",将 A、B、D 项超链接到第二页(内容为"对不起,回答错误!"),将 C 项超链接到第三页(内容为"恭喜,回答正确!")。当学生回答错误时应该给学生重新选择的机会,所以在第二页做一个"再来一次"的图片框,将其超链接到第一张幻灯片,如图 4.57 所示。为了增强交互效果,可以给第二页添加一个爆炸声,给第三页添加一个鼓掌声,声音的"开始"设置为"自动"而非"单击时"。

4.5.2　用超链接做全交互式课件

交互式课件按照种类还可以分为单层交互、多层交互和全交互。全交互式课件通过超链接可以实现任意页面之间的跳转,是一种专业化程度较高的课件设计方式。全交互式课件的制作主要有三步:第一步,做超链接;第二步,复制、粘贴超链接;第三步,添加内容。下面以唐诗《春晓》为例,具体介绍全交互式课件的制作方法。

图 4.57　交互型选择题

第一步,在课件第一页制作课件封面,在第二页设计超链接按钮,如图 4.58 所示。将"诗文浏览"超链接到第 2 张幻灯片,"词语解释"超链接到第 3 张幻灯片,"诗文翻译""诗文赏析""作者""背景""评价"超链接到第 4～8 张幻灯片上。选中"结束",右键单击,在弹出的快捷菜单中选择"动作设置",在"单击鼠标"选项卡中选择"超链接到",在下拉列表中选择"结束放映"。注意,此时第 3～8 张幻灯片均为空白。

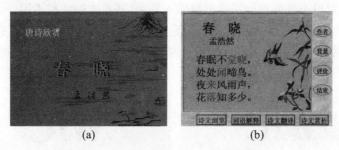

图 4.58　《春晓》全交互课件界面及按钮设计

第二步,将 8 个按钮复制、粘贴到第 3～8 张幻灯片中。注意,复制、粘贴时不仅粘贴了文字,而且也粘贴了它们的超链接。

第四步,在第 3 张幻灯片中键入"词语解释"的内容,第 4 张幻灯片中键入"诗文翻译"的内容,第 5 张幻灯片中键入"诗文赏析"内容……第 8 张幻灯片键入"评价"的内容,如图 4.59 所示。

图 4.59　《春晓》全交互课件第 3～8 页页面内容

第五步,点击幻灯片放映/幻灯片切换,将"换片方式"的"单击鼠标"前的"√"号去掉,并应用于第2~8张幻灯片,这样单击鼠标就不能进入下一页了,必须通过超链接进入其他幻灯片,通过这样的操作可以防止因无意点击鼠标而引发的误操作。

4.6 课件制作的原则

PPT课件是融科学性、技术性、艺术性和教学性于一体的,有时候虽然课件制作者有着过硬的技术,但做出的课件未必符合教学的需要。课件制作需要遵循一定的教学原则,这些原则都是人们在制作课件中总结出来的,具有一定的参考价值。

4.6.1 图文并茂

在所有的课件制作原则中,说图文并茂是其最重要的一条原则一点也不为过。课件设计者的大脑中都要建立这样的概念:课件是视觉的艺术,尽量要将文字图形化。大部分欧洲人、美国人及韩国人做课件的思路与我们完全不同,他们在做课件前都不急于输入文字,而是先设计一个模板,然后绘制各种图形,在图形上输入少量的文字和数字。而我们大部分人习惯于打开PPT就迫不及待地往文本框里输入文字,甚至连模板都不用。

为什么要强调图文并茂呢?因为文字传输的信息是有局限的。比如,你能知道图4.60中哪个是男厕所或女厕所吗?这里是法语,单凭文字,很多人估计要走错厕所了。事实上,右边的是男厕所的标记。

图4.60 难以看懂的文字标志

如果用图文并茂的方式,即使你不懂英文,你也会知道图4.61中标志的含义。下面我

图4.61 图文并茂的标志

们做一个简单的测试。作为一个优秀的教师应该具备6项素质:丰富的知识储备;亲和力、活泼、形象好;善于调动现场气氛;个性、个人魅力;丰富的培训经验;热爱培训事业。你在30 s内能记住多少?假设我们用如图4.62(b)所定义的图片来展示,你又能记住多少?

图4.62(a)与图4.62(b)幻灯片上的文字内容是一样的,如果使用图4.62(a)的设计方式,学生看过之后没有多少感觉,抽象文字的描述看过后可能很快就忘记了。图4.62(b)采用的是图文并茂的呈现方式:"丰富的知识储备"就像是一本书;"亲和力、活泼、形象好"用一个笑脸表示;"善于调动现场气氛"莫过于詹姆斯了;而喜羊羊的"个性、个人魅力"是有目共睹的;"丰富的培训经验"对应一副眼镜;"热爱培训事

业"当然要用红心来表示了。学生看过后可能不记得具体的文字内容,但是他能记住图形符号:书本、笑脸、詹姆斯、喜羊羊、眼镜、心,然后通过转换将它们与"知识储备、亲和力、调动现场气氛、个人魅力、培训经验和热爱培训事业"对应起来,达到良好的记忆效果。

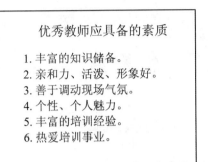
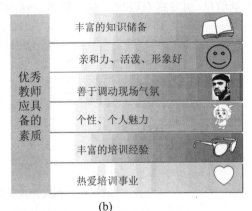

图 4.62　文字设计和图文并茂设计的比较

俗话说,一图胜千言。有时候一幅图片传递的信息用再多的语言也难以表达。在课件设计的时候我们也应该考虑如何用图片来传递信息。

首先,图文并茂可以突出主题。课件第一页也称为主页。一般来说,主页是展示课程主题的,为了达到良好的效果,主页要经过精心的设计,这样才能吸引观众的眼球,激发观众的兴趣。要实现这样的效果,主页要为观众呈现足够多的信息。很多人在制作 PPT 课件的时候不重视主页的设计,随便找一个模板或者干脆用白色背景,再在页面上输入课程名称、主讲人的一些信息。实际上这样的设计是有欠缺的,未能呈现给观众更多的信息以便让观众产生兴趣或产生联想。所以在设计主页时我们可以找到一张与主题相关的图片,这样,文字和图片一起就能呈现给观众更多的信息,观众的兴趣也就被激发出来了。

在图 4.63 中,两种幻灯片设计的文字内容是一模一样的,图 4.63(a)使用的是空白背景,图 4.63(b)用了一张与主题有关的图片:有一群人在烈日底下,有人拿着扇子,有人头上放着一块湿毛巾,有人带着遮阳帽,远处还有一群人在阴凉处乘凉。其所表达的信息与"高温极端天气"非常贴切,这样的展示效果要更好一些。

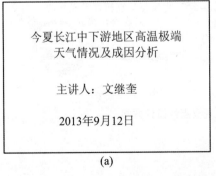

图 4.63　图文并茂突出主题设计

图 4.64 中两种主页中的文字内容也是一样的。图 4.64(a)用的是 PPT 自带的模板,似乎

没有什么问题,但这样的模板背景和主题"詹天佑"之间缺少联系,表现效果一般。图 4.64(b) 的背景使用了图片,当然这个图片不是现成的,只要用 Photoshop 稍作加工就可以了。这个图片背景中有铁路,还有詹天佑的头像,与"詹天佑"有很大的联系,再配合文字,多维度地呈现了大量信息,引发观众联想。观众易被这样的课件设计吸引。

图 4.64　图文并茂在课件主页的应用

其次,图文并茂可以简化界面。在 PPT 幻灯片设计中最让人难以忍受的恐怕就是满屏的文字了,我们称这样的课件为电子书。有些老师在做课件的时候,把讲解的内容一句不漏地放在课件中,讲解时照本宣科。对老师来说,讲课变得轻松了;但对学生而言,听老师照本宣科地念一节课是件痛苦的事情。PPT 中的文字应该是简短的、标题式的、提纲挈领的、富有启发性的,它往往是一句话或者几个字,而不是长篇大论。如果一页幻灯片只有几个字,那么如何设计才能让幻灯片不显得空旷呢? 我们可以将文字图片化,这样既能够使幻灯片中的文字尽量简洁,而且还能让幻灯片视觉效果很好,看上去很美观。

图 4.65 是一段关于"我校与基础教育之间合作模式"的文字描述。图 4.65(a)页面中文字较多,观众可能无法快速把握要点,很难记住这段文字主要表达什么。PPT 设计者应该能够在这一段文字描述中找到要点,并将抽象的文字图片化。因为这段文字描述的是学校与基础教育形成的合作关系,我们可以用一个圆环表示,将主题放在圆环中心,如图 4.65(b) 所示。图 4.66(b)的设计符合观众的视觉习惯。

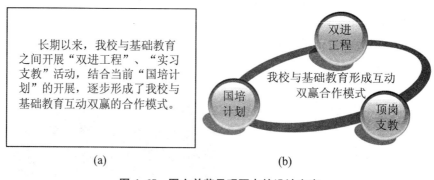

图 4.65　图文并茂呈现要点的设计方案

4.6.2　布局

幻灯片的布局决定画面是否美观,同时也影响到信息的有效传递。幻灯片的不同布局能给观众带来轻松与紧张,清晰与困惑,有趣与无聊等不同的感受。合理的布局会让课件看起来井井有条。布局的设计需要有一定的美术功底。PPT 中"幻灯片版式"是进行幻灯片布局的一个很好的工具,这里面的版式实际上也告诉了设计者怎样进行幻灯片的布局,而且这些布局会让课件变得非常美观。

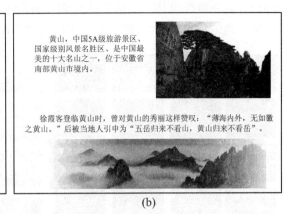

图 4.66　图文并茂设计方案

图 4.67 是 PPT 自带的版式,从中我们可以受到一些启发。在图 4.67(a)中,最上面用于放置标题,左侧两个框可以放置文字,右边的框中可以放置图片,或者反过来也可以,这种布局很好。图 4.67(b)也是如此,上面两个框放置文字,下面框放置图片,这样的设计比较美观。图 4.68 是根据"幻灯片版式"提供的样式进行幻灯片布局的一个例子。上方显示标题,左侧显示文字,右侧显示图片。这样的设计让整张幻灯片显得很有条理,观众看起来比较轻松,也能很快把握设计者想要表达的含义。

图 4.67　幻灯片版式与布局

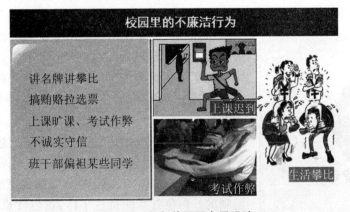

图 4.68　幻灯片页面布局设计

4.6.3 一致性

课件设计的一致性也是一条重要的原则。所谓的一致性,简单地说就是课件整体上看起来应该是一致的,不宜有太大的变化。下面是两个课件浏览视图的截图。

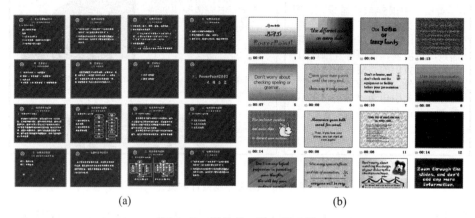

图 4.69　课件的一致与不一致

也许有人会认为图 4.69(b)中课件更好看一些,因为它更绚丽,看起来更酷。而图 4.69(a)中课件使用统一的模板、一样的样式,太单调了。的确如此,一个课件应该有一定的变化,但像图 4.69(b)所示每张幻灯片都有不同的背景,这就导致了课件的不一致性。

有些人会问,课件为什么要强调一致性呢?因为一致性的课件能够减少观众的认知负担,不一致的课件会增加观众的认知负担。心理学理论告诉我们,变化的事物容易引发关注,如果课件每页背景不同,这种变化必然会引起学生的关注,而这种关注是没有任何意义的,成为分散学生注意力的不合理部分,我们应该避免。

课件的一致性还包括各种按钮的一致性,比如一个按钮在这个地方代表"返回",那么在课件中所有的地方这个按钮都应代表"返回",而不能代表其他,否则会引起混乱。

4.6.4 字体色彩搭配

字体颜色的设计是幻灯片文字设计的重要内容。在设计幻灯片时,使用不同色彩能够对文字内容进行强调。但是一页幻灯片中色彩过多会使内容显得比较凌乱。一般情况下,一页幻灯片中字体的颜色不要超过三种。

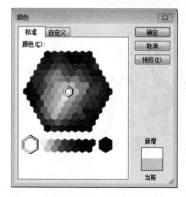

图 4.70　颜色库

字体颜色的使用最重要的是配色。配色就是在不同的背景上选择不同的字体颜色,让字体显得清晰、可读。配色的基本原则有三条:第一,深色背景配浅色字;第二,浅色背景配深色字;第三,色彩深浅反差大的图片不能作为背景。

在图 4.70 所示的颜色库中,越靠近边缘,色彩越深;越往中间,字体颜色越浅。比如,深蓝色背景配白色字和黄色字是比较清晰的,白色背景配黑色字或红色字是比较清晰的。白色背景配黄色字体、黄色背景配红色字体、黑色背景配红色字体、绿色背景配黑色字体,都不清晰。

注意,色彩反差大的图片不能作为幻灯片的背景。因为一张图片色彩深浅反差太大,无论配什么颜色的字都会不清晰。但很多人着迷于他所选择的背景,认为它无可替代,从而导致配色出现了严重的问题,如图 4.71(a)所示。

(a)　　　　　　　　　　　　　　(b)

图 4.71　背景与字体色彩搭配

图 4.71(a)的背景是一幅色彩深浅反差较大的图片,背景图片的左侧色彩为浅色,右侧为深色。如果使用黑色文字,在左边浅色背景下是清晰的,但在右边深色背景下就不清晰了(使用浅色文字则效果相反)。如果遇到这种情况,可采用图 4.71(b)的设计方案,只需在文字后面创建一个简单的半透明彩色条块,既可以增加文字的可读性,同时还能保持幻灯片的完整感。

复习思考题

1. 用 PPT 绘图工具绘制图 4.72 所示效果。
2. 在 PPT 中插入一段音乐,使它在当前幻灯片后 10 张都能播放。
3. 用"插入对象"的方式插入一段视频到 PPT 中,并保证能在其他机器上运行。
4. 用 PPT 制作画轴从中间向两边展开的效果。
5. PPT 制作应该遵循哪些原则?

图 4.72　绘图

第 5 章　多媒体素材加工与制作

学习目标

1. 能够使用 Photoshop 调整图片。
2. 能够使用 Photoshop 选区工具选择特定画面。
3. 能够使用 Photoshop 制作特效文字。
4. 能够使用 Cool Edit 截取、拼接音频。
5. 能够使用 Cool Edit 制作配乐讲解。
6. 能够使用影音嗅探下载视频。
7. 能够使用动态截屏工具截取画面。
8. 能够使用 Premiere 进行简单的视频剪辑。
9. 能够使用 COOL 3D 做简单三维动画。
10. 能够使用 Flash 做简单二维动画。

5.1 图片素材加工与制作

图片素材加工与制作为课件制作中精美图片的处理提供了帮助。本节以 Photoshop CS4 为例介绍图片素材的处理方法。Photoshop 是 Adobe 公司推出的一款功能强大的图像处理软件，它可以进行完美的、不可思议的合成图像，也可以对图片进行修复，还可以制作出精美的图案设计、专业印刷设计、网页设计、包装设计等。因此，Photoshop 常用于平面设计、广告制作、数码照片处理、插画设计、网页设计以及 3D 效果制作等领域。

5.1.1 Photoshop 界面介绍

Photoshop 的窗口包括应用程序栏、菜单栏、工具属性栏、工具箱、浮动面板组、图像窗口和状态栏等组成部分。

1. 应用程序栏

用户可以通过单击 Photoshop 图标。打开快捷菜单，控制图像文件窗口的最大化、最小化、关闭等操作。单击 Bridge 图标按钮可以启用 Adobe Bridge 应用程序。另外，通过应用程序栏还可以显示标尺，控制图像文件的缩放、排列，转换屏幕模式以及进行工作区的操作等。

2. 菜单栏

Photoshop 将所有的功能命令分类后，分别放入 11 个菜单中，包含文件、编辑、图像、图层、选择、滤镜、分析、3D、视图、窗口和帮助 11 个命令菜单。只要单击其中一个菜单，随即会出现一个下拉式菜单命令。

3. 工具属性栏

位于菜单栏的下方。当选中工具箱中的任意工具时,工具属性栏就会改变成相应工具的属性设置选项。用户可以很方便地利用它来设置工具的各种属性,它的外观也会随着选取工具的不同而改变。

4. 工具箱

用鼠标单击工具箱中的工具按钮图标就可使用该工具。Photoshop 中共有 22 组工具,依照功能与用途大致可分为选取和编辑类工具、绘图类工具、修图类工具、路径类工具、文字类工具、填色类工具以及预览类工具。工具箱底部还有两组工具:填充颜色工具用来设置前景色与背景色;工作模式工具用来选择以标准工作模式还是快速蒙版工作模式进行图像编辑。

5. 浮动面板组

利用浮动面板可以完成图像处理时工具参数的设置。在默认状态下,启动 Photoshop 应用程序后,常用面板会放置在工作区的右侧面板组中。一些不常用面板可以通过选择窗口菜单中的相应的命令使其显示在操作窗口内。

6. 图像窗口

图像进行浏览和编辑操作的主要场所。Photoshop 采用了选项卡式图像窗口。当用户在 Photoshop 中打开多幅图像时,可以方便地转换图像文件窗口,打开的图像文件名称显示在选项卡上。

7. 状态栏

状态栏位于文档窗口的底部,用于显示当前图像的缩放比例、文件大小以及有关使用当前工具的简要说明等信息。在最左端的文本框中输入数值,然后按下 Enter 键,可以改变图像窗口显示比例。

5.1.2 图像文件的基本操作

1. 启动与退出

启动,单击开始/程序/Photoshop 或双击一个 Photoshop 文件即可;退出,单击关闭按钮或按下 Ctrl+Q 组合键或 Alt+F4 组合键即可。

2. 新建图像

单击文件/新建命令或者按下 Ctrl+N 组合键,设置文件名称、宽度、高度、分辨率、颜色模式、背景内容等信息后,单击确定按钮即可。

3. 打开图像

单击文件/打开命令,或按 Ctrl+O 组合键,或者双击屏幕均可以打开图像。如果想打开多个文件,可以按下 Shift 键,选择连续的文件;如果按 Ctrl 键,可以选择不连续的多个文件。选择文件/最近打开文件命令,可以打开最近打开过的图像。

4. 保存图像

选择文件/保存或者按 Ctrl+S 组合键即可保存默认的 PSD 格式文件;也可选择文件/另存为或者按 Shift+Ctrl+S 可以保存为其他的格式文件,如 TIF、BMP、JPG、GIF 等格式。

5. 关闭图像

关闭图像可双击图像窗口标题栏左侧的图标按钮,或单击图像窗口标题栏右侧的关闭按钮,或选择文件/关闭命令,或按下 Ctrl+W 或 Ctrl+F4 组合键;如果要关闭用户打开的多个图像窗口,可以选择 Alt+Ctrl+W 命令。

5.1.3 使用辅助工具

1. 切换屏幕显示模式

系统提供了三种屏幕模式,即标准屏幕模式、带有菜单栏的全屏模式和全屏模式。连续按 F 键即可以在这三种屏幕模式之间切换。Tab 键可以显示或隐藏工具箱和各种控制面板。Shift+Tab 键可以显示或隐藏各种控制面板。

2. 标尺和度量工具

单击视图/标尺或按 Ctrl+R 组合键即可显示或隐藏标尺。标尺的默认单位是厘米。度量工具用来测量图形任意两点间的距离,也可以测量图形的角度。用户可以用信息面板来查看结果。其中 X,Y 代表坐标;A 代表角度;D 代表长度;W,H 代表图形的宽、高度。测量长度,直接在图形上拖动即可,按 Shift 键以水平、垂直或 45°角的方向操作。测量角度,首先画出第一条测量线段,接着在第一条线段的终点处按 Alt 键拖出第二条测量的线段即可测量出角度。

3. 缩放工具

选择缩放工具后,鼠标指针变为放大镜工具,若按下 Alt 键可以变为缩小工具;或者选择视图/放大或缩小;或按 Ctrl 与+实现放大、Ctrl 与-实现缩小。按 Ctrl+0 为全屏显示,按 Ctrl+Alt+0 为实际大小。

5.1.4 图像的大小调整及变换

1. 调整图像大小的方法

单击图像/图像大小命令,即弹出图 5.1 所示对话框。① 像素大小:用于修改图像的宽度和高度的像素值。② 文档大小:用于设置更改图像的宽度、高度和分辨率。③ 缩放样式:可以保证图像中的各种样式(如图层样式等)按比例进行缩放。④ 约束比例:可以约束图像高度与宽度的比例,即改变宽度的同时高度也随之改变。⑤ 重定图像像素:不选中此复选框时,图像像素固定不变,可以改尺寸和分辨率;选中此复选框时,改变图像尺寸或分辨率,图像像素数目会随之改变。⑥ 自动:单击此按钮可以打开自动分辨率,在挂网文本框中,用户可以设置输出设备的网点频率。在品质选项组中可以设置印刷的质量:设置为草图时,产生的分辨率与网点频率相同(不低于每英寸 72 像素);设置为好,产生的分辨率是网点频率的 1.5 倍;设置为最好时,产生的分辨率是网点频率的 2 倍。

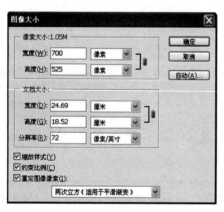

图 5.1 调整图像大小

2. 变换图像的方法

单击编辑/变换命令,如图 5.2 所示。① 缩放:可以使图像放大或缩小。② 旋转与斜切:在打开的调整边界框中拖动方框中的任意一角可对图像进行旋转与斜切。③ 扭曲与透视:在打开的调整边界框中拖动方框中的任意一角可对图像进行扭曲与透视。④ 变形:图像周围将出现 9 个调整方格,按住每个端点处的控制杆进行拖动,可以调整图像变形效果。
⑤ 翻转图像:在图像编辑中,如需要使用对称的图像,可以将图像翻转。

5.1.5 图像的修剪

1. 图像的修剪

图像的修剪指将图像四周没有用的部分去掉,只留下中间有用的部分,并不是简单地删除图像内容,所以裁切后图像的尺寸将变小。使用裁切工具不但可以自由控制裁切的大小和位置,而且可以在裁切的同时对图像进行旋转、变形,以及改变图像分辨率等。注:若按下 Shift 键拖动,则可选取正方形的裁切范围;若按下 Alt 键拖动,则可选取以开始点为中心点的裁切范围;若按下 Shift+Alt 键拖动,则可选取以开始点为中心点的正方形裁切范围。如果要确定一个更准确的裁切范围,则必须在选取裁切范围之前,设置裁切工具的

图 5.2 变换图像

参数(图 5.3):① 宽度、高度和分辨率:这三个文本框分别设置裁切范围的宽度、高度和分辨率。② 前面的图像:单击此按钮可以显示当前图像的实际高度、宽度及分辨率。③ 清除:单击此按钮可清除在宽度、高度和分辨率文本框中设置的数值。④ 被裁切范围:在此选项组中选择一种裁切方式,若选中删除单选按钮,则删除被裁切范围之外的图像,这样移动图层中的图像后,会发现裁切范围之外的区域变为透明;若选中隐藏单选按钮,则隐藏被裁切范围之外的图像,此时移动图层中的图像后,仍可以看到裁切范围之外的图像内容。⑤ 屏蔽:选中此复选框后,可以激活其右侧的颜色和不透明度选项,从而可在颜色框中设置被裁切范围的颜色,在不透明度下拉列表框中设置不透明度,以便更好地区分被裁切范围与裁切范围,有利于事先查看裁切后的效果。⑥ 透视:选中此复选框,则可以对裁切范围进行任意的透视变形和扭曲操作。若不选中此复选框,则只能对裁切范围进行旋转和缩放。

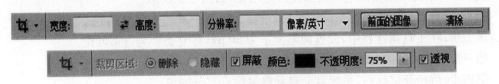

图 5.3 设置裁切工具的参数

例 1 利用裁剪工具裁剪图片为任意大小,如图 5.4 所示。

(a) 裁切前　　　　　　(b) 裁切后

图 5.4 裁剪图片

第一步,打开图片后,选择工具箱中裁剪工具。
第二步,按下鼠标左键拖动,即可得到一个裁剪区域。
第三步,可对裁剪区域进行移动,调整大小和方向。
第四步,可按 Enter 键确认裁剪。

2. 裁切图像空白边缘

Photoshop 还提供了一种较为特殊的方法,即裁切图像空白边缘,也就是当图像四周出现空白内容而要将它裁切掉时,可以直接将其去除,而不必像使用裁切工具那样需要经过选取裁切范围才能裁切。方法:选择图像/裁切命令,即弹出如图 5.5 所示对话框。

5.1.6 图像的污点修复

1. 污点修复画笔工具

该工具可以快速移去图像中的污点或其中不理想的部分,如图 5.6 所示。① 画笔:用来设置画笔的大小和样式等。② 模式:用于设置绘制后生成图像与底色之间的混合模式。③ 类型:用于设置修复图像区域过程中采用的修复类型,如选中近似匹配,将使用要修复区域周围的像素来修复图像;选中创建纹理,将使用被修复图像区域中的像素来创建修复纹理,并使纹理与周围纹理相协调。④ 对所有图层取样:将从所有可见图层中对数据进行取样。

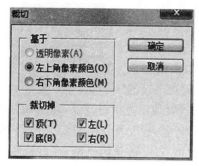

图 5.5 裁切图像空白边缘

图 5.6 污点修复画笔工具

例 2 利用污点修复画笔工具修复污点图像,如图 5.7 所示。

第一步,打开一幅带有污点的图片后,选择工具箱中污点修复画笔工具。
第二步,在工具属性栏中,设置画笔大小为 50 px,修复类型为近似匹配。
第三步,按住鼠标在图像中带有污点的地方进行涂抹,直到覆盖全部污点为止。
第四步,待松开鼠标后,系统就会自动修复污点部分图像。

(a) 修复前

(b) 修复后

图 5.7 利用污点修复画笔工具修复污点图像

2. 修复画笔工具

修复画笔工具可以将一幅图案的全部或部分连续复制到同一或另外一幅图像中,并且与被复制图像的原底产生互为补色的图案,如图 5.8 所示。使用修复画笔工具进行复制时,在取样的图像上会出现一个十字线标记,表明当前正应用取样的原图的部分。① 源:设置用于修复像素的来源。如选中取样,使用当前图像中定义的像素进行修复;选择图案,可从其后面的下拉菜单中选择预定义的图案对图像进行修复。② 对齐:用于设置对齐像素的方式。其使用方法为,按住 Alt 键单击图像中的选定位置,在原图像中确定要复制的参考点,然后在要修复的图像区域单击并拖动,修复后的区域会与周围区域有机地融合。

图 5.8　修复画笔工具

例3　利用修复画笔工具修复污点图像,如图 5.9 所示。

第一步,打开一幅带有污点的图片后,选择工具箱中 修复画笔工具。

第二步,在工具属性栏中,设置画笔大小为 15 px,设置修复像素的来源为取样。

第三步,按住 Alt 键的同时,将鼠标在图像中空白处单击进行取样。

第四步,再松开 Alt 键,拖动鼠标到污点处涂抹,系统就会自动修复污点部分图像。

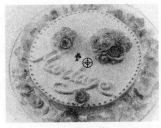

(a) 修复前　　　　　　　　　(b) 修复后

图 5.9　利用修复画笔工具修复污点图像

3. 修补工具

该工具的使用方法类似于修复画笔工具,在修补工具栏中还有修补(源或目标)和图案按钮设置,如图 5.10 所示。选择状态为"源"时,拖动污点选区到完好区域实现修补;选择状态为"目标"时,选取足够盖住污点区域的选区拖动到污点区域,盖住污点实现修补。使用图案按钮可以在选取范围中填充图案内容。其使用方法为,选择修补工具,在图像区域按住鼠标拖动,框选要修复的图像获取选区后,将其拖动到与修复区域大致一样的图像区域,释放鼠标,即可自动地对图像进行修复。

图 5.10　修补工具

例4　利用修补工具修复污点图像,如图 5.11 所示。

第一步,打开一幅带有污点的图片后,选择工具箱中 修补工具。

第二步,在工具属性栏中,设置修补类型为源。

第三步,按住鼠标左键在图像中带有污点的地方选取选区。

第四步,再将鼠标移动到选区上,按住鼠标左键拖动选区到空白区域,系统就会自动修复污点部分图像。

(a) 获取选区　　　　　　(b) 寻找复制选区　　　　　　(c) 修复效果

图 5.11　利用修补工具修复污点图像

5.1.7　图像的抠取

1. 选框工具

如图 5.12 所示,工具箱中选框工具包括矩形、椭圆、单行、单列四种。按 Shift＋M 可以在矩形和椭圆之间切换。

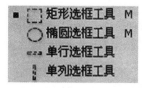

图 5.12　选框工具

选择选框工具,然后在页面上直接拖动操作即可绘制选区。如果按 Shift 键则可以画正方形或者正圆;如果按 Alt 键可以从中心点绘制矩形或者圆;如果按 Alt＋Shift 则可以从中心点绘制正方形或者正圆的选框。如果想取消选框可选择"选择/取消选区"或者按 Ctrl＋D 组合键。按 Alt＋Delete 键可填充前景色;按 Ctrl＋Delete 键可填充背景色。

注,样式下拉列表框只适用于矩形选框和椭圆选框工具。① 正常:默认设置的方式,可以选择不同大小、形状的长方形和椭圆。② 约束长宽比:可以设定选取范围的宽和高的比例。默认值为 1∶1,此时可选择不同大小的正方形或圆。若设置宽和高比例为 2∶1,产生的矩形选取范围的宽是高的两倍,而椭圆选取范围的长轴是短轴的两倍。③ 固定大小:选取范围的尺寸由宽度和高度的数值决定。此时在图像中单击即可获得选取范围,并且该选取范围的大小是固定不变的。

2. 套索工具

套索工具是一种常用的范围选取工具。如图 5.13 所示,工具箱中包含了三种类型的套索工具:套索工具、多边形套索工具和磁性套索工具。

(1) 套索工具

使用套索工具,可以选取不规则形状的曲线区域,也可以设定消除锯齿和羽化边缘的功能。注,在用套索工具拖动选区时,如果按下 Delete 键不放,则可以使曲线逐渐变直,到最后可删除当前所选内容,按下 Delete 键时最好停止用鼠标拖动。在未放开鼠标键之前,若按一下 Esc 键,则可以直接取消刚才的选定。

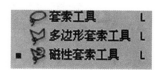

图 5.13　套索工具

(2) 多边形套索工具

使用多边形套索工具可以选择不规则形状的多边形,如三角形、梯形和五角星等区域。① 若在选取时按下 Shift 键,则可按水平、垂直或 45°角的方向选取线段。② 在使用多边形套索工具选取时,若按下 Alt 键,则可切换为磁性套索工具,功能为曲线套索工具。③ 在用多边形套索工具拖动选取时,若按一下 Delete 键,则可删除最近选取的线段;若按住 Delete

键不放,则可删除所有选取的线段;如果按一下 Esc 键,则取消选择操作。

(3) 磁性套索工具

磁性套索工具是一个新型的、具有选取功能的套索工具,如图 5.14 所示。该工具具有方便、准确、快速选取的特点,是任何一个选框工具和其他套索工具无法相比的。若在选取时按下 Esc 或 Ctrl+"."组合键,则可取消当前选定。① 羽化:可以设定选取范围的羽化功能。设定了羽化值后,在选取范围的边缘部分,会产生晕开的柔和效果。其值在 0~250 像素之间。② 消除锯齿:设定所选取范围是否具备消除锯齿的功能。选中后,这时进行填充或删除选取范围中的图像,都不会出现锯齿,从而使边缘较为平顺。③ 宽度:此选项用于设置磁性套索工具在选取时,指定检测的边缘宽度,值越小检测越精确。④ 频率:用于设置选取时的定点数。⑤ 边对比度:用于设定选取时的边缘反差(范围为 1%~100%)。值越大反差越大,选取的范围越精确。⑥ 光笔:用于设定绘图板的光笔压力。该选项只有安装了绘图板及其驱动程序时才有效。

图 5.14 磁性套索工具

例 5 利用磁性套索工具获取选区,如图 5.15 所示。

第一步,打开一幅图片后,选择工具箱中 磁性套索工具。

第二步,在工具属性栏中,设置宽度为 10 px,对比度为 50%,频率为 100。

第三步,将鼠标拖动到图像选区边缘处单击,系统会自动生成一个锚点,然后沿着图像边缘移动鼠标,系统会自动生成多个锚点,至开始点处单击结束。

(a) 获取选区过程　　　　　　　　　(b) 获取选区结果

图 5.15 利用磁性套索工具获取选区

3. 魔棒工具

魔棒工具的主要功能是用来选取范围。在进行选取时,魔棒工具能够选择出颜色相同或相近的区域。使用魔棒选取时,用户还可以通过工具栏设定颜色值的近似范围。如图 5.16 所示,操作方法如下:① 容差:可输入 0~255 之间的数值来确定选取范围。数值越小,则选取的颜色范围越近似,选取范围也就越小。② 消除锯齿:设定所选取范围域是否具备消除锯齿的功能。③ 连续:选中该复选框,表示只能选中单击处邻近区域中的相同像素;而取消选中该复选框,则能够选中符合该像素要求的所有区域。勾选连续,用魔棒工具选择一个颜色范围,只限定在本图层、连续一种颜色,远离的同种颜色也不会被选取,也就是说只能建立一个选区。取消勾选,不连续的或远离的同种颜色都会被选取,也就是说,能建立多个选区。④ 对所有图层取样：该复选框用于具有多个图层的图像。未选中它时，魔棒只对当前选中的层起作用，若选中它则对所有层起作用，即可以选取所有层中相近的颜色区域。利用魔棒工具选取范围也是非常便捷的，尤其是对于色彩和色调不是很丰富，或者是仅包含有某几种颜色的图像来说，选取更如探囊取物一般。配合选框工具和选取范围反转命令，更容易选择所需要的区域。

图 5.16　魔棒工具

例 6　利用魔棒工具获取选区，如图 5.17 所示。

第一步，打开"花朵"图像后，选择工具箱中魔棒工具。

第二步，在工具属性栏中，设置容差为 50 px，并勾选消除锯齿和连续选项。

第三步，将鼠标在图像中花朵以外的地方单击，可得到背景区域的选区。

第四步，再选择菜单栏中选择/反向命令或按 Shift＋Ctrl＋I 快捷键，即可得到花朵图像。

(a) 原始图像

(b) 抠选图像

图 5.17　利用魔棒工具获取选区

4. 选择特定的颜色范围

魔棒工具能够选取具有相同颜色的图像，但是它不够灵活，当选取不满意时，只能重新选取一次。因此，Photoshop 又提供了一种比魔棒工具更具有弹性的选择方法，即用特定的颜色范围选取。应用于所有图层，用此方法选择不但可以一边预览一边调整，还可以随心所欲地完善选取的范围。如图 5.18 所示，操作方法如下：① 单击选择/色彩范围命令，打开色彩范围对话框。② 在色彩范围对话框中间有一个预览框，显示当前已经选取的图像范围。如果当前尚未进行任何选取，则会显示整个图像。该框下面的两个单选按钮用来显示不同的预览方式。图像：在预览框显示整个图像。选择范围：在预览框中只显示出被选取的范围。③ 打开选择下拉列表框，选择一种选取颜色范围的方式：ⓐ 选择取样颜色选项，用户可以用吸管取颜色。当鼠标指针移向图像窗口或预览框中时，会变成吸管形状，单击即可选取当前颜色。同时可以配合颜

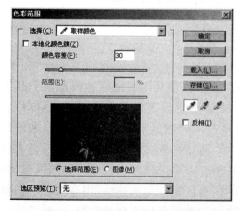

图 5.18　选取特定的颜色范围

色容差滑杆进行使用。滑杆可以调整颜色选取范围,值越大,所包含的近似颜色越多,选取的范围就越大。ⓑ 选择红色、黄色、绿色、青色、蓝色和洋红选项,就可以指定选取图像中的6种颜色,此时颜色容差滑杆不起作用。ⓒ 选择高光、中间调和暗调选项,可以选取图像不同亮度的区域。ⓓ 选择溢色选项,可以将一些无法印刷的颜色选取出来。该选项只用于RGB模式下的图像。④ 打开选取范围预览下拉列表框,从中选择一种选取范围在图像窗口中显示的方式:ⓐ 无,表示在图像窗口中不显示预览。ⓑ 灰度,表示在图像窗口中以灰色调显示未被选取的区域。ⓒ 黑色杂边,表示在图像窗口中以黑色显示未被选取的区域。ⓓ 白色杂边,表示在图像窗口中以白色显示未被选取的区域。ⓔ 快速蒙版,表示在图像窗口中以默认的蒙版颜色显示未被选取的区域。⑤ 利用颜色范围对话框中的其他两个吸管按钮,可以增加或减少选取的颜色范围。当要增加一个选取范围时,选择"＋"号吸管;当要减少选取范围时,选择"－"号吸管,然后移动鼠标指针至预览框或图像窗口中单击即可完成。⑥ 选中反相复选框可反转选取范围与非选取范围,效果同单击选择/反相命令。⑦ 当一切设定完毕后,单击确定按钮即可完成色彩范围的选取。

5.1.8 控制选取范围

当选取了一个图像区域后,可能因它的位置大小不合适而需要进行移动和改变,也可能需要增加或删减选取范围,以及对选取范围进行旋转、翻转和自由变换等(该变换只针对于选取范围,而不针对选取范围中的图像)。

1. 移动选取范围

用户可以任意移动选取范围,而不影响图像的任何内容。移动选取范围的两种方法:① 用鼠标来移动,移动时只需将鼠标指针移到选取范围内,按下鼠标左键并拖动即可(注:此时不是用移动工具操作的,而是选择选框工具,属性栏上的新建选区)。② 有时用鼠标很难准确地移动到相应的位置,所以在移动时需要用键盘来辅助。用键盘的上、下、左和右等四个方向键能够非常精确地移动选取范围,按一下可以移动一个像素点的距离。如果在移动选区时按下 Shift 键,则会按垂直、水平或 45°角的方向移动;若按下 Ctrl＋拖动则可以移动选取范围中的图像,相当于用移动工具操作。

2. 增减选取范围

在实际工作中经常会碰到这样的问题,要将某一个图像中的某几部分内容进行复制或移动,若逐一进行操作,速度会很慢,还可能改变图像位置。如果在 Photoshop 中同时选中多个区域进行操作就便捷多了。方法:① 要选择多个选取范围,首先用选取工具选定一个选取范围。② 按下 Shift 键,拖动鼠标可选多个选取范围。当然,选择多个区域并不是只能选择多个椭圆形或圆形的区域,也可以使用套索工具、魔棒工具来增加选取不同形状的区域。③ 按下 Alt 键,可以删减掉不需要的选取范围,使用选取工具(包括选框、套索和魔棒工具)框出要减去的区域范围即可。在 Photoshop 中增减选取范围时,也可以不使用 Shift 或 Alt 键,而使用工具栏上的相应按钮来完成。不论使用哪一种选取工具,工具栏上都会出现四个按钮:① 新建选取范围:选中任一种选取工具后的默认状态,此时即可选取新的范围。② 增加选取范围:当选中此按钮后,新选中的区域跟以前的选取范围合成一个选取范围。与按下 Shift 键增加选取范围的功能相同。③ 删减选取范围:当选中此按钮后进行选取操作时,不会选取新的范围,这将发生两种情况,要选择的新区域跟以前的选取范围没有重叠部分,则选取范围不发生任何变化;新选中的区域若跟以前的选取范围有重叠的部分,重叠的部分将从以前的选取范围中减掉。这与按下 Alt 键增加选取范围的功能相同。④ 相交选取范围：当选中此按钮后进行选取操作时，会在新选取范围与原选取范围的重叠部分（即相交的区域）产生一个新选取范围，而两者不重叠的范围则被删减；如果选取时在原有选取范围之外的区域选取，则会出现一个警告对话框。相交选取范围与按下 Shift+Alt 键选取范围的功能相同。

3. 修改选取范围

① 放大选取范围：执行该命令可以将原有的选取范围放大。② 缩小选取范围：执行该命令可以将原有的选取范围缩小。③ 扩边：执行该命令可以将原有的选取范围变成带状的边框，边框以原选取范围为边缘，往外延伸的宽度可以在对话框中设定，范围在 1～64 像素之间。④ 平滑：执行此命令可以将选取范围变得较连续而且平滑。此命令一般用于修正使用魔棒选择的区域。用魔棒选择时，选取范围很不连续，而且会选中一些主颜色区域之外的零星的像素，用平滑命令就能解决这一问题。

4. 扩大选取与选取相似

① 扩大选取：执行该命令可以将原有的选取范围扩大，所扩大的范围是与原有的选取范围相邻和颜色相近的区域。颜色的近似程度由魔棒工具的工具栏中的容差值来决定。② 选取相似：执行该命令也可将原有的选取范围扩大，但是它所扩大的选择范围不限于相邻的区域，只要是图像中有近似颜色的区域都会被涵盖。同样，颜色的近似程度也由魔棒工具的工具栏中的容差值来决定。

5. 选取范围的旋转、翻转和自由变换

Photoshop 不仅能够对整个图像、某个层或者是某个选取范围内的图像进行旋转、翻转和自由变换处理，而且还能够对选取范围进行任意的旋转、翻转和自由变换。

（1）选取范围的自由变换

选取一个选取范围，然后单击选择/变换选区命令，可以任意移动、缩放、旋转等。选区在自由变换状态下选择编辑/变换命令，可以实现对选区的缩放、旋转、斜切、扭曲、透视和变形。

（2）选取范围的旋转和翻转

要对选取范围进行旋转和翻转，同样需要先单击选择/变换选区命令进入自由变换的状态，再单击编辑/变换命令，从中可执行旋转或翻转的 5 个命令：

① 旋转 180°：将当前对象旋转 180°。
② 顺时针旋转 90°：将当前对象顺时针旋转 90°。
③ 逆时针旋转 90°：将当前对象逆时针旋转 90°。
④ 水平翻转：将当前对象水平翻转。
⑤ 垂直翻转：将当前对象垂直翻转。

注：在自由变换状态下，可以自由指定选取范围的旋转中心，方法是将选取对象的中心点移到所需的位置。

（3）利用工具栏控制选取范围的变换

在选择了变换选取范围的命令后，工具栏上将出现一些相关的设置参数：

① 参考点位置：用于控制选取范围的变换参考点的位置，系统提供了 9 个方位，即变换框架上的 8 个控制柄和一个中心的位置。

② 设置参考点的水平位置：用于控制选取范围的变换参考点的水平位置。

③ 设置参考点的垂直位置:用于控制选取范围的变换参考点的垂直位置。

④ 设置水平缩放比例:用于控制水平缩放选取范围的比例。

⑤ 设置垂直缩放比例:用于控制垂直缩放选取范围的比例。

⑥ 旋转角度:用于控制选取范围旋转的角度。

⑦ 水平倾斜角度:用于控制选取范围水平倾斜角度。

⑧ 确定当前的变换操作:单击此按钮则执行当前的变换操作。

⑨ 取消当前的变换操作:单击此按钮则取消当前的变换操作。

6. 控制选取范围的其他命令

要选择一幅完整的图像,用鼠标选择是一件很不容易的事。因此,Photoshop 又提供了一个全选的命令供用户使用。操作方法:单击选择/全部命令或按下 Ctrl+A 组合键即可将一幅图像全部选中。在全部命令下面还有取消选择、重新选择和反向命令,这些命令也是用于控制选取范围的。

① 取消选择:取消已选取的范围,组合键为 Ctrl+D。

② 重新选择:可以重复上一次的范围选取,组合键为 Shift+Ctrl+D。

③ 反选:可将当前选取范围反转,即以相反的范围进行选定,组合键为 Shift+Ctrl+I。

7. 保存选取范围

精密的选取范围往往是来之不易的,需要花费很多的时间才能完成。因此,在使用完之后,应将它保存起来,以备日后重复使用。保存后的选取范围将成为一个蒙板显示在通道面板中,当需要时可以从通道面板中载入进来。

① 保存选取范围有两种方法:单击选择/保存选区命令;利用通道面板中的将选区保存为通道命令。

② 载入选取范围有两种方法:单击选择/载入选区命令;利用通道面板中的将通道载入选区命令。

注:不同图像之间的选取范围可以互相安装使用,但是必须符合尺寸和分辨率相同的条件。

5.1.9 图像的色彩调整及色彩混合模式

1. 图像的色彩调整(图 5.19)

① 亮度:指在各种图像模式下的图形原色明暗度。例如,灰度模式就是将白色到黑色间连续划分为 256 种色调,即由白到灰,再由灰到黑。

② 色相:指从物体反射或透过物体传播的颜色。色相就是色彩颜色,对色相的调整也就是在多种颜色之间的变化。在通常的使用中,色相是由颜色名称标识的,如光由红、橙、黄、绿、青、蓝、紫七色组成,每一种颜色代表一种色相。

③ 饱和度:指颜色的强度或纯度。调整饱和度也就是调整图像彩度。将一个彩色图像降低饱和度为 0 时,就会变为一个灰色的图像;增加饱和度时就会增加其彩度。

④ 对比度:指不同颜色之间的差异。对比度越大,两种颜色之间的反差就越大;反之对比度越小,两种颜色之间的反差就越小,颜色越相近。例如,将一幅灰度的图像增加对比度后,会变得黑白鲜明,当对比度增加到极限时,则变成了一幅黑白两色的图像。反之,将图像对比度减到极限时,就成了灰度图像,看不出图像效果,只是一幅灰色的底图。

⑤ 色阶调整：当图像偏亮或偏暗时，可使用此命令调整其中较亮和较暗的部分，对于暗色调图像，可将高光设置为一个较低的值，以避免太大的对比度。其中的输入色阶可以用来增加图像的对比度，在色阶面板中输入对话框中左边的黑色小箭头向右拖动是增大图像中的暗调的对比度，使图像变暗，右边的箭头向左拖动是增大图像中的高光的对比度，使图像变亮，中间的箭头是调整中间色调的对比度，调整它的值可改变图像中间色调的亮度值，但不会对暗部和亮部有太大影响；输出色阶可降低图像的对比度，其中的黑色三角用来降低图像中暗部的对比度，白三角用来降低图像中亮部的对比度。右下方的吸管分别为设置黑场，灰场，白场。设置黑场为当吸管在图像中点击时，图像中所有像素的亮度值将减去吸管单击处像素的亮度值，比此处亮度值暗的颜色都将变为黑色，使整个图像看起来变暗；白场则反之，图像中所有像素的亮度值将加上吸管单击处像素的亮度值，比此处亮度值暗的颜色都将变为白色，使整个图像看起来变亮；灰场为以吸管所点击的位置的颜色的亮度来调整整幅图像的亮度。

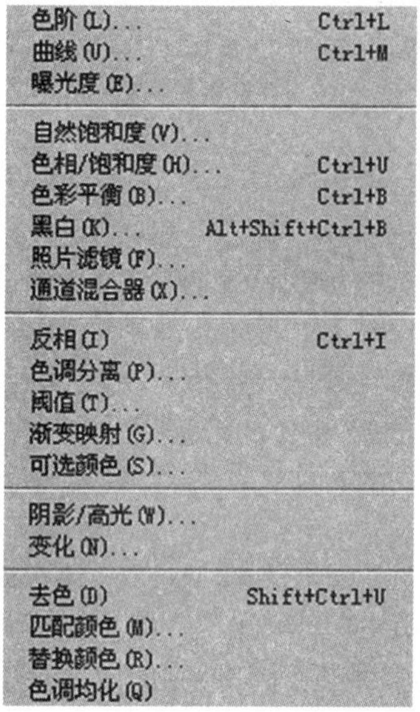

图 5.19　图像的色彩调整

⑥ 自动色阶的调整：自动色阶和色阶以及曲线对话框中的自动按钮可自动进行等量的"色阶"滑块调整，它们将每个通道中的最亮和最暗像素定义为白色和黑色，然后按比例重新分配中间像素值。在默认情况下，"自动色阶"功能会减少白色和黑色像素 0.5%，即在标识图像中的最亮和最暗像素时它会忽略两个极端像素值的 0.5%，这种颜色值剪切可保证白色和黑色值是基于代表性像素值，而不是极端像素值。通俗地说，就是它会自动调整图像的亮度，使白色减少一部分，黑色减少一部分，使图像的亮度重新分配。

⑦ 曲线调整：曲线命令可以综合调整图像的亮度、对比度、色彩等。该菜单实际上是反相、色调分离、亮度/对比度等多个菜单的综合。与"色阶"一样，"曲线"允许调整图像的色调范围，但它不是只使用三个变量(高光、暗调和中间调)来进行调整，用户可以调整 0～255 范围内（灰阶曲线）的任意点，同时又可保持 15 个其他值不变，因为曲线上最多只能有 16 个调节点。通过调整曲线的形状，即可调整图像的亮度、对比度、色彩等，其中横向坐标代表了原图像的色调（相当于色阶中的输入色阶），纵坐标代表了图像调整后的色调（相当于色阶中的输出色阶），对角线用来显示当前的输入和输出数值之间的关系，在没有进行调整时，所有的像素都有相同的输入和输出数值。系统内定的状态是根据 RGB 色彩模式来定义的，曲线最左面代表图像的暗部，像素值为 0(黑色)；最右面代表图像的亮部，像素值为 255(白)；图中的每个方块大约代表 64 个像素值。如果图像是 CMYK 模式，则曲线最左边代表亮部，数值为 0%；最右边代表暗部，数值为 100%；在默认的曲线对话框中每个方格代表 25%，输入和输出的后面用百分比表示，如果要改变亮部和暗部的相互位置，用鼠标单击曲线下方的双三角就可以了。其变化范围均在 0～255 之间，调整曲线时，首先单击曲线上的点，然后拖动即可改变曲线形状。当曲线形状向左上角弯曲时，图像色调变亮；反之，当曲线形状向右下角弯曲时，图像色调变暗。在曲线上单击鼠标可增加一个点，用鼠标拖动此点，将预览选中就可看到图像中的变化。对于较灰的图像最常见到的调整结果是"S"型的曲线，这种曲线可增加图像的对比度。如果所修改的位置显示在曲线的中部，那么可用鼠标单击曲线的四分

之一和四分之三处将其固定,修改时对亮部和暗部就不会有太大影响了。它有和"色阶"一样的单通道调整,双通道调整,自动调整,选项,设置黑场、白场、灰场,其用法和"色阶"中的一样。注:按住 Alt 键单击曲线直方图中的坐标线可增加或减少直方图中的坐标线。

⑧ 色彩平衡:它可让用户在彩色图像中改变颜色的混合。与亮度对比度一样,这个工具提供一般化的色彩校正,要想精确控制单个颜色通道,应使用"色阶""曲线"或专门的色彩校正工具(如色相/饱和度、替换颜色、通道混合器或可选颜色)。在调整栏上,左边的颜色和右边的颜色为互补色,拉动滑杆上的标尺可以调整图像的颜色,下方的三个选项为暗调、中间调、高光,分别以图像的暗区、中性区、亮区为调整对象,选中其中任一选项,将会调整图像中相应区域的颜色。

⑨ 色相/饱和度:它可以调整图像中单个颜色通道的色相、饱和度、亮度。调整色相,也就是调整颜色的变化,红橙黄绿青蓝紫的变化;在调整时,以调整框中的数值加上图像中的数值得到最终色,当数值为最大或最小时,颜色将是原来颜色的补色。调整饱和度,就是调整颜色的鲜艳度,通俗地说就是颜色在图像中所占的数量的多少,值越大,颜色就越鲜艳,反之图像就趋向于灰度化。亮度的调整就是调整图像的明暗度,值越大,图像就越亮,当值为最大时,图像将是白色,反之就是黑色。其中的"着色"选项是将图像原有色相全部去除,再重新调整以上的三个值来上色。注,白色或黑色在"着色"时无法调整颜色,可将亮度的数值做些调整,白色就将亮度值调为负值,黑色就将亮度值调为正值,即可调色。在编辑的下拉列表框中,有全图、红色、黄色、绿色、青色、蓝色、洋红等几个选项,分别调整整个图像,调整图像中的某个单色。当选择了单色调整时,在下方有三个吸管和两个颜色条可用。三个吸管的作用是,第一个吸管在图像中单击吸取一定的颜色范围,第二个吸管单击图像可在原有颜色范围上增加一个颜色范围,第三个吸管是在原有的颜色范围上减去一个颜色范围。

⑩ 替换颜色:在其预览图的下方有两个选项——"选区"和"图像"。当选中"选区"时,在想要替换颜色的区域点击,选中的部分为白色,其余为黑色,上方的容差值可调整选中区域的大小,值越大,选择区域越大。当选中"图像",预览框中将显示整个图像的缩略图。右边的三个吸管和"色相/饱和度"的三个吸管的作用是一样的,用法也一样,当按住 Shift 或 Alt 键时增加或减少颜色取样点。下方的调整框和"色相/饱和度"的三个调整框的用法是一样的,作用也是一样的。

⑪ 可选颜色:此命令可对 RGB,CMYK 等模式的图像进行分通道调整,在它的对话框的颜色选项中,选择要修改的颜色,然后拖动下方的三角标尺来改变颜色的组成。在其"方法"后面有两个选项:相对、绝对。"相对"用于调整现有的 CMYK 值,假如图像中现在有 50%的黄,如果增加 10%,那么实际增加的黄色是 5%,也就是增加后为 55%的黄色,用现有的颜色量×增加的百分比,得到实际增加的颜色量;"绝对"用于调整颜色的绝对值,假设图中现有 50%的黄色,如果增加了 10%,那么实际增加的黄色就是 10%,也就是增加后为 60%的黄色。

⑫ 通道混合器:它是对图像的每个通道进行分别调色,在对话框的输出通道的下拉菜单中自动选择要调整的通道,对每个通道进行调整,并在预览图中看到最终效果。其中的"常数"选项是增加该通道的补色,若选中"单色"的选项,就是把图像转为灰度的图像,然后再进行调整,这种方法用于处理黑白的艺术照片,可以得到高亮度的黑白效果,比直接去色得到的黑白效果要好得多。

⑬ 渐变映射:此命令用来将相等的图像灰度范围映射到指定的渐变填充色上,如果指

定双色渐变填充,图像中的暗调映射到渐变填充的一个端点颜色,高光映射到另一个端点颜色,中间调映射到两个端点间的层次。也就是它会自动将渐变色中的高光色映射到图像的高光部分,将渐变色中的暗调部分映射到图像的暗调部分。单击此对话框中渐变图标后面的黑色三角,可以改变渐变的颜色。下方的两个选项"仿色"可以使色彩过渡更平滑,"反向"可使现有的渐变色逆转方向。设定完成后,渐变会依照图像的灰阶自动套用到图像上,形成渐变效果。

⑭ 反相:用于产生原图的负片。当使用此命令后,白色就变为黑色,即原来的像素值由255变成了0,彩色的图像中的像素点也取其对应值(255－原像素值＝新像素值)。此命令常用于产生底片效果,在通道运算中经常使用。

⑮ 色调均化:它可以重新分配图像中各像素值。当选择此命令后,Photoshop 会寻找图像中最亮和最暗的像素值,并且平均亮度值,使图像中最亮的像素代表白色,最暗的像素代表黑色,中间各像素值按灰度重新分配(若此图像比较暗,那么此命令会使图像变得更暗,黑色的像素增多,反之就是变亮)。

⑯ 阈值:此命令可将彩色或灰阶的图像变成高对比度的黑白图。在该对话框中可通过拖动三角来改变阈值,也可直接在阈值色阶后面输入数值。当设定阈值时,所有像素值高于此阈值的像素点将变为白色,所有像素值低于此阈值的像素点将变为黑色,可以产生类似位图的效果。

⑰ 色调分离:此命令可定义色阶的多少。在灰阶图像中可用此命令来减少灰阶数量,此命令又形成一些特殊的效果。在它的对话框中,可直接输入数值来定义色调分离的级数。它在灰阶图中通过改变色调分离的级数来改变灰阶图的灰阶的过渡,有效值在 2～255 之间。其为 2 时,产生的效果就和位图模式的效果是一样的,它的黑白过渡的级数是 2,也就是 2 的 1 次方,只有黑白过渡。因为颜色的范围是 0～255,所以灰阶的过渡级数是不能超过 255 的,其为 255 时,也就是 2 的 8 次方,产生一幅 8 位通道的灰阶图,这和将图像转为灰度或去色后产生的颜色效果是一样的。

⑱ 去色:此命令使图像中所有颜色的饱和度变为 0,也就是说,可将所有颜色转化为灰阶值。这个命令可在保持原来的彩色模式情况下将图像转为灰阶图。例如,将 RGB 模式的图像去色后,仍然是 RGB 模式,但显示灰度图的颜色。

⑲ 变化:此命令可调整图像的色彩平衡、对比度和饱和度。在它的对话框中,可选择图像的暗调、中间调、高光及饱和度分别进行调整;另外还可设定每次调整的程度,将三角拖向精细表示调整的程度较小,拖向粗糙表示调整的程度较大;在最左上角是原稿;紧挨着它的是调整后的图像;下面的代表增加某色后的效果,例如,要增加红色,用鼠标单击下面注有加深红色的图即可;要变暗,就单击较暗的图。若不满意,可以单击原稿,重新调整。

2. 设置色彩混合模式

色彩混合模式的控制是通过对各色彩的混合而获得一些出乎意料的图像效果。色彩混合指用当前绘画或编辑工具应用的颜色与图像原有的底色进行混合,从而产生一种结果颜色,如图 5.20 所示。

① 正常:编辑或绘制每个像素,使其成为结果色。这是默认模式(在处理位图图像或索引颜色图像时,"正常"模式也称为阈值)。

② 溶解:编辑或绘制每个像素,使其成为结果色。但是根据任何像素位置的不透明度,结果色由基色或混合色的像素随机替换。

③ 变暗:查看每个通道中的颜色信息,并选择基色或混合色中较暗的颜色作为结果色;将替换比混合色亮的像素,而比混合色暗的像素保持不变。

④ 正片叠底:查看每个通道中的颜色信息,并将基色与混合色复合。结果色总是较暗的颜色。任何颜色与黑色复合产生黑色,任何颜色与白色复合保持不变。用黑色或白色以外的颜色绘画时,绘画工具绘制的连续描边产生逐渐变暗的颜色。

⑤ 颜色加深:查看每个通道中的颜色信息,并通过增加对比度使基色变暗以反映混合色。与白色混合后不产生变化。

⑥ 线性加深:查看每个通道中的颜色信息,并通过减小亮度使基色变暗以反映混合色。与白色混合后不产生变化。

⑦ 变亮:查看每个通道中的颜色信息,并选择基色或混合色中较亮的颜色作为结果色。比混合色暗的像素被替换,比混合色亮的像素保持不变。

⑧ 滤色:查看每个通道的颜色信息,并将混合色的互补色与基色复合。结果色总是较亮的颜色。用黑色过滤时颜色保持不变,用白色过滤将产生白色。

⑨ 颜色减淡:查看每个通道中的颜色信息,并通过减小对比度使基色变亮以反映混合色。与黑色混合则不发生变化。

⑩ 线性减淡:查看每个通道中的颜色信息,并通过增加亮度使基色变亮以反映混合色。与黑色混合则不发生变化。

⑪ 叠加:复合或过滤颜色,具体取决于基色。图案或颜色在现有像素上叠加,同时保留基色的明暗对比。不替换基色,但基色与混合色相混以反映原色的亮度或暗度。

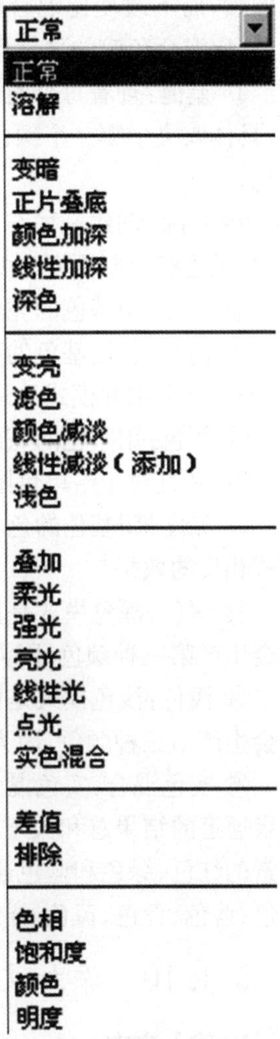

⑫ 柔光:使颜色变暗或变亮,具体取决于混合色。此效果与发散的聚光灯照在图像上相似。如果混合色(光源)比50%灰色亮,则图像变亮,就像被减淡了一样。如果混合色(光源)比50%灰色暗,则图像变暗,就像被加深了一样。用纯黑色或纯白色绘画会产生明显较暗或较亮的区域,但不会产生纯黑色或纯白色。

⑬ 强光:复合或过滤颜色,具体取决于混合色。此效果与耀眼的聚光灯照在图像上相似。如果混合色(光源)比50%灰色亮,则图像变亮,就像过滤后的效果。这对于向图像添加高光非常有用。如果混合色(光源)比50%灰色暗,则图像变暗,就像复合后的效果。这对于向图像添加阴影非常有用。用纯黑色或纯白色绘画会产生纯黑色或纯白色。

⑭ 亮光:通过增加或减小对比度来加深或减淡颜色,具体取决于混合色。如果混合色(光源)比50%灰色亮,则通过减小对比度使图像变亮。如果混合色比50%灰色暗,则通过增加对比度使图像变暗。

⑮ 线性光:通过减小或增加亮度来加深或减淡颜色,具体取决于混合色。如果混合色(光源)比50%灰色亮,则通过增加亮度使图像变亮。如果混合色比50%灰色暗,则通过减小亮度使图像变暗。

⑯ 点光:根据混合色替换颜色。如果混合色(光源)比50%灰色亮,则替换比混合色暗

图 5.20 设置色彩混合模式

的像素,而不改变比混合色亮的像素。如果混合色比50%灰色暗,则替换比混合色亮的像素,而比混合色暗的像素保持不变。这对于向图像添加特殊效果非常有用。

⑰ 差值:查看每个通道中的颜色信息,并从基色中减去混合色,或从混合色中减去基色,具体取决于哪一个颜色的亮度值更大。与白色混合将反转基色值,与黑色混合则不产生变化。

⑱ 排除:创建一种与"差值"模式相似但对比度更低的效果。与白色混合将反转基色值,与黑色混合则不发生变化。

⑲ 色相:用基色的亮度和饱和度以及混合色的色相创建结果色。

⑳ 饱和度:用基色的亮度和色相以及混合色的饱和度创建结果色。在无(0)饱和度(灰色)的区域上用此模式绘画不会产生变化。

㉑ 颜色:用基色的亮度以及混合色的色相和饱和度创建结果色。这样可以保留图像中的灰阶,并且对于给单色图像上色和给彩色图像着色都非常有用。

㉒ 亮度:用基色的色相和饱和度以及混合色的亮度创建结果色。此模式创建与"颜色"模式相反的效果。

㉓ 深色:深色模式是比较混合色和基色的所有通道值的总和并显示值较小的颜色。它不会生产第三种颜色,因为它将从基色和混合色中选择最小的通道值来创建结果颜色。

㉔ 浅色:浅色模式是比较混合色和基色的所有通道值的总和并显示值较大的颜色。它不会生产第三种颜色,因为它将从基色和混合色中选择最大的通道值来创建结果颜色。

㉕ 实色混合:实色混合将混合颜色的红色、绿色和蓝色通道值添加到基色的RGB值。如果通道的结果总和大于或等于255,则值为255;如果小于255,则值为0。因此,所有混合像素的红色、绿色和蓝色通道值要么是0,要么是255。这会将所有像素更改为原色(红色、绿色、蓝色、青色、黄色、洋红、白色或黑色)。

5.1.10 添加文字

1. 输入文本

输入点文字:输入点文字指在图像中输入单独的文本行(如标题文本,如图5.21所示)。方法:① 选择工具栏中的横排文字工具。如果选择文字蒙版工具,则可以在图像中建立文字选取范围。② 选择相应文字工具后,在文字工具的工具栏可以设置字体、字号、消除锯齿方式、对齐方式以及字体颜色。③ 移动鼠标指针到图像窗口中单击,图像窗口显示一个闪烁光标,此时可以输入文字。④ 输入文字后,单击确定按钮,表示完成输入;单击取消按钮,则将取消输入操作。⑤ 在RGB、CMYK、Lab、灰度模式的图像中输入文字,图层面板会自动产生一个新的文字图层。

Photoshop CS4

图 5.21 文本输入

输入段落文字:输入段落文字用于输入大片的文字内容。输入段落文字时,文字会基于文字框的尺寸自动换行。用户可根据需要调整边界框的大小,也可在输入文字时或创建文字图层后调整边界框,甚至使用边界框旋转、缩放和斜切文字。方法:① 选择工具箱中的横排文字工具,在要输入文本的图像区域内沿对角线方向拖出一个文本边界框。② 在文本边界框内输入文本。③ 设置文本格式:使用格式编排选项来指定字体类型、粗细、大小、颜色、字距微调、基线移动及对齐等字符属性。④ 设置方式:在输入字符之前将文字属性设置好;输入文字后对选择的字符重新设置属性,更改其外观。

例7 制作诗歌卡片,如图 5.22 所示。

图 5.22 输入段落文字

第一步,打一副背景图像后,选择工具箱中的矩形选框工具,在画面中创建一个矩形选区。

第二步,按下 Ctrl+shift+I 组合键,反选选区,然后选择/修改/羽化命令,打开羽化选区对话框,设置羽化半径为 15 像素。

第三步,单击确定按钮,为选区填充白色。

第四步,选择横排文字工具,在画面上方输入一行文字,在属性栏中设置字体为黑体,字号为 72 点,字体颜色为黑色。

第五步,按住鼠标左键在画面中拖动,拖出一个文本框,选择窗口/字符命令,在打开的字符面板中设置文字属性,选择宋体,字号为 60 点,字体颜色为黑色,然后输入内容。

2. 设置文本格式

设置字符格式(图 5.23):① 显示字符面板:在默认情况下,Photoshop 不显示字符面板。执行菜单中的窗口/字符命令,可以调出字符面板。② 设置字体:选取要设置字体的文字,在字符面板字体下拉列表框中选择字体,图像文件中的文字就会相应地改变。③ 改变字符大小:选取要设置字符大小的文字,在工作区最上部文字选项栏或字符面板的设置字体大小或下拉列表中输入文字大小数值。④ 调整行距:选取要调整行距的文字;在字符面板的设置行距或下拉列表中直接输入行距数值。⑤ 调整字符间距:选取要调节字符间距的文字,在字符面板的设置字符间距或下拉列表中直接输入字符间距的数值(输入正数值使字

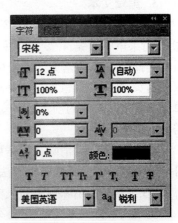

图 5.23 设置字符格式

符间距增加,输入负数值使字符间距减少)。⑥ 更改字符长宽比例:选取需要调整字符水平或垂直缩放比例的文字,在字符面板的垂直缩放和水平缩放的文本框中输入数值。⑦ 偏移字符基线:选取要偏移字符基线的文字,在字符面板的设置基线偏移或下拉列表中输入数值(正值使文字向上移,负值使文字向下移)。⑧ 更改字符颜色:选中要更改颜色的字符,单击字符面板的颜色框,打开拾色器对话框,从中选择需要的颜色,即可对所选字符应用新的颜色。⑨ 转换英文字符大小写:选取文字字符或文本图层,单击字符面板中的全部大写字母按钮或者小型大写字母按钮,即可更改所选字符的大小写。

设置段落格式:段落即在输入文本时,末尾带有回车符的任何范围的文字。对于点文字来说,一行就是一个单独的段落;而对于段落文字来说,一段可包含多行。段落格式的设置通过段落面板实现,如图 5.24 所示。在默认情况下,Photoshop 不显示段落面板。执行菜单中的窗口/段落命令,可以调出段落面板。对段落格式的设置主要包括段落对齐、段前段后间距的设置。① 段落对齐:选取需设置段落文字对齐方式的文字,选择段落面板最上方的段落对齐的七种按钮。左对齐文本,段落中的每一行文本都靠左边排列,居中对齐文本,段落中的每一行文本都由中间向两边分布,始终保持文本处在行的中间,右对齐文本,段落中的每一行文本都靠右边排列;最后一行左对齐,段落中的最后一行文本靠左边排列,其余行在左右两边之间均匀排列;最后一行居中对齐,段落中的最后一行文本居中排列,其余行在左右两边之间均匀

图 5.24 设置段落格式

排列;最后一行右对齐,段落中的最后一行文本靠右边排列,其余行在左右两边之间均匀排列。全部对齐:段落中的每一行文本都在左右两边之间均匀排列。② 段落缩进和间距:选取一段文字或在图层面板上选择一个文字图层;在段落面板上选择段落缩进的三种按钮。左缩进,段落的左边距离文字区域左边界的距离;右缩进,段落的右边距离文字区域右边界的距离;首行缩进:每一段的第一行留空或超前的距离,中文习惯每一段的开头一般空两个字宽。③ 设置段落间距:段前添加空格,当前段落与上一段落的距离;段后添加空格,当前段落与下一段落的距离。

3. 编辑文本

文字的旋转和变形(图 5.25):① 在图层面板中选择要进行旋转和翻转的文本图层。② 执行菜单中的编辑/变换命令,从子菜单中选择相应的命令,即可对文字进行缩放、旋转、斜切等操作。③ 段落文字的自由变换操作:将鼠标指向定界框外,其指针变为一个弯曲的双向箭头,此时按下鼠标左键并移动鼠标,即可随意的旋转文字。④ 对文字进行变形操作:单击文字工具栏中的创建文字变形按钮,弹出对话框,单击样式下拉列表,从中可以选择所需的文字变形样式。

消除文字锯齿:消除文字锯齿指在文字的边缘位置适当填充一些像素,从而使文字边缘可以平滑地过渡到背景中。方法:① 选中需消除锯齿的文字图层。② 选择工具箱上的文本工具,在选项栏的消除锯齿列表框中根据需要选择无、锐利、犀利、浑厚、平滑选项即可。

更改文本排列方式:文字排列方式有垂直排列和水平排列,两者之间可进行自由切换。方法:① 在图层面板中选中文字图层。② 执行菜单中的图层/文字命令,打开其子菜单。

③ 选择文字子菜单中的垂直或水平命令，就可在两种方式之间互换。

图 5.25 编辑文本

将文本转换为选取范围：① 在图层面板中选中文字图层。② 按住键盘上的 Ctrl 键的同时，单击图层面板中的文字图层，即可将文字图层的文字转换为选取范围。

将文本转换为路径和形状：文字是矢量图形，包括轮廓数据，因此能很方便地转换为路径或是转换为图形。方法是：① 在图层面板上选择想要转换成路径或形状的文本。② 执行菜单中的图层/文字/创建工作路径命令，可将文字转换为路径。③ 执行菜单中的图层/文字/转换为形状命令，可以将文字转换为形状。

文本拼写检查：① 选中文本图层，执行菜单中的编辑/拼写检查命令（拼写检查功能只对当前选中的文本图层起作用）。② 在弹出的拼写检查对话框中，即可进行拼写检查操作。③ Photoshop 一旦检查到文档中有错误的单词，即在不在词典中文本框中显示出来，并在更改为文本框中显示建议替换的正确单词，在建议列表框中显示一系列与此单词相似的单词，以便用户选择替换。④ 如认为更改为文本框中的单词正确，单击更改按钮就可以替换掉错误的单词，接着 Photoshop 就会继续往下查找错误的单词。⑤ 如果认为检查出来的单词没有错误，可以单击忽略按钮忽略。

文本的查找与替换：当文本内容很多时，如果出现许多相同的错误，可使用 Photoshop 的查找与替换的功能进行替换，而不必逐个更改。方法：① 选中文本图层，执行菜单中的编辑/查找与替换文本命令。② 在查找内容文本框中输入要查找的内容，单击查找下一个按钮就可以开始查找，查找到的内容将被反白显示。如果要替换查找到的内容，则可在更改为文本框中输入要替换的内容，然后单击更改按钮即可。如果要对同样的错误进行全部替换，可以单击更改全部按钮。③ 查找和替换完成后，单击完成按钮关闭对话框。

沿路径排列文本：将键入的文字沿着指定的路径排列。方法：① 选择工具箱上的钢笔工具绘制路径。② 选择工具箱上的横排文字工具或直排文字工具，将鼠标移动到路径上，当指针变为 ⌶ 时，单击鼠标左键，输入文字即可。③ 在创建了沿路径排列的文字后，除了可以随时对文字本身进行编辑之外，还可以将其沿着路径移动、镜像，或是随路径的变化而改变形状。选择工具箱上的直接选择工具或路径选择工具，然后将鼠标移动到文字上，当指针变为 ⌶ 时，沿路径拖动鼠标即可将文字沿着路径移动。

5.2 Cool Edit 音频素材加工与制作

随着信息技术的飞速发展，现代教育技术及其应用得到了前所未有的发展和普及。数字音频作为多媒体教学中不可或缺的重要元素之一，对于现代教育技术应用效果的发挥有着重要的意义。了解和掌握常用的数字音频基础知识和相关的处理技能不仅能够提高教师的信息技术综合应用能力,其对于信息时代的学习者而言也是必备的技能之一。本章将结合具体实例介绍常用的数字音频知识和处理技术。

5.2.1 数字音频技术基础

声音是由物体振动产生的,它以声波的形式在各种介质中进行传播。人们所能够感受到的声音,是由不同频率的声波通过空气等介质产生的振动传入人耳并产生刺激的结果。声波是一种在时间和幅度上都连续变化的量,我们通常称之为模拟量,这种音频信号就是我们常说的模拟音频信号。

模拟音频信号通常有两个基本的参数,即音频的频率和振幅。声源振动产生的声波会在每秒钟形成成百上千个波峰,每秒钟波峰的数目就是音频信号的频率,声音的频率表现为音调的高低,因此,一般情况下,我们可以通过单纯地改变声音的频率来调整音高,当然如果没有经过特殊的计算处理,这时候声音的播放速度会发生改变,并得到很多奇妙的效果。音频信号的振幅是从信号的基线到当前波峰的距离。振幅决定了信号音量的强弱程度,幅度越大,声音越强。本节将利用频率和振幅与音频的关系使用 Cool Edit 音频处理软件直观地进行相关的音频处理。

为了能够将以声波传播的声音记录下来并利用计算机的强大处理功能进行处理,人们借助了计算机数字处理技术,将模拟音频信号转化为计算机可以识别处理的数字信号,这种转换过程就是音频的数字化,它通常要经过采样和量化编码的过程。采样和量化的目的实际上是将通常的模拟音频信号的电信号转换成计算机能够处理的二进制编码,也就是很多的 0 和 1 组合,由这些 0 和 1 构成数字音频文件存储下来。图 5.26 展示了采样和量化的过程。

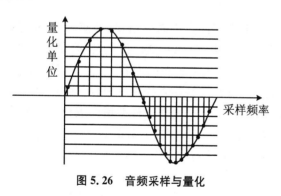

图 5.26 音频采样与量化

在图 5.26 中,曲线表示声音波形,曲线上的点表示在此处进行采样,横坐标表示采样频率(即每秒钟采样的次数),纵坐标表示量化单位值。不难看出,曲线左侧采样频率较右侧低,采样点也相应较少。采样点越密集,将它们连接所构成的曲线就越接近原始波形曲线,所以采样频率越高,音频文件就越能还原真实的声音波形,声音的失真也就越小。如果每个采样点都用一个二进制数串来量化,由于需要记录的采样点越多,音频文件的体积也就越大。在对采样点进行量化时,量化的位数越多,精度越精细,文件体积显然也会越大。由此,采样频率和量化精度对于音频文件的保真和体积的大小起决定作用。

目前,针对主流音频采集设备,采样频率一般分为 22.05 kHz、44.1 kHz、48 kHz 三个等级。22.05 kHz 只能达到 FM 广播的声音品质,通常用于人声的采集;44.1 kHz 则是理论上的 CD 音质界限,用于普通的音乐采样。48 kHz 则更加精确一些。对于高于 48 kHz 的采样频率人耳已无法辨别出来了,所以在电脑上没有太多使用价值,一般仅用于相对专业的音频采集,如 96 kHz 或者 192 kHz 用于 LPCM DVD 音轨、BD-ROM(蓝光盘)音轨和 HD-DVD(高清晰度 DVD)音轨等。常见的量化精度有 8 bit、16 bit、24 bit 和 32 bit 等,例如,8 bit 的量化精度表示每个采样点由 8 位二进制数进行量化,因此共可以利用 2^8 即 256 个量化等级,而 16 bit 的量化精度表示可以有 2^{16} 即 65536 个量化等级。量化精度越高,量化的等级越丰富,采样质量越好,文件体积也越大。通常,CD 标准的量化精度是 16 bit,DVD 标准的量化精度是 24 bit。

反映音频数字化的质量的另一个因素是声道个数。记录声音时,如果每次只生成一个声道数据,称为单声道;每次生成两个声波数据,称为双声道。起初,电声学家在追求立体声的过程中,由于技术的限制,在最早的时候就是采用双声道来实现立体效果,因此立体声源于双声道的原理,但同双声道并不是一个概念。随着技术的发展,出现了四声道、5.1 声道环绕立体声、7.1 声道环绕立体声等音响技术,音乐效果更加丰富,现场感也越来越强。

5.2.2 常见音频格式介绍

数字音频都是以一定的格式文件存储在计算机中的。在日常生活中,我们会接触很多音频格式,例如 MP3 格式、WAV 格式、RM 格式等。这些不同格式的音频文件构成了丰富的音乐素材,借助它们能够制作出有声有色的多媒体课件。在具体应用中,我们通常会依据不同格式的音频文件特征来加以选择和处理。在多媒体计算机中,通常将音频文件分为波形文件和非波形文件两类。

1. 波形文件

波形文件属于获取声音文件,即模拟音频信号经数字化后由计算机处理、存储及传输,输出时经数/模转换将数字信号还原为原来的波形音频文件,常见的格式有 WAV、MP3、WMA、RealAudio 格式等。

① WAV 格式。WAV 格式是由微软公司开发的一种音频文件格式,标准的 WAV 格式音质与 CD 相差无几,也是采用 44.1 kHz 采样频率、16 bit 量化精度和 88 K/s 速率。同时,WAV 格式还支持多种采用频率、量化精度及声道,因此几乎所有的音频编辑软件都能够识别 WAV 格式音频,WAV 是目前计算机上广为流行的音频文件格式。作为录音时使用的标准 WINDOWS 文件格式,在进行录音时,WAV 格式使用 PCM 无压缩编码,几乎是直接存储来自模/数转换器(ADC)的信号,因此音频文件通常所占磁盘空间会很大,其计算公式为:WAV 文件所占容量(B) = (采样频率×采样位数×声道数)×时间(s)/8,如 16 bit 的 44.1 kHz 的双声道立体声声音 1 min 所占容量为:(16×44.1×1000×2×60)/8 = 10584000 (B) = 10.1 MB。

② MP3 格式。MP3 是 MPEG 标准中的音频部分。MPEG 标准根据压缩质量及编码处理的不同将声音分为 3 个层次:即 *.mp1、*.mp2、*.mp3。而 MP3 具有 10∶1～12∶1 的高压缩率,因此,MP3 音频文件是一种有损压缩格式,它在基本保证低音频部分不失真的情况下,牺牲了声音文件中的 12～16 kHz 的高音频部分,来换取音频文件的缩小。同样长度的声音文件,用 MP3 格式存放一般只有 WAV 格式的 1/10,当然音质将次于 CD 格式和 WAV 格式。但综合考虑,由于 MP3 格式文件所占存储空间小,音质又较好,在其问世之初一时间无人能与之抗衡,成为网络上绝对的主流音频格式。

③ WMA 格式。WMA 的全称是 Windows Media Audio,是微软力推的一种音频格式。它通过减少数据流量来保持音频质量,与 MP3 相比,达到了更高的压缩率。一般 WMA 格式的压缩率可达到 18∶1 左右,同文件比 MP3 体积小三分之一甚至一倍而音质不变。WMA 格式内置了版权保护技术,可以限制播放时间、播放次数甚至播放的机器,能够有效

地防止盗版的产生。同时，WMA 格式还支持音频流技术，适合在网络上在线播放。

④ RealAudio 格式。它是 Real networks 推出的一种采用压缩技术和流式播放技术而形成的音频文件格式，其压缩比可达到 1∶96，因此该文件适用于网络广播、点歌及语音教学等方面。目前，RealAudio 文件格式主要有 RA（RealAudio）、RM（RealMedia，RealAudio G2）、RMX（RealAudio Secured）三种。这些文件的共同性在于随着网络带宽的不同而改变声音的质量，在保证大多数人听到流畅声音的前提下，令带宽较宽的听众获得较好的音质。

2. 非波形文件

非波形文件属于合成声音文件，即通过语音合成器产生相应声音的非波形格式的 MIDI（Musical Instrument Digital Interface）文件（＊.MID）。该文件格式采用数字方式对乐器所演奏出来的声音进行记录，然后在播放时再对这些记录进行合成。该文件存储的不是数字化的实际声音，而是指令和数据，即存储的是发给音频合成器的一系列指令，该指令记录了乐曲音符所对应的音量、音色、力度、节拍以及按键压力等 MIDI 信息。我们可以将这些信息形象地比作音乐的乐谱，计算机根据乐谱进行演奏，因而 MIDI 文件占用磁盘空间非常小，一首 30 min 的立体声音乐，MIDI 只需 200 KB 左右。

5.2.3 数字音频的获取与处理

1. 数字音频的获取

数字音频在日常生活中应用十分广泛，作为教师在制作教学课件时也经常会用到。如课件需要背景音乐、配乐朗诵、各种音效等，那如何获取这些音频呢？主要有两种方法：

（1）通过网络下载音频素材

网络中有各种各样的音频素材库，我们通过搜索引擎可以轻松搜索到自己需要的音频素材并利用下载工具下载，当然在下载之前有必要对素材的版权等信息进行一定的了解。

（2）通过录制采集音频素材

① 通过 Windows 自带的录音机录制音频素材。以 Windows XP 为例，在录制之前，需要将麦克风、声卡等录音设备连接好，并调整好录制音量，然后单击"开始"菜单，选择"所有程序"/"附件"/"娱乐"/"录音机"，打开录音机程序，单击录制按钮（红点）即可开始录音；录制完毕后，单击"停止"按钮即可停止录音，单击"播放"按钮可以播放所录制的音频；录制完成后，依次单击"文件""另存为"，打开"另存为"对话框进行文件的存储，Windows XP 环境下存储的默认格式为 WAV 格式（Windows 7 环境下为 WMA 格式）。Windows 录音机默认只能够录制 60 s 的时间，因此其功能受到了一定的限制。

② 通过录音软件录制音频素材。目前，录制音频素材的软件有很多，如 Cool Edit Pro、Sound Forge、Gold Wave 等软件均具有音频录制功能，这些软件录制音频没有时间限制，而且支持多种不同的音频格式，因此应用比较普遍。在接下来的学习中，我们将通过实例，和大家一起探讨如何使用 Cool Edit Pro 完成音频的录制及处理操作。

2. 数字音频的处理

Cool Edit Pro 是由 Syntrillium 软件公司设计开发的专业音频制作处理软件。尽管该软件在 2003 年被 Adobe 公司收购并改名为 Adobe Audition，历经多个版本后发展到现在的 Adobe Audition CS6，但由于其简单易学的操作和友好的工作界面，使得很多音乐爱好者依然对其情有独钟。其强大的音频处理能力，为音乐爱好者带来了无尽的乐趣。

Cool Edit Pro 最大的特点是允许同时编辑多达 128 条音轨，也就是可以同时对 128 个声音文件进行混音。它还提供了 40 多种不同的声音效果,如变速/变调、混响、降噪、和声、声音均衡等,每种效果都可以进行详细的参数设置,以便满足不同的需求。同时,软件还可以同时处理多个文件,对音频内容轻松地进行复制、剪切、粘贴、删除、分割、合并等操作。

运行 Cool Edit Pro 软件,打开操作界面如图 5.27 所示。Cool Edit Pro 软件由菜单栏、工具栏、文件列表、音轨工作区以及相关的组合窗口等主要部分构成。

图 5.27 Cool Edit Pro 运行界面

下面结合两个具体任务,来一起感受 Cool Edit Pro 的基本功能应用。

任务一 制作歌曲串烧。

任务内容:将三首 mp3 歌曲(《青藏高原》《那片海》《天亮了》)合并为一个音频文件,要求新文件时长为 3 min,前 1 min 为《青藏高原》的头部,中间 1 min 为《那片海》的中间部分,后 1 min 为《天亮了》的结束部分,三部分衔接处应平滑流畅,没有跳跃感。

操作要点:

① 音频文件的导入,单轨/多轨界面的切换。

② 音频文件的分割与合并。

③ 淡入淡出的处理。

④ 调整音量。

⑤ 混合压缩输出。

操作思路:首先分割每首音乐,并选中每首音乐的相应部分到多轨中,然后在多轨编辑模式下进行衔接、合并、混合输出等操作。

(1) 步骤 1,导入三首 mp3 音频文件

运行 Cool Edit Pro(以下简称 CE 软件,如图 5.28 所示),单击"单轨/多轨切换"按钮,将编辑窗口切换为单轨模式(图 5.27 为单轨模式)。单击文件列表窗口上方的"打开文件夹"按钮,在弹出的"打开波形文件"对话框中找到"青藏高原.mp3"文件并选中,单击

"打开",之后会弹出读取 mp3 文件进度条,完成后可以看到 mp3 文件已经导入到文件列表中了。用相同的方法导入另外两首 mp3 歌曲,使用"播放控制器"进行播放测试,时间窗口会实时显示播放位置。

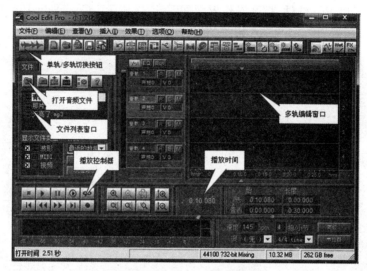

图 5.28 Cool Edit Pro 运行界面

操作提示:在界面工具栏中,也有一个■按钮,该按钮在单轨模式下功能为导入音频文件,多轨模式下功能为打开工程文件;在多轨模式下,我们还可以点击"文件"菜单中的"打开"命令或者在多轨编辑轨道上使用快捷菜单中的"插入"/"音频文件"命令来导入新文件;在"打开波形文件"对话框中,我们可以使用 Ctrl 或 Shift 键同时选中多个文件完成音频导入。

(2) 步骤 2,mp3 文件的分割

双击文件列表中的"青藏高原.mp3"文件,在窗口右侧会显示该音频文件的波形。如图 5.29 所示,在音频波形上按住鼠标左键从文件起始位置拖动,以选中音乐前 1 min 的内容

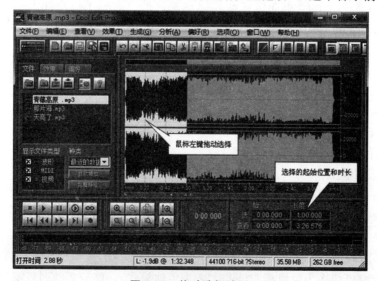

图 5.29 拖动选择波形

(右下角"长度"窗口中的时长变为 1:00.000),选中的部分将会高亮显示,使用"播放控制器"播放选中的部分试听,在选中的波形上单击鼠标右键,选择"插入到多轨中"命令,此时界面没有变化,但是选中的波形已经插入到多轨界面中了,可以切换至多轨界面查看。

双击"那片海.mp3"文件,在右侧波形中单击鼠标左键,可以看到一条黄色虚线(播放控制线),移动控制线上的黄色控制块将播放时间定位在 2 min 的位置(时间窗口显示 2:00.000)。为了精确选择,我们可以在右下角选择起始位置和时长中直接输入起始时间和时长,其方法是双击相应时间切换至编辑模式,然后修改时间。如图 5.30 所示将起始时间设置为 2:00.000,将长度设置为 1:00.000,这样"那片海.mp3"的中间 1 min 的波形就被选中了,在选中过的波形上单击鼠标右键,选择"插入到多轨中"命令,将其插入到多轨中。

图 5.30　直接输入数值选择波形

同上,我们可以将"天亮了.mp3"的结尾 1 min 选中并插入到多轨中(起始时间可以将音乐总时间减去 1 min 进行计算,精确到毫秒)。当然我们也可以直接在多轨模式下进行操作,下面介绍多轨模式下的具体操作。

切换界面至多轨编辑模式,可以看到,之前分割的两首音乐的选中部分已经分别插入到了音轨 1 和音轨 2 中。如果没有显示完全,可以拖动"缩放及移动滑块"的两端来缩放,或者使用下方的缩放工具按钮完成此操作,如图 5.31 所示。

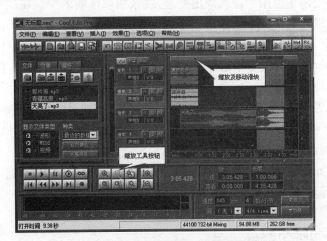

图 5.31　多轨模式下插入的音频片断

选中文件列表中的"天亮了.mp3"并拖拽至音轨 3 中。移动播放控制线至音轨 3 音频模块的末尾处（控制线会自动和乐尾贴合），并将右下角选择起始位置时间中的分钟数减 1，按回车键确认修改，这样"天亮了.mp3"的结尾 1 min 就被选中了。

在选中的部分上单击鼠标右键，选择"分割"命令，音轨 3 中的音频模块以起始时间为界被分割为左右两部分，单击左侧部分，并按键盘上的 DEL 键删除。至此，3 首歌曲的头、中、尾就都分割完成并插入到多轨中了。

（3）步骤 3，移动并混合输出

在各音频模块上按住鼠标右键拖动即可移动模块位置，将音频模块移动衔接并适当重叠，如图 5.32 所示。

图 5.32　调整音频模块的位置

选中"青藏高原.mp3"音频模块末尾，单击鼠标右键，选择"淡入淡出"/"线性"命令。同样，分别将"那片海.mp3"的首尾及"天亮了.mp3"开始部分，设置线性淡入淡出，播放试听效果，可以发现衔接处由于使用了淡入淡出处理，跳跃感被削弱不少。在试听时如果觉得音乐声音大小不一，可以在音频模块上单击鼠标右键，选择"调整音频块音量"命令进行调整。

在多轨模式下，选择"文件"菜单中的"混缩另存为"命令，打开保存对话框，默认会保存为 16 bit 混缩音频，在保存类型中选择"*.mp3 格式"，单击"保存"按钮，保存输出。

至此，歌曲串烧制作完成。

说明：在多轨界面中，每个轨道都有三种模式可选，分别对应轨道前的三个按钮 R S M 来切换，其中 R 为录音模式，S 为独奏模式（其他音轨将被作静音处理）、M 为静音模式。

任务二　录制自己的翻唱歌曲。

任务内容：将 mp3 歌曲"你的样子"去除人声后制作成歌曲伴奏，进行降调处理后（降一个调或两个半音），使用麦克风跟随伴奏录制自己的翻唱歌曲。

操作要点：

① 制作伴奏（消除人声）。

② 调整音高。
③ 录音前的准备工作。
④ 录音。
⑤ 录制声音的处理(混响、降噪)。

操作思路:首先利用 CE 消除音乐中的原唱,制作伴奏,根据个人需求适当进行升降调处理,然后连接好录音设备,跟随伴奏录制歌曲,再对录制声音进行降噪、混响操作。

(1) 步骤1,消除人声

运行 CE 软件,单击"单轨/多轨切换按钮"切换至单轨界面,导入音频文件"你的样子.mp3"至文件列表中。双击音轨中的波形全选整个波形,单击"效果"菜单,选择"波形振幅"/"声道重混缩"命令,打开如图 5.33 所示的"声道重混缩"设置对话框,在右侧"预置"效果列表中选中"Vocal Cut"(人声消除),单击"确定"按钮,软件将会智能去除人声,当然去除的效果与音乐中人声的可识别性有关,消除人声后的波形明显消瘦很多。

图 5.33 "声道重混缩"参数设置对话框

(2) 步骤2,降调处理

双击选中整个波形,单击"效果"菜单,选择"变速/变调"/"变速器"命令,打开如图 5.34 所示的"变速"对话框,选择"恒定速度"选项卡,在"变换"设置中选择降两个半调 2b,精度设置为"高精度",变速模式设置为"变调(保持速度)",其他参数保持默认,单击"确定"按钮,软件将执行变调操作。完成后,试听效果,再次双击选中整个波形,点击鼠标右键,选择"插入到多轨中"命令,将经过降调处理的伴奏插入多轨轨道中。

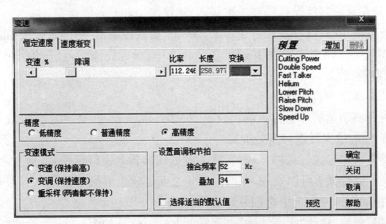

图 5.34 "变速"参数设置对话框

(3) 步骤3,录音准备及录音

在录音之前,需要对系统录音设备进行连接和设置。首先将麦克风连接到电脑声卡上(一般笔记本内置麦克风),在 CE 软件中,打开"选项"菜单,选择"录音电平"命令,软件下方状态栏会显示"录音中…",并且软件下方的录音电平窗口会实时显示当前麦克风声音的电平值,如图 5.35 所示。

图 5.35　录音电平

如图 5.36 所示,调整系统录制声音属性,以 Windows 7 为例,在系统控制面板中双击声音设置图标 声音,调整录音麦克风级别,测试麦克风,确保 CE 软件中麦克风声音的电平在 0 dB 之前,以免录制时产生爆音现象。

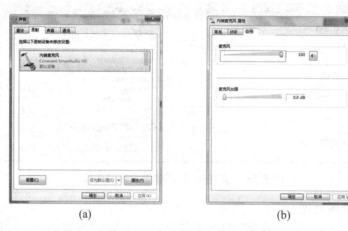

图 5.36　系统录音麦克风设置

回到 CE 软件,切换到多轨模式,用鼠标右键拖动的方式将伴奏音乐移至轨道起始位置(也可在录制完成后一并调整);在音轨 2 上单击鼠标左键,此时音轨 2 处于选中状态,按下该轨道前的 R 按钮,将音轨 2 设置为录音模式,并将播放控制线移动至音轨顶端(录音起始点)。为了避免在录音时伴奏音乐被二次录入,建议使用耳麦跟随伴奏。

一切准备就绪,我们就可以开始录音了。单击"播放控制器"中的录音按钮 ,即可开始录音,录制的声音会自动生成波形并记录在音轨 2 中;录音完成后,点击停止按钮 结束录制,关闭 R 录制模式。

(4) 步骤4,录制声音的处理

录制的声音由于录制环境的影响,会产生很多环境噪音,并且声音会比较干涩,可以借助 CE 的降噪、混响效果做进一步处理。

降噪需要先对噪音进行采样,双击音轨 2 波形切换到单轨编辑模式,通过水平放大工具 将波形放大。通过试听可以发现,在两个乐句之间尽管没有演唱但仍然有波形存在,这就是环境噪音,拖动鼠标左键选中这部分环境噪音,如图 5.37 所示。

单击"效果"菜单,选择"噪音消除"/"降噪器"命令,打开如图 5.38 所示的"降噪器"设置对话框,单击"噪音采样",所选部分即被作为噪音采集下来,默认降噪级别为 100%。即将噪音部分作静音处理，降噪设置中选择"噪音消除"，其他保持默认值，单击"确定"，采样噪音被保存下来。双击选中整个波形，再次打开"降噪器"设置对话框，此时可看到采样的噪音仍然保留在窗口中，直接单击"确定"，完成降噪操作。

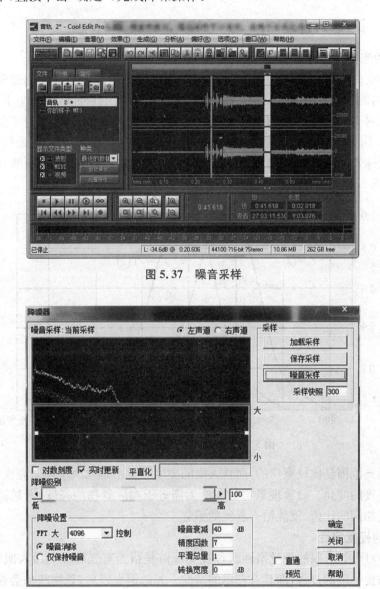

图 5.37 噪音采样

图 5.38 "降噪器"设置对话框

如果对声音效果不满意，还可以在"效果"菜单下的"常用效果器"中选择相应的效果器进行调整，如添加"混响"，可以打开"混响"设置对话框，系统预置了部分场景的混响效果，我们可以单击"预览"按钮，一边试听，一边选择合适的混响效果，单击"确定"完成设置。其他的效果器可参照此操作进行。

回到多轨界面，单击"文件"菜单，选择"混缩另存为"命令，将伴奏音乐和录制声音合成输出成 mp3 歌曲，一首翻唱歌曲就制作完成了。

通过以上两个任务的学习，我们对 Cool Edit Pro 的基本功能和操作有了初步的认识。当然，Cool Edit Pro 的功能还远不止于此，更多的内容，大家可以参照相关的教程进一步学习。

5.3 视频素材获取与制作

5.3.1 视频编辑基础

1. 人眼的光亮和色彩感觉

光是一种电磁辐射,人眼对 380~780 nm 之间电磁波的刺激有光亮的感觉和色彩的感觉,这个范围内的电磁波称为可见光。波长大于 780 nm 称为红外线,波长小于 390 nm 称为紫外线。人眼对 380~780 nm 内不同波长的光具有不同的敏感程度,即对于辐射功率相同的各色光具有不同的亮度感觉,称为人眼的视敏特性。在相同的辐射功率条件下,人眼感到最亮的光是黄绿光,而感觉最暗的光是红光和紫光。视敏特性可用视敏函数和相对视敏函数来描述,如图 5.39 所示。

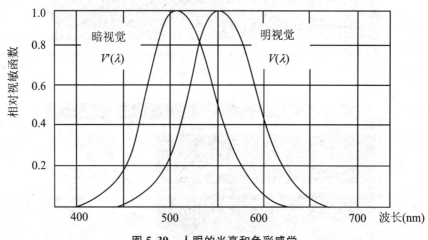

图 5.39 人眼的光亮和色彩感觉

人眼的感光范围是比较宽广的,而且人眼的亮度感觉不是取决于绝对亮度的变化,而是取决于相对亮度的变化。故重现景物的亮度无需等于实际景物的亮度,而只需保持最大亮度与最小亮度相同的比值,就能给人真实的感觉。

2. 人眼的视觉惰性

如图 5.40 所示,人眼的视觉惰性或称视觉暂留是指当有光脉冲刺激人眼时,视觉的建立和消失都需要一定的过程,即具有一定的惰性。光源消失以后,景物映象会在视觉中保留一段时间。视觉暂留时间在 0.05~0.2 s。比如夜晚拿着一个火把转圈,人的感觉是一个完整的火圈。牛顿首先发现这一现象,1824 年英国的罗格特在伦敦公布了"视觉暂留"理论。法国人保罗·罗盖在 1828 年发明了留影盘,它是一个被绳子从两面穿过的圆盘,盘的一面画了一只鸟,另一面画了一个空笼子。当圆盘旋转时,鸟在笼子里出现了。

3. 视频标准

(1) 帧

在最早的电影里,一幅静止的图像被称作一"帧"(Frame),影片里的画面每秒有 24 帧。为什么是 24 帧,这个数字是怎么来的?因为人类眼睛的视觉暂留现象正好符合每秒 24 帧的标准,所以更多也没有意义还会浪费电影胶片,增加成本。

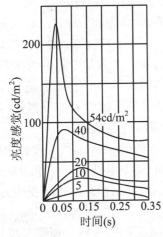 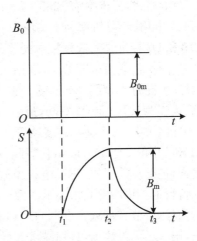

图 5.40 人眼的视觉惰性

(2) 行、场

在传统 CRT 模拟电视里,一个电子束在水平方向的扫描被称之为行或行扫描;一个行扫描,按垂直的方向扫描被称之为场或场扫描。

电视的每帧画面是由若干条水平方向的扫描线组成的,PAL 制为 625 行/帧,NTSC 制为 525 行/帧。如果这一帧画面中所有的行都是从上到下一行接一行地连续完成的,或者说扫描顺序是 1,2,3,…,525,我们就称这种扫描方式为逐行扫描。实际上,普通电视的一帧画面需要由两遍扫描来完成,第一遍只扫描奇数行,即第 1,3,5,…,525 行,第二遍扫描则只扫描偶数行,即第 2,4,6,…,524 行,这种扫描方式称为隔行扫描。一幅只含奇数行或偶数行的画面称为一"场"(Field),其中只含奇数行的场称为奇数场或前场(Top Field),只含偶数行的场称为偶数场或后场(Bottom Field)。也就是说一个奇数场加上一个偶数场等于一帧(一幅图像)。

(3) 彩色电视制式

彩色电视制式可以分为 NTSC 制、PAL 制和 SECAM 制三种。NTSC(National Television System Committee)制式是 1952 年由美国国家电视制定委员会制定的彩色电视广播标准。美国、加拿大、韩国、菲律宾等国家采用的是这种制式。这种制式的彩色带宽为 3.58 MHz,伴音带宽为 6.0 MHz,每秒 30 帧画面。PAL(Phase Alternating Line)是 1965 年制定的电视制,主要应用于中国、中东地区和欧洲一带。这种制式的彩色带宽为 4.43 MHz,伴音带宽为 6.5 MHz,每秒 25 帧画面。还有一种是 SECAM 制式,主要是德国地区采用的制式,应用比较少。为何 NTSC 制为每秒 30 帧,而 PAL 制式为每秒 25 帧?这是因为采用 NTSC 的国家的市电为 110 V、60 Hz,所以电视里的场频信号直接就取样了交流电源的频率 60 Hz,因为两场组成一帧,所以 60 除以 2 等于 30 正好就是电视的帧数了,而我国的市电为 220 V、50 Hz,所以就是每秒 25 帧了。

(4) 高清晰度电视(High Definition Television)

按照显示格式的不同,目前数字电视可分为以下 5 种规格:

① D1:480i 格式,和 NTSC 模拟电视清晰度相同,行频为 15.25 kHz;

② D2:480P 格式,和逐行扫描 DVD 规格相同,行频为 31.5 kHz;

③ D3:1080i 格式,分辨率为 1920×1080i/60 Hz,行频为 33.75 kHz;

④ D4：720p 格式，分辨率为 1280×720p/60 Hz，行频为 45 kHz；

⑤ D5：1080p 格式，分辨率为 1920×1080P/60 Hz，行频为 67.5 kHz。

其中 D1 和 D2 标准是一般模拟电视的最高标准，称不上高清晰；D3 的 1080i 标准是高清晰电视的基本标准，它可以兼容 720p 格式；而 D5 的 1080P 只是专业上的标准。

随着网络下载的 HDTV 节目越来越多，HDTV 播放机开始被市场接受。一提到 HDTV，很多人以为就是 720P、1080i，最多不过 1080P。但是很多人并不清楚，对于平板电视没有 1080i 和 1080P 的区别。许多关于高清的概念都是不准确的。

720P、1080i 中的 i 是 interlace，代表隔行扫描，P 是 Progressive，代表逐行扫描。要讲清楚这两个名词，还要从模拟的 CRT 电视说起。传统的 CRT 电视的工作原理是通过电子束在屏幕上一行行地扫描后发光来显示图像。电视信号在传输过程中，由于受带宽的限制，只能传递隔行信号，以节省带宽。以 NTSC 电视机为例，在工作的时候，把一幅 525 行图像分成两场来扫，第一场称奇数场，只扫描奇数行（依次扫描 1，3，5，…行），而第二场（偶数场）只扫描偶数行（依次扫描 2，4，6，…行），通过两场扫描完成原来一帧图像扫描的行数，由于人眼具有视觉暂留效应，因此看起来仍是一幅完整的图像，这就是隔行扫描。NTSC 制节目共 525 行扫描线，每秒 60 场图像，表示为 60i 或 525i，如果是逐行扫描的，就称作 60P 或 525P。PAL 制节目为 625 行，每秒 50 场图像，表示为 50i 或 625i，逐行则称为 50P 或 625P。

以上的表示方法，不仅代表了 CRT 电视的扫描格式，也代表摄像机拍摄的图像的格式。因为电视系统最初都是隔行扫描系统的，因此对应 NTSC 和 PAL 制电视节目的摄像机，也全部是隔行扫描的，就是说凡是电视摄像机拍摄的 NTSC/PAL 制节目，全部是隔行扫描信号，分别表示为 525/60i 和 625/50i。

对于模拟电视图像，以扫描行表示，PAL 制表示为 625/50i；NTSC 表示为 525/60i。对于数字信号，则以像素或分辨率来表示，比如 PAL 制节目，分辨率为 720×576，逐行可表示为 576P，隔行为 576i；NTSC 分辨率为 720×480，逐行为 480P，隔行为 480i。

除了美国个别几个电视台规定 1280×720 为 HDTV 标准外，世界各国，包括我国、欧洲、澳大利亚、日本、韩国，新一代高清光盘 HD DVD 和 BD 分辨率标准都是 1920×1080，除美国之外，目前还没有一个国家采用 1280×720 的标准。现在大家一提到高清，马上联想到的是液晶、等离子等平板电视，而高清标准的制定，最早可追溯到 20 世纪 80 年代，美国的高清标准确定是在 20 世纪 90 年代，已超过 20 年。当时平板电视还没有出现，制定标准时是从 CRT 电视考虑的，因此现在说的 720P、1080i 和 1080P 的概念，有着浓厚的 CRT 的味道。

从电视机方面讲，考虑到当时 CRT 电视在技术上的限制，同时为了兼顾计算机行业显示器为逐行扫描系统，CRT 在显示 1280×720 的图像时，采用逐行扫描系统，简称为 720P。而在显示 1920×1080 的图像时，采用隔行系统，简称 1080i。按照当时的技术，还不可能生产 1080P 的 CRT 电视机，1080P 的 CRT 电视机是 21 世纪才出现的。这就是 720P、1080i 和 1080P 概念的来历。

但是目前 CRT 已被淘汰，平板电视已取而代之。对于液晶和等离子电视而言，属于固定像素显示设备，显示图像时不需要扫描，而且各个像素点可以认为是同时发光，如果非要和隔行逐行的概念联系在一起，可以认为液晶和大多数等离子电视都是逐行扫描的。那么是不是说 720P、1080i 和 1080P 可以取消了呢？答案是否定的，因为还有一个摄像机的格式。

从摄像机角度讲，高清摄像机虽然是数字的，但是扫描方式是从模拟摄像机沿用过来的,传统的模拟摄像机全部为隔行扫描的,而高清摄像机在保留隔行扫描格式的同时,还增加了逐行扫描格式。

高清摄像机不仅保留了隔行、逐行之分,而且还保留了 PAL 制 50 Hz 频率和 NTSC 60 Hz 频率的区别。高清节目都是数字信号,因此只要以分辨率表示就可以了。HDTV 在拍摄的时候就分为隔行扫描和逐行扫描两种形式,而且帧频(每秒钟显示的逐行图像数量)或场频(每秒钟显示的隔行图像)也不相同。

1280×720 有 5 种帧频,分别为 60P、50P、30P、25P、24P,可简称为 720P,又可分别表示为 720/60P(美国 ABC 电视台采用)、720/50P、720/30P、720/24P(FOX 台)、720/25P。其中的 720/50P、720/25P 原本并没有,后来德国在选择高清图像标准时,曾有意选择 720P 系统,考虑到德国传统上是 50 Hz 系统国家,因此一些厂家推出了支持 720/50P、720/25P 的摄像机,但是目前还没有任何国家选择这种标准。

1920×1080 的情况更加复杂,隔行的表示为 1080i,逐行的表示为 1080P。在美国、日本场频为 60 Hz,可表示为 1080/60i;在我国、欧洲、澳大利亚,则为 1080/50i。这两种格式都可称为 1080i。事情并未因此而结束,为了方便高清节目的制作和交换,世界范围内统一采用了 1080/24P 的标准,这种标准还被作为数字电影摄像机的标准,著名的《星战前传》就是用 1080/24P 摄像机拍摄的,很多高清电视剧,比如《大宅门》也是 1080/24P 的,简称为 1080P。

对于平板电视,实际上可以认为没有 1080i 和 1080P 的区别,因为目前图像处理电路技术发展非常快,运算速度非常快,处理能力非常强,均具有倍线技术。所谓倍线技术就是把隔行的 1080i 的图像处理成逐行的 1080P 的图像,可以把 1080/50i 完美处理成 1080/50P,把 1080/60i 处理成 1080/60P,包括 1080/24P 的节目,更可非常轻松地处理为 1080/50P 或 1080/60P。而且任何一台平板电视都有这种电路,稍微高档的平板电视处理效果都不错。

对于高清节目,实际上 720P、1080i 和 1080P 的概念已经没有实际意义了,以 720 代表 1280×720,1080 代表 1920×1080 就可以了,因为即使是 1080i 的图像,平板电视也可处理成 1080P 的。对于平板电视,720P、1080i 和 1080P 更没有意义,平板电视全部可以认为是逐行的,清晰度高低由分辨率决定,按照高清国标要求至少要达到 1280×720,当然是 1920×1080 的物理分辨率最佳了,但是这和 720P、1080i 和 1080P 已经没有什么关系。唯一还需要 720P、1080i 和 1080P 概念,就是高清摄像机,但是对于电视观众而言,我们只要看节目就好了,至于用什么格式摄像机拍摄的节目,并不影响观看效果。

4. 视频信号数字化

随着数字技术的高速发展,数字化视频的优越性越来越突出地显示出来。基于数字技术的非线性编辑系统,最本质的一点就是先将模拟信号转化为数字信号再进行处理。数字化过程包括视频信号的采样、量化与编码三个步骤,一般习惯称其为数字化三步曲。

如图 5.41 所示,以适当的时间间隔读取模拟信号波形幅值的过程叫"采样",将采样

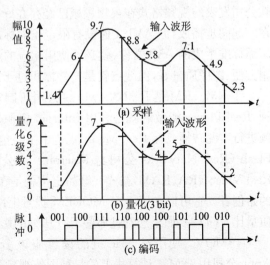

图 5.41 视频信号数字化过程

时刻的信号幅值定量表示的过程叫"量化",将量化后的一连串整数用一个二进制数码序列来表示叫做"编码"。

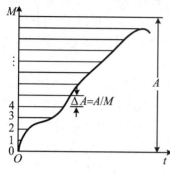

图 5.42 视频信号的量化

采样定理:对于一个包含最高频率 f_0 的模拟信号,当选择的采样频率 f 满足 $f \geqslant 2f_0$ 时,经过采样后的离散信号能够包含原模拟信号的全部信息。

如图 5.42 所示,设信号的整个动态变化范围为 A,分为 M 个量化等级;每个量化等级(或称为量化阶距)为 ΔA,则有:$\Delta A = A/M$。量化等级通常用二进制的位数 n 表示,它与十进制数 M 之间的关系为:$M = 2^n$ 或 $n = \log_2 M$,通常称为量化位数。

量化的过程是把采样后信号的电平归并到有限个电平等级上,并以一个相应的数据来表示,按归并方式可分为只舍不入方式和舍入方式。由于四舍五入方式的量化误差小,故通常选用这种方式。

5. 视频格式

① MPEG。MPEG 是 Motion Picture Experts Group(运动图像专家组)的缩写。MPEG 压缩标准是针对运动图像而设计的,基本方法是:在单位时间内采集并保存第一帧信息,然后就只存储其余帧相对第一帧发生变化的部分,以达到压缩的目的。MPEG 压缩标准可实现帧之间的压缩,其平均压缩比可达 50:1,压缩率比较高,且又有统一的格式,兼容性好。这类格式包括了 MPEG-1、MPEG-2 和 MPEG-4 在内的多种视频格式。MPEG-1 目前被广泛地应用于 VCD 的制作和一些视频片段下载的网络应用上。大部分的 VCD 都是用 MPEG-1 格式压缩的(刻录软件自动将 MPEG1 转为.DAT 格式),使用 MPEG-1 的压缩算法,可以把一部 120 min 长的电影压缩到 1.2 GB 左右大小。MPEG-2 则主要应用于 VD 的制作,同时在 HDTV(高清晰电视广播)和一些高要求视频编辑、处理上面也有相当多的应用。使用 MPEG-2 的压缩算法可将一部 120 min 长的电影压缩到 5~8 GB 的大小。

② AVI。AVI 是音频视频交错(Audio Video Interleaved)的英文缩写。AVI 这个由微软公司发表的视频格式在视频领域已经存在好几个年头了。AVI 格式允许视频和音频交错在一起同步播放,但 AVI 文件没有限定压缩标准,所以 AVI 文件格式不具有兼容性。不同压缩标准生成的 AVI 文件,就必须使用相应的解压缩算法才能将之播放出来。AVI 格式调用方便、图像质量好,但缺点就是文件体积过于庞大。

③ RM。RM 是 Real Networks 公司所制定的音频/视频压缩规范 Real Media 中的一种,Real Player 能做的就是利用 Internet 资源对这些符合 Real Media 技术规范的音频/视频进行实况转播。在 Real Media 规范中主要包括三类文件:Real Audio、Real Video 和 Real Flash(Real Networks 公司与 Macromedia 公司合作推出的新一代高压缩比动画格式)。Real Video(RA、RAM)格式一开始定位就是在视频流应用方面的,也可以说是视频流技术的始创者。它可以在用 56K MODEM 拨号上网的条件下实现不间断的视频播放,但其图像质量比 VCD 差,如果您看过那些 RM 压缩的影碟就可以明显对比出来了。

④ MOV。使用过 Mac 机的读者应该多少接触过 QuickTime。QuickTime 原本是 Apple 公司用于 Mac 计算机上的一种图像视频处理软件。QuickTime 提供了两种标准图像和数字视频格式,即可以支持静态的 *.PIC 和 *.JPG 图像格式,以及动态的基于 Indeo 压

缩法的*.MOV和基于MPEG压缩法的*.MPG视频格式。

⑤ ASF。ASF(Advanced Streaming Format,高级流格式)是 Microsoft 为了和现在的 Real Player 竞争而发展出来的一种可以直接在网上观看视频节目的文件压缩格式。ASF 使用了 MPEG-4 的压缩算法,压缩率和图像的质量都很不错。因为 ASF 是以一个可以在网上即时观赏的视频"流"格式存在的,所以它的图像质量比 VCD 差并不出奇,但比同是视频"流"格式的 RAM 格式要好。

⑥ WMV。它是一种独立于编码方式的在 Internet 上实时传播多媒体的技术标准,Microsoft公司希望用其取代 QuickTime 之类的技术标准以及 WAV、AVI 之类的文件扩展名。WMV 的主要优点在于:可扩充的媒体类型、本地或网络回放、可伸缩的媒体类型、流的优先级化、多语言支持、扩展性等。

6. 色彩理论

(1) 光与色

光色并存,有光才有色,色彩感觉离不开光。光在物理学上是一种电磁波。0.39~0.77 μm波长之间的电磁波才能引起人们的色彩视觉感觉受。此范围称为可见光谱。波长大于 0.77 μm 称为红外线,波长小于 0.39 μm 的称为紫外线。光是以波动的形式进行直线传播的,具有波长和振幅两个因素。不同的波长长短产生色相差别。不同的振幅强弱产生同一色相的明暗差别。光在传播时有直射、反射、透射、漫射、折射等多种形式。光直射时直接传入人眼,视觉感受到的是光源色。当光源照射物体时,光从物体表面反射出来,人眼感受到的是物体表面色彩。当光照射时,如遇玻璃之类的透明物体,人眼看到是透过物体的穿透色。光在传播过程中受到物体的干涉时,则产生漫射,对物体的表面色有一定影响;如通过不同物体时产生方向变化,称为折射,反映至人眼的色光与物体色相同。

(2) 物体色

自然界的物体五花八门、变化万千,它们本身虽然大都不会发光,但都具有选择性地吸收、反射、透射色光的特性。当然,任何物体对色光不可能全部吸收或反射,因此,实际上不存在绝对的黑色或白色。常见的黑、白、灰物体色中,白色的反射率是 64%~92.3%;灰色的反射率是 10%~64%,黑色的吸收率是 90%以上。

物体对色光的吸收、反射或透射能力受物体表面肌理状态的影响。表面光滑、平整、细腻的物体,对色光的反射较强,如镜子、磨光石面、丝绸织物等。表面粗糙、凹凸、疏松的物体,易使光线产生漫射现象,故对色光的反射较弱,如毛玻璃、呢绒、海绵等。

但是,物体对色光的吸收与反射能力虽是固定不变的,而物体的表面色却会随着光源色的不同而改变,有时甚至失去其原有的色相感觉。所谓的物体"固有色",实际上不过是常光下人们对此的习惯而已。如在闪烁、强烈的各色霓虹灯光下,所有建筑及人物的服色几乎都失去了原有本色而显得奇异莫测。另外,光照的强度及角度对物体色也有影响。

(3) 彩色三要素

彩色三要素指的是彩色光的亮度、色调、饱和度这三个量。任何一种彩色光对人眼引起的视觉作用都可以用这三个量来描述。

① 亮度:指彩色光作用于人眼而引起的视觉上的明亮程度。光源的辐射能量越大,物体的反射能力越强,亮度就越高。复合光的亮度等于各个分量光的亮度之和。另外,亮度还和波长有关,能量相同而波长不同的光对视觉引起的亮度感觉也不相同,这就是视敏特性。

② 色调:指彩色的颜色类别,它是决定彩色本质的基本参量。我们通常所说的红、绿、

蓝等指的就是色调。不同波长的光颜色不同，也是指色调不同。发光物体的色调（即颜色）由其自身的光谱功率分布决定；不发光物体的色调由物体的反射、透射特性及照明光源的光谱功率分布决定。

③ 饱和度：是指彩色的深浅、浓淡程度。对于同一色调的彩色光，饱和度越高，颜色就越深、越浓。各种色谱光都是饱和度最高的彩色。饱和度与彩色光中掺入的白光比例有关，掺入的白光越多，饱和度就越小。因此，饱和度也称为色纯度。例如，将一束饱和度很高的蓝光投射在一张白纸上，则白纸呈现深蓝色，如果再将一束白光投射到该纸的蓝色光斑上，则纸的颜色就会变浅，说明颜色的饱和度降低了。饱和度的大小用百分制衡量，100％的饱和度表示彩色光中没有白光成分，所有色谱光的饱和度都是100％；饱和度为零表示全是白光，没有任何色调。

色调和饱和度合称为色度，它既说明了彩色光的颜色类别，又说明了颜色的深浅程度。在彩色电视中，所谓传输彩色图像，实质上是传输图像中每一个像素的亮度和色度信息。

（4）色彩模式

① RGB 色彩模式。RGB 模型也称为加色法混色模型。它是以 RGB（红、绿、蓝）三基色光互相叠加来实现混色的方法，因而适合于显示器等发光体的显示。当三种基本颜色等量相加时，就会得到不同深浅的灰色。然而物体的颜色是丰富多彩的，任何一种颜色和这三种基色之间的关系可用下面的配色方程来描述：

F（物体颜色）＝R×（红色的百分比）＋G×（绿色的百分比）＋B×（蓝色的百分比）

② CMYK 色彩模式。CMYK 模型（Cyan，Magenta，Yellow）是采用青、品红、黄色三种基本颜色按一定比例合成颜色的方法。CMYK 模型又称为减色法混色模型，因为色彩的显示不是直接来自于光线的色彩，而是光线被物体吸收掉一部分之后反射回来的剩余光线所产生的。光线都被吸收时成为黑色，光线都被反射时成为白色。

③ HSL 色彩模式。HSL〔Hue-Saturation-Intensity（Lightness），或 HSI〕颜色模型用 H、S 和 L 三个参数描述颜色特性，其中 H 定义颜色的波长，称为色调；S 表示颜色的深浅程度，称为饱和度；L 表示强度或亮度。这些正是颜色的三要素。

④ 灰度模式。所谓灰度模式，就是指纯白、纯黑以及两者中的一系列从黑到白的过渡色。用单一色调表现图像时，一个像素的颜色用八位二进制数来表示。我们已经知道，在 RGB 模式中三原色光各有 256 个级别。由于灰度的形成是 RGB 数值相等。而 RGB 数值相等的排列组合是 256 个，那么灰度的数量就是 256 级，其中除了纯白和纯黑以外，还有 254 种中间过渡色，是黑—灰—白的过渡。

5.3.2 利用影音嗅探下载视频

我们在做课件的时候，经常需要从网上下载视频资源，但相信很多人都有这样的经历：搜索到了视频资源却无法下载，有的需要安装下载软件，有的需要注册，有的需要经验值，有些视频干脆就不提供下载等，总之，视频的下载比较困难。我们都知道，迅雷是一款很好的网络视频下载工具，只要知道视频地址，迅雷就可以下载了。但问题是，很多网页中的视频地址是隐藏的，迅雷无法知道视频的地址。影音嗅探可以嗅探到网页中正在播放的视、音频等多媒体素材的地址，可以下载网络中大部分的视频。

下面我们用影音嗅探下载网络中的一个视频：2014 年 3 月 19 日中央五套《体育新闻》(http://cctv.cntv.cn/lm/tiyuxinwen/20140319.shtml)，该网页没有提供视频的下载方式，但是使用影音嗅探可以嗅探到它的地址，并能进行下载。

第一步，安装并打开影音嗅探，使其处于工作状态，如图 5.43 所示。

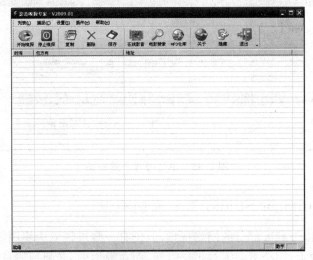

图 5.43　影音嗅探界面

第二步，在 IE 中打开所需视频的网页。

第三步，影音嗅探开始嗅探网页中视频的地址并将其显示在列表中，且用黄色背景代表视频文件，如图 5.44 所示。通常列表中不止有一项，这是因为网页上可能包含很多广告视频。

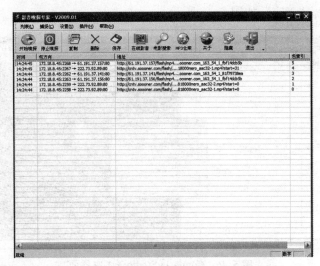

图 5.44　影音嗅探将视频的地址置于列表中

第四步，在列表中找到所需的视频素材，如果列表中视频素材较多，有两个规则可帮助我们查找需要的视频：① 视频素材存储空间较大，因此以 MB 为单位的素材有可能是我们需要的视频，而以 KB 为单位的大多是小广告，可以不用考虑；② 列表中的地址是按照时间顺序排列的，可按时间先后来查找哪个是你想要的视频。

第五步，右键点击所需素材，在弹出的快捷菜单中点击"下载"，或者在列表中双击该素材就可以将其下载到计算机中。下载过程如图 5.45 所示。

第六步,下载完成后点击"打开文件夹",找到刚刚下载的视频资源即可。

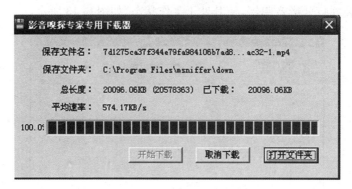

图 5.45　影音嗅探下载视频

5.3.3　Camtasia Studio 3.1 录制视频

用影音嗅探可以下载大部分的网络视频,但仍有一些视频无法使用影音嗅探进行下载;另外,有些视频比较大,完全下载需要很长时间,而在教学中,老师一般只需要视频中的某一个片段。此时我们可以通过动态截屏工具将网页上的视频截取下来,这样既方便又能满足我们的需要。Camtasia Studio 是动态截屏工具,我们在网上看到的视频教程,很多都是用 Camtasia Studio 截取的。

任务一　用 Camtasia Studio 做一个视频教程。

第一步,打开 Camtasia Studio 3.1,在"欢迎使用"窗口中选择第一项"通过录制屏幕开始一个新方案",点击"确定",如图 5.46 所示。

图 5.46　Camtasia Studio 3.1 主界面

第二步,如图 5.47 所示,在"新建录制向导"窗口中有三个选项供选择:"屏幕区域""指定窗口"和"整个屏幕"。"屏幕区域"可以绘制一个区域进行录制,"指定窗口"可以录制一个指定的窗口,"整个屏幕"可以把整个屏幕录制下来。本例录制视频教程可选择"整个屏幕",点击"下一步"。

第三步,在"录制选项"窗口中,因为是录制视频教程,需要录制教师讲解的声音,所以将"录制音频"勾选上,点击"下一步"。

第四步，主讲教师通过麦克风录音，所以在"音频输入源"中选择第一项"麦克风音频"，并在右侧调节麦克风音量大小，点击"下一步"。

第五步，在"开始录制"窗口中将"在捕获期间禁止显示加速"勾选，点击"完成"。

第六步，在 Camtasia 录像器窗口中点击"工具"/"选项"，如图 5.48 所示，在"文件选项"中选择"另存为 AVI"，点击"确定"，并将录像器窗口最小化。

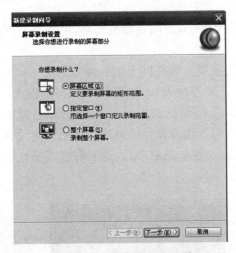 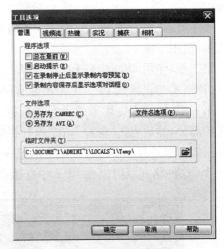

图 5.47　新建录制向导设置　　　　　图 5.48　文件选项设置

第七步，按下 F9 键开始录制，这时开始操作、讲解，操作过程全部被录制下来。

第八步，按下 F10 键结束录制，将录制的视频保存下来即可。

任务二　用 Camtasia Studio 录制网上视频。

第一步，打开视频网址播放视频，将视频播放条拖放到需要录制的位置。打开 Camtasia Studio 3.1，进行录制设置，这里我们使用录制"屏幕区域"。

第二步，在"选择屏幕区域"窗口中点击"选择区域"按钮，这时鼠标变成手型，拖动鼠标在视频播放窗口上绘制一个矩形区域，如图 5.49 所示，点击"下一步"。

(a)　　　　　　　　　　　(b)

图 5.49　录制屏幕区域

第三步，在"录制选项"中，将"录制音频"勾选上，点击"下一步"，在"音频输入源"中选择第二项"语音音频（立体声混音）"，并在右侧调节音量，这样就可以录制网页中视频的声音了，点击"下一步"。

第四步，后面的步骤和任务一的设置相同，只是这样有可能没有录制成功，其原因是计算机设置了"硬件加速"。解决方法是右键单击桌面，依次选择"属性"/"设置"/"高级"/"疑难解答",将"硬件加速"设置为"无"即可。

5.3.4 用QQ影音截取视频

我们从网上下载了一个视频,但在多媒体课件制作中往往只需要其中的一个部分,同时我们可能还需要对视频格式进行转换。这样的工作不需要使用特殊的软件,用QQ影音就能解决。

第一步,下载并安装QQ影音。QQ影音安装文件小,占用硬盘空间小,可解码的视频格式多,使用方便。

第二步,使用QQ影音打开一个从网上下载的视频。现在网上的视频很多是flv格式的,这种格式的视频在PPT中是不能直接播放的,需要转换成wmv等PPT支持的格式。

第三步,使用QQ影音的影音工具箱里的"截取"工具,拖动入点和出点位置,选择需要的视频部分,然后点击"保存",在"保存视频"选项中可以选择保存的格式。如图5.50所示,这里我们可以选择wmv,这样就可以把刚刚下载的flv视频截取一段,并同时将其格式转化为wmv,这种格式就可以在PPT中直接使用了。

图 5.50 用QQ影音截取视频

5.3.5 Premiere Pro 1.5 视频编辑

1. 认识 Premiere Pro 1.5

(1) 项目预设

如图5.51所示,在项目初始设置对话框中,"Load Preset"(载入预设)选项卡中包括了DV-NTSC制式和DV-PAL制式两种预设。由于中国使用PAL制式,所以这里选择PAL制。每种制式下有四个选项,其中Standard表示所建工程视频长宽比例为4∶3,而Widescreen表示所建工程长宽比为16∶9,到底使用哪种取决于原素材的长宽比例。32 kHz和48 kHz表示音频采样频率,采样频率越高,声音清晰度越高,同时所占空间就越大。选择好后可以更改项目存储的位置,并取一个文件名,点击"OK"就可以进入Premiere Pro 1.5的工作界面了。

(2) Project(项目)窗口

如图5.52所示,项目窗口是Premiere Pro的最主要的工作窗口,Premiere Pro对所有视频素材的编辑必须先调入到项目窗口中去才能进行。编辑中调入窗口的所有素材片断和对素材片断所作的各种编辑和处理,都可以以项目文件的形式保存下来。在Premiere Pro

项目窗口有两个选项卡：一是当前项目，主要是管理相关文件，更改查找方式、显示素材信息、实现素材文件的管理等。二是 Effects 特效选项卡，有四种效果，分别是 Audio Effects（音频特效）、Audio Transitions（音频转换）、Video Effects（视频特效）和 Video Transitions（视频转换）。

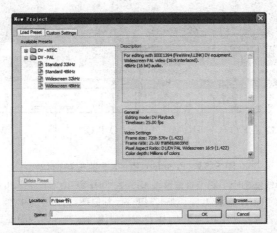

图 5.51　Premiere Pro 1.5 工程预设窗口

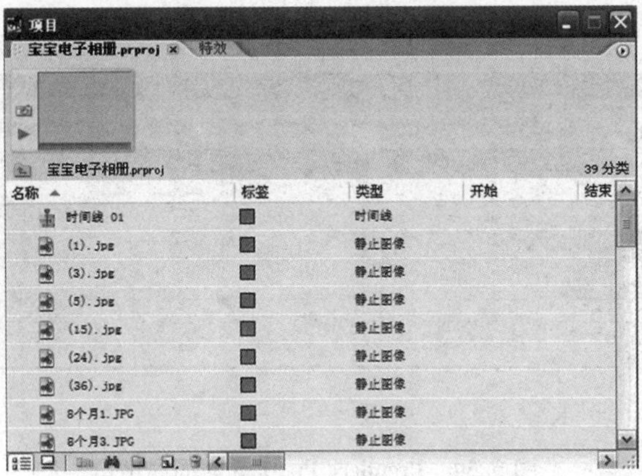

图 5.52　Premiere Pro 1.5 项目窗口

（3）Monitor(监视器)窗口

监视器窗口分成左右两个部分，左边的是素材监视窗口，它的主要功能是显示源素材；右边的是节目监视窗口，它的主要功能是显示时间线窗口中正在编辑与合成的节目序列，或显示已经完成的作品的预览效果。监视器窗口上面是显示窗口，下方是控制按钮，如图 5.53 所示。

（4）Timeline(时间线)窗口

如图 5.54 所示，Timeline(时间线)窗口是实施视频、音频编辑的工作窗口，在 Premiere Pro 中多数的编辑工作都需要在时间线窗口中完成。Adobe Premiere Pro 的时间线窗口基于标准时间码格式，是一个对视频与音频素材进行选择、编辑、排列、施加各种效果的平台。

（5）时间线工具箱

视频的剪辑工作是在时间线上进行的，为了有效剪辑视频，需要用到时间线工具箱。时间线工具箱可以完成对视频的移动、裁剪、位置移动等操作，如图 5.55 所示。

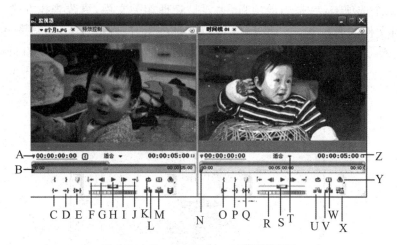

图 5.53　Premiere Pro 1.5 监视器窗口

注：**A**:素材编辑线位置时码；**B**:节目编辑线；**C**:到入点；**D**:到出点；**E**:在入出点间播放；**F**:上一个标记；**G**:前一帧；**H**:播放；**I**:后一帧；**J**:到下一个标记；**K**:循环播放；**L**:插入；**M**:覆盖；**N**:编辑线时码；**O**:设置入点；**P**:设置出点；**Q**:设置标记；**R**:Jog 慢步；**S**:Shuttle 飞梭；**T**:视窗比例；**U**:提取；**V**:挤压；**W**:安全区域框；**X**:Trim 剪辑；**Y**:输出选项；**Z**:入点和出点之间长度。

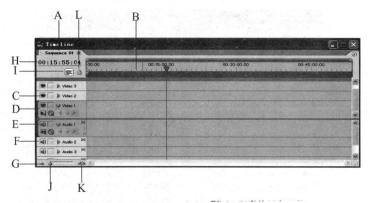

图 5.54　Premiere Pro 1.5 时间线窗口

注：**A**:序列标签；**B**:时间标尺；**C**:视频 2 轨道；**D**:视频 1 轨道；**E**:音频 1 轨道；**F**:音频 2 轨道；**G**:缩小按键；**H**:当前时间；**I**:吸附按键；**K**:放大按键；**L**:非数字标记；**J**:放大缩小划动滑块。

图 5.55　Premiere Pro 1.5 时间线工具箱

注： Selection Tool:选择工具； Track Select Tool:轨道选择工具； Ripple Edit Tool:波纹编辑工具； Rolling Edit Tool:滚动编辑工具； Rate Stretch Tool:速率拉伸工具； Razor Tool:剃刀工具； Slip Tool:滑动工具； Slide Tool:幻灯片工具； Pen Tool:钢笔工具； Hand Tool:手掌移动浏览工具； Zoom Tool:缩放工具。

2. Premiere Pro 1.5 编辑实例

任务一 从一段较长视频中裁剪一段视频,如图 5.56 所示。

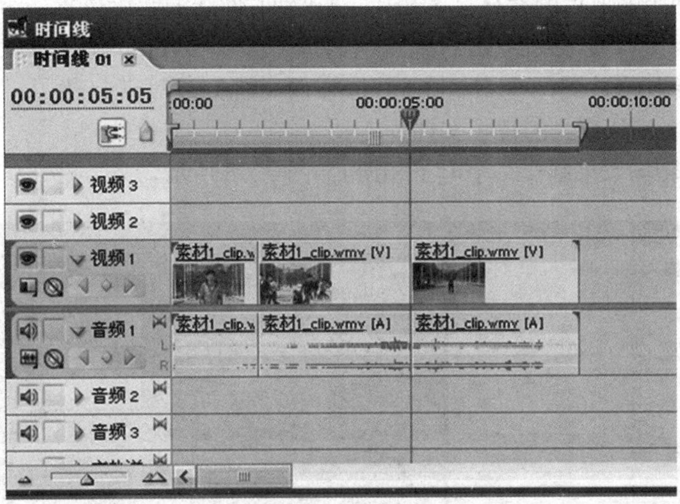

图 5.56 裁剪视频

第一步,打开 Premiere,新建一个项目,在项目预设中选择 PAL 制,确定保存位置并为项目取一个文件名;将素材导入到项目窗口中,并将其拖放到时间线的视频轨道上。

第二步,按空格键观看素材,在素材上找到想要的部分,选择工具箱的剃刀工具在需要的视频起始处点击一下,再用剃刀工具在需要视频的结尾处点击一下,这样视频就被分为三段了,点击所需视频片段前面和后面的素材,按住 Del 键删除。

第三步,把剪好的素材拖放到时间线的起始位置,点击"文件"/"输出"即可输出一个 AVI 格式的视频文件。

任务二 将两段视频拼接起来,如图 5.57 所示。

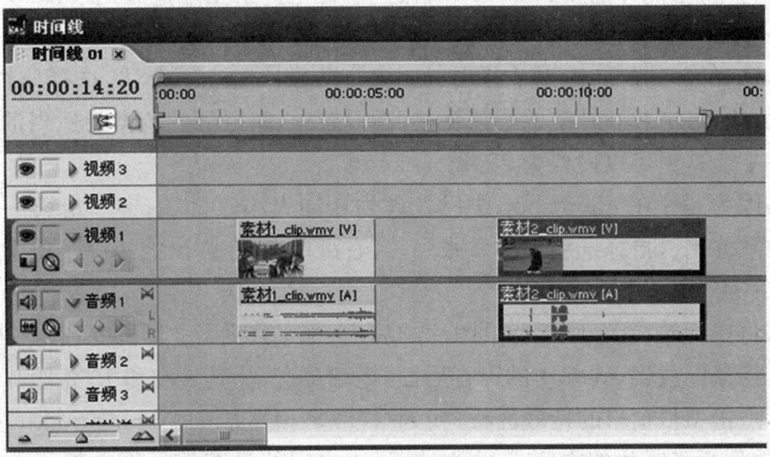

图 5.57 拼接视频

第一步,打开 Premiere,新建一个项目,在项目预设中选择 PAL 制,确定保存位置并为项目命名。将两个素材导入到项目窗口中,并将第一个素材拖放到时间线的视频轨道上。

第二步,按空格键观看素材,在素材上找到想要的部分,和任务一的操作一样,截取需要的一段。

第三步,将第二个素材拖放到时间线视频轨道上,截取所需要的一段。

第四步,将两个截取后的素材首尾相接,拖放到时间线的起始位置。为了使两段视频过渡自然,点击项目窗口的特效面板,找到"视频转换"(Video Transition),在 Dissolve 中选择"交叉溶解",并将其拖放到两个素材中间,这样两个视频过渡就自然了。点击"文件"/"输出"即可输出一个 AVI 格式的视频文件。

任务三 用转场效果制作一个电子相册,如图 5.58 所示。

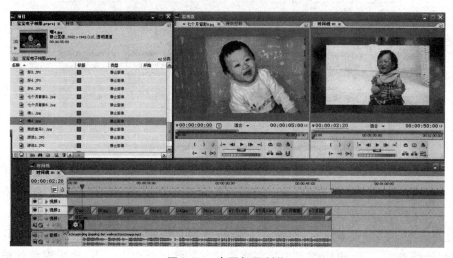

图 5.58 电子相册制作

第一步,打开 Premiere,新建一个项目,在项目预设中选择 PAL 制,确定保存位置并为项目命名。将 10 张照片导入到项目窗口中,再导入背景图片和音乐。为了让视频更美观,可在 Photoshop 中先将照片调整为相同大小。

第二步,将 10 张照片拖放到 Video2 轨道上,再把背景图片拖放到 Video1 上,将音频拖放到 Audio1 上。

第三步,选择第一张照片,观看图片大小,如果照片大小不合适,选择监视器窗口中的"特效控制"面板,点击"运动"前的小箭头,打开设置项,将"比例"调整为适当的数值,让照片比窗口略小一些,这里可以设置为 25%。

第四步,因为照片在 Photoshop 中已处理为相同大小,可以右键单击第一张照片,在快捷菜单中选择"复制",再拖选后面的 9 张照片,右键单击,在弹出的快捷菜单中选择"粘贴属性",10 张照片就变为一样大小了。

第五步,将鼠标放在 Video1 背景图片的后面,拖动图片,让其长度和 10 张照片的长度一样。同样,将鼠标放到 Audio1 的声音后面,拖动声音,让其长度和 10 张照片的长度一样。

第六步,点击项目窗口的特效面板,找到"视频转换"(Video Transition),在其中找到转场效果并拖放到两张照片的中间位置,这样照片之间的过渡就显得自然了。点击"文件"/"输出"即可输出一个 AVI 格式的视频文件。这样一个具有背景音乐的电子相册就完成了。

任务四 用视频滤镜提高一段视频的亮度和对比度,如图 5.59 所示。

第一步,打开 Premiere,新建一个项目,在项目预设中选择 PAL 制,确定保存位置并为项目命名,将视频素材导入到项目窗口中。

第二步,将视频素材拖放到时间线上,点击项目窗口的"特效控制"面板,选"择视频特效"(Video Effect),并在其中找到"调整"(Adjust)/"亮度 & 对比度"滤镜,将其拖放到时间线上。

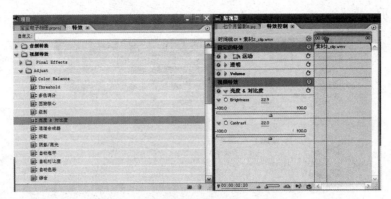

图 5.59　调整视频的亮度和对比度

第三步,在"监视器"窗口中打开"特效控制"选项卡,在下方的"视频特效"中点击"亮度 & 对比度"特效,将"亮度"设置为 22,将对比度设置为 22,观看效果。

任务五　用视频运动特效制作电子相册的片头。

第一步,打开 Premiere,新建一个项目。将用于制作片头的 10 张照片导入到项目窗口中,再导入一个背景音乐、一个运动视频背景和一个电影胶片的 GIF 动画,可在 Photoshop 中先将 10 张照片调整为相同大小。

第二步,将 10 张照片拖放到 Video2 轨道上。选择第一张照片,点击监视器窗口中的"特效控制"选项卡,将"比例"调整为适当的值,让图片的大小合适,约占窗口的一半大小。右键单击第一张照片,在弹出的快捷菜单中选择"复制",再全选其他 9 张图片,右键单击,在弹出的快捷菜单中选择"粘贴属性",让 10 张图片的大小相同。

第三步,点击"运动"和"透明"向右的箭头,可以对"位置""比例""旋转""定位点"和"透明"设置关键帧,如图 5.60 所示。

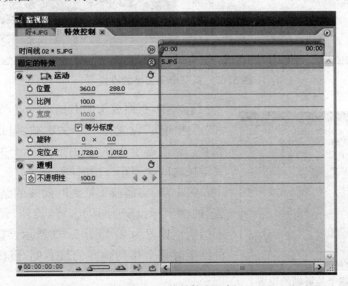

图 5.60　特效控制面板

第四步,选择第一张照片,将播放头拖放到时间线的起始点,点击"位置""旋转"和"不透明性"前面的 ○ 按钮为它们设置关键帧。将"位置"的横坐标设定为-250,让图片一开始在窗口左侧的外面,将"旋转"设置为0×(-90),将不透明性设置为0,图片一开始是透明的,如图5.61所示。

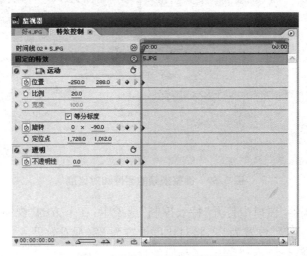

图 5.61　第一个关键帧的设置

第五步,将播放头拖到时间线中间靠左一点的位置。将"位置"的横坐标设定为360,将"旋转"设置为0×0,将不透明性设置为100。这样图片在窗口的最中心位置,而且是正着放置的,如图5.62所示。

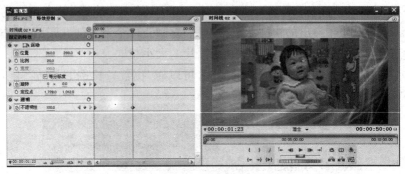

图 5.62　第二个关键帧的设置

第六步,将播放头向右拖动一点,为"位置""旋转"和"不透明性"设置第三个关键帧,但是参数不做任何调整。通过这步操作,图片在第二个关键帧和第三个关键帧之间会停止一段时间。

第七步,将播放头拖到时间线的结束位置。将"位置"的横坐标设定为1000,将"旋转"设置为0×90,将不透明性设置为0,如图5.63所示。这样图片在动画的结束时完全移到画面的最右侧,慢慢变透明并翻滚出去。

图 5.63　第四个关键帧的设置

第八步，右键单击第一张照片，在弹出的快捷菜单中选择"复制"，再全选其他9张图片，右键单击，在弹出的快捷菜单中选择"粘贴属性"，将第一张图片的动画赋给其他照片。为了让播放更流畅，可将10张照片交叉放置，如图5.64所示。

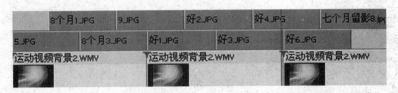

图 5.64 照片交叉放置

第九步，将胶卷状的GIF动画拖放到视频轨道4上，调整到适当大小。将音乐拖放到音频轨道上，调整长度，和10张图片交叉放置后的长度相同。点击"文件"/"输出"即可输出一个AVI格式的视频文件，电子相册的片头就做好了，如图5.65所示。

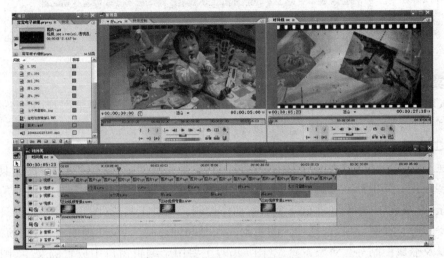

图 5.65 电子相册片头最终效果

5.4 三维动画文字加工与制作

COOL 3D 是 Ulead 公司出品的一个专门制作 3D 效果的软件，通过简单操作就能够生成具有各种特殊效果的 3D 动画文字。视频爱好者在制作 VCD/DVD 作品时，运用 COOL 3D 可以在片头和片尾加入精彩的三维动态效果；对于网页设计者，COOL 3D 可以帮助他们轻松地制作动态按钮、动态文字和其他各种三维部件；对于平面设计爱好者，COOL 3D 在为图形和文字标题增加三维效果的方面也具有非常强大的功能。

本节将以 COOL 3D 3.5 中文版为例，简单介绍其使用方法和技巧。这里需要提醒的是，该版本在 Windows 7 系统下存在不兼容现象，会提示缺少 d3drm.dll 文件，可从互联网上下载该文件，复制到 C:Windows/System32 目录下即可。

5.4.1 界面介绍

COOL 3D 的工作界面如图 5.66 所示，包括菜单栏、工具栏、编辑窗口、百宝箱、状态栏等。

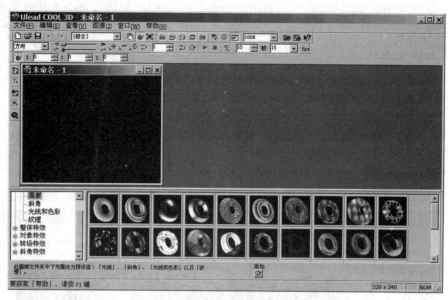

图 5.66 COOL 3D 工作界面

1. 菜单栏

COOL 3D 有文件、编辑、查看、图像、窗口、帮助六个菜单项,只要单击其中一个菜单,随即会出现一个下拉式子菜单,比较简单易懂。

2. 工具栏

创建三维文字动画的大部分工作是通过工具栏来完成的,所以 COOL 3D 的工具栏较为复杂和多样化。其中标准工具栏(图 5.67)除一般的文件命令外,还包含对象和斜角的表面选取按钮,以及旋转、移动和缩放三个基本动作控制。动画工具栏(图 5.68)显示处理动画方案所需要的所有控制选项,包括增强的主画面和时间轴控制选项、动画回放模式、帧的编号、帧速率以及播放控制等。对象工具栏(图 5.69)主要用于编辑窗口中放置的文字、图形和基本的 3D 几何对象。任何 3D 文字动画都必须从对象工具栏开始。

图 5.67 标准工具栏

图 5.68 动画工具栏

图 5.69 对象工具栏

3. 编辑窗口

界面中间有一个黑色背景的窗口,它是 COOL 3D 的主要工作区,所有 3D 文字动画都在这个窗口中进行创作、修改、显示和预览。

4. 百宝箱

编辑窗口下面是 COOL 3D 的百宝箱(图 5.70),存放了所有预设的动画效果和表面材质,编辑时可以直接把这些效果运用到自己的作品中去,非常方便。这也是 COOL 3D 的最大特点之一,它使整个工作由繁变简,即使用户不具备专业技能,只要把 COOL 3D 提供的各种效果组合、修改和调整,就可以制作出漂亮的动画来。

图 5.70 百宝箱

5.4.2 COOL 3D 的基本操作

1. 设置项目尺寸

启动 COOL 3D 会自动产生一个新文件,用来编辑;如果在编辑过程中要增加新动画方案,则要选择菜单命令"文件"/"新建",建立一个新文件。COOL 3D 中可以多个文字动画在同一界面上进行编辑。建立新文件后,为保证设计动画与实际需要的画面尺寸吻合,避免重复编辑,首先应设置项目图像的尺寸,方法是选择菜单命令"图像"/"尺寸",弹出尺寸对话框,如图 5.71 所示,可以通过自定义方式调整相应尺寸单位以及宽度值、高度值;也可以选择下拉列表中预设的标准尺寸。如果在项目中插入了自定义的图像文件作为背景,单击"使用背景图像尺寸"按钮,可以使项目自动采用背景图像的尺寸。

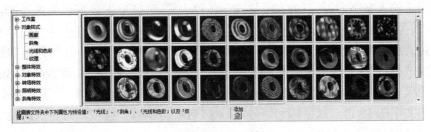

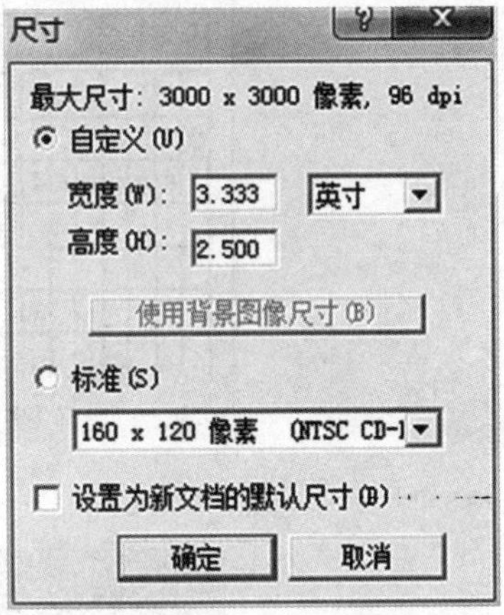

2. 设置显示与渲染模式

如图 5.72 所示,"图像"菜单下还可以进行显示与渲染模式的设置。① "使用 HAL 渲染":HAL 渲染代表 COOL 3D 可调用视频硬件的三维功能。如果计算机支持 HAL,选择该选项可让计算机在渲染项目时直接访问 Direct X 6.1 硬件抽象层(简写为 HAL),以便更快地渲染和显示,获取更好的动画性能。② "显示质量":用于控制 COOL 3D 在编辑项目时,项目显示的外观平滑度。如果选择较高的质量设置,图像会比较美观,但会降低运行速度。如果当前编辑的项目尺寸较大或者使用多个外挂特效,建议使用较低的显示质量以缩短渲染时间。③ "输出质量":用于控制将项目打印或保存为图像、动画或视频时,项目输出的外观平滑度。与显示质量相似,如果选择较高的输出质量,画面会比较美观,但创建文件时所需要的渲染质量也较长。在保存动画和视频文件时,应根据需要设置合适的输出质量。④ "输出预览":用于刷新项目。显示将项目打印或保存为图像、动画或视频时的外观。

图 5.71 文件尺寸对话框

图 5.72 "图像"菜单

3. 添加与编辑基本元素

(1) 添加文字

单击对象工具栏中的插入文字按钮 ，弹出文字对话框(图 5.73)。该对话框左上方的方框是用于输入文字的;其下方有下拉式字体列表框,可以单击该列表框选择所需要的字体;字体列表旁是字体的大小选择框,可以直接输入数字也可以单击框中带三角形符号的按钮弹出下拉式字号列表,然后从中选择一项合适的字号;字体、字号旁有斜体字和加粗字体两个按钮供选择,选择完成后可开始输入文字;对话框的下面是一些常用的符号,如果需要,可以直接用鼠标单击相应的符号即可输入。如果输入文字后发现字体、字号需要改变,只要把已输入的文字选中,再选择字体和字号,输入完后单击"确定"按钮即可。这时文字就会出现在编辑窗口中,如图 5.74 所示。

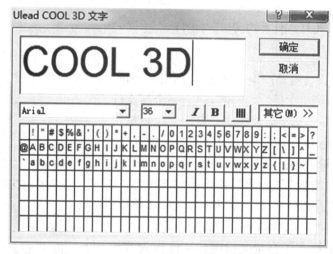

图 5.73 文字对话框

图 5.74 编辑窗口

标准工具栏中的"编辑文字"按钮 可用于对已输入的文字进行再次编辑。如果需要调整文字的字间距、行间距以及对齐方式,可通过文字工具栏进行(图5.75)。

(2) 导入图形

除在编辑窗口插入文字外,COOL 3D 还可以导入图形进行处理。一种方法是利用对象工具栏上的按钮 ![btn]，打开矢量绘图窗口(图5.76),在窗口中绘制图形或将键入的文字和导入的背景图形以矢量图形的方式进行编辑,单击"确定",图形就插入到编辑窗口。另一种方法是把 EMF 和 WMF 格式的 Windows 图元文件导入到 COOL 3D 中。一般先在 CorelDraw 等矢量图形处理软件中做好需要的物体的大致外形,然后导入到 COOL 3D 中制作动画。导入图元文件,只要点击"文件"菜单中的"导入图形"命令,从"打开"对话框中选择想要的文件就可以了。图元文件导入到 COOL 3D 中后,我们可以像对文字一样对其进行处理,制作动画,这为作品的创建提供了更加广阔的空间。

图 5.75　文字工具栏

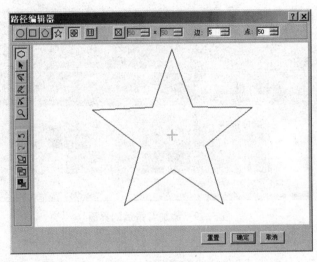

图 5.76　矢量绘图窗口

(3) 创建简单几何对象

单击对象工具栏上的按钮 ![btn],可在编辑窗口中创建球体、圆柱体等多种简单三维几何对象。添加几何对象后,就出现几何工具栏(图5.77),在其中调整几何对象的半径、宽度以及高度等参数。

图 5.77　几何工具栏

(4) 移动、旋转、缩放对象

文字等对象插入后出现在编辑窗口的正中、正向位置,可通过标准工具栏上的按钮 ![btn] 进行移动、旋转和缩放。当选择移动时,位置工具栏出现 X/Y/Z 等坐标,可精确确定对象位置(图5.78);若选择旋转或缩放,则位置工具栏上参数相应变换。

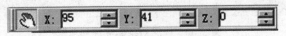

图 5.78　位置工具栏

4. 百宝箱的使用

百宝箱以缩略图的形式,针对可以在 COOL 3D 中创建的各种效果提供了许多样本和控制选项。通过使用百宝箱,用户可以快捷创建和调整编辑窗口中的三维对象或背景。添加预设效果有三种方式:第一,将右侧缩略图拖入编辑窗口;第二,双击缩略图;第三,选中缩略图,点击右键选择"应用"。

(1) 添加背景

点击百宝箱左侧"工作室"/"背景",右侧出现如图 5.79 所示的预设背景。双击选中的背景,则将其应用到当前编辑窗口中,程序将根据窗口尺寸自动调整背景图像的大小。如果希望加载自定义图像或颜色做背景,可点击左下角属性工具栏上的▣或▣进行相应设置。

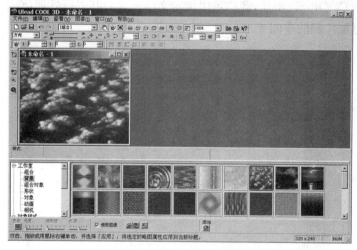

图 5.79 添加背景后的界面

(2) 编辑对象的光线和色彩

点击百宝箱左侧"对象样式"/"光线和色彩",右侧出现如图 5.80 所示的预设样式。双击选中样式缩略图,则将其应用到当前编辑窗口中。另外,还可以在左下角属性工具栏上调整表面、反射、光线、外光等参数。

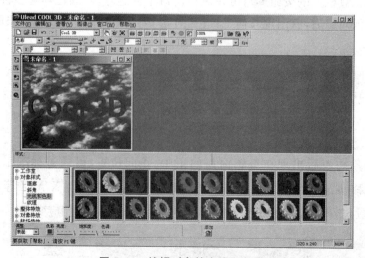

图 5.80 编辑对象的光线和色彩

百宝箱中其他效果可参照背景添加、色彩编辑进行调整,操作方法基本类似。请大家自行尝试。

5.4.3 COOL 3D 的动画制作

1. 创建预设动画

COOL 3D 提供了最简单的三维文字动画的制作方法。完成 3D 文字编辑之后,只要在百宝箱中点击"工作室"/"动画",双击右侧动画范例缩略图(图 5.81),或将其拖到所编辑的文字或其他对象上就可完成。单击动画工具栏上的 ▶ 按钮即可播放预览。

除此之外,"相机"以及整体特效、对象特效、转场特效等都有预设动画,可以根据需要进行选择。

图 5.81 预设动画

2. 创建关键帧动画

关键帧动画的创建需要动画工具栏(图 5.82)。熟悉动画工具栏的使用会给创作动画带来极大的方便。

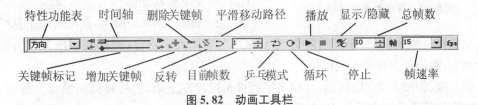

图 5.82 动画工具栏

① 特性功能表:表中列出了 3D 对象的所有基本特性,如位置、方向、旋转、材质、光线、色彩等。选定这些特性的时间和关键帧会在时间轴和关键帧标记中反映出来。

② 时间轴:时间轴上有一滑块,可用鼠标拖动来显示不同时间的画格,同时目前帧显示框中的数值也会随之变化,使用户知道当前画格是第几帧,并以此设定关键帧位置。

③ 关键帧标记:这里标记了所有关键帧的位置,但所显示的只是对某种属性的关键帧标记。每种属性的关键帧位不一定相同,因此要调整关键帧时应先选择属性。

④ 增加关键帧:每单击该按钮一次就会增加一个关键帧,而每增加一个关键帧就可以相应改变对象的属性或动作。

⑤ 删除关键帧:要删除关键帧,需在关键帧标记中单击要删除的关键帧,此功能才会起作用。单击删除关键帧按钮即可删除所选关键帧,并同时删除了关键帧所带的属性。

⑥ 反转:将动画按时间的顺序反过来播放,即由最后一帧开始到第一帧结束。

⑦ 平滑移动路径:使动画播放顺畅,也就是说使帧与帧之间的动作改变比较不显著。

⑧ 目前帧数:标出目前显示帧的编号。

⑨ 乒乓模式:由前往后播放到最后,再由后向前播放到最前,如此往复不断。

⑩ 循环:以正常的顺序不断地重复播放。
⑪ 播放:单击该按钮开始播放动画。
⑫ 停止:单击该按钮停止播放动画。
⑬ 显示/隐藏:用于显示和隐藏所选取的文字或对象。可以是在编辑过程中为了方便编辑多个对象而隐藏某些对象或文字,也可以与时间轴配合在动画的某一时间使对象或文字显示或消失。
⑭ 帧总数:用于设定整个动画的总帧数。可直接输入数字,也可单击旁边的增加和减少按钮改变数值。
⑮ 帧速率:用于设定动画每秒的帧数。

3. 导出动画

导出动画是将制好的动画输出成为一个动画文件,并保存在磁盘中。在 COOL 3D 中可以保存为很多种格式的文件,如动画文件有 AVI、GIF;静止图像格式有 BMP、GIF、JPEG 及 TGA;还可以把动画的每一帧作为一个图像序列文件保存下来。

如果输出一个 GIF 动画文件,可以选择菜单"文件"/"创建动画文件"/"GIF 动画文件"命令,弹出保存对话框,如图 5.83 所示。

图 5.83 导出动画对话框

5.4.4 COOL 3D 操作实例

1. 简单文字移动动画

第一步,如图 5.84(a)所示,利用对象工具栏中的插入文字按钮 在编辑窗口插入文字"COOL",字体大小自定,调整文字颜色。为便于印刷后观察,将项目背景设为灰度值。

第二步,如图 5.84(b)所示,移动文字到编辑窗口左上角,然后将当前帧设为最后一帧,移动文字到编辑窗口右下角,点击"增加关键帧"按钮。

第三步,点击播放,文字则从编辑窗口的左上角移动到编辑窗口的右下角,动画制作完成,如图 5.84(c)所示。

第四步,输出为 GIF 文件,可以在浏览器中观看其效果。

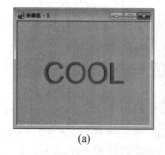

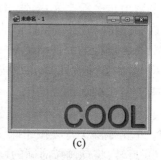

(a)   (b)   (c)

图 5.84 文字移动

2. 火焰文字

第一步,利用对象工具栏中的插入文字按钮 在编辑窗口插入文字"火焰",字体大小自定,调整文字颜色,如图 5.85(a)所示。

第二步,单击百宝箱中"整体特效"/"火焰",然后在右侧火焰特效缩略图中任选其一进行双击即可。

第三步,点击播放预览,并输出,如图 5.85(b)所示。

 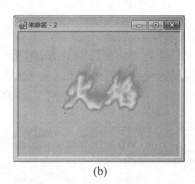

图 5.85 火焰文字

3. 视频片头

这里通过修改模板片头形成需要的片头。

第一步,新建项目,点击百宝箱中"工作室"/"组合",选择图 5.86 所示第一个片头并拖至编辑窗口。

第二步,在标准工具栏上的对象选择下拉框中分别选择 COOL1、COOL2(图 5.87(b)),利用对象工具栏上的文本编辑进行修改,改成"焦点新闻"(图 5.87(c))。

第三步,点击播放,并输出。

图 5.86 组合缩略图

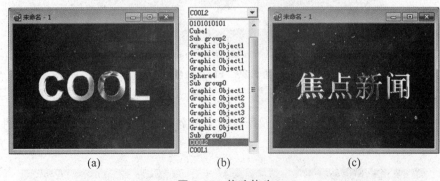

图 5.87 修改片头

5.5 Flash 8 动画制作

5.5.1 认识 Flash 8

1. 时间线窗口

时间线窗口是处理帧和层的地方,用于组织和控制文档内容在一定时间内播放的层数和帧数。图层就好像一张透明的纸,每个图层都包含一个显示在舞台中的不同图像。时间轴的主要组件是层、帧和播放头,如图 5.88 所示。

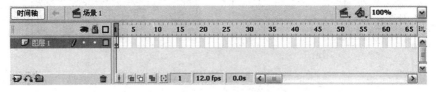

图 5.88 Flash 时间线窗口

2. 舞台

舞台是一个在其中放置电影内容的矩形区域,这些电影内容包括矢量图、文本、按钮、导入的位图或影片剪辑等。只有在舞台中的内容才会最终被导出并生成影片,如图 5.89 所示。

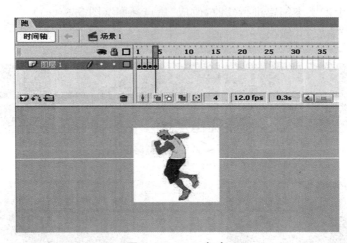

图 5.89 Flash 舞台

3. 属性面板

属性面板主要用来设置当前影片及所选对象的各种属性。不同的对象,其属性面板是不一样的。图 5.90 是舞台的属性面板。

图 5.90 Flash 属性面板

4. 对齐面板

对齐面板主要用于对齐和排列场景中的对象,如图 5.91 所示。它可以排列和对齐场景中选中的对象,也可以调整对象的间距。单击"相对于舞台"选项,可以相对于舞台对齐和排列所选对象。

5. 变形面板

变形面板主要用来设置对象的长宽比例和旋转倾斜比例,如图 5.92 所示。

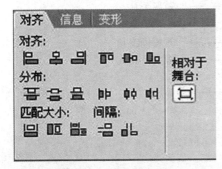

图 5.91　Flash 对齐面板

图 5.92　Flash 变形面板

6. 混色器面板

使用混色器可完成纯色和渐变填充。如果已经在舞台中选定了对象,则在混色器中所作的颜色更改会被应用到所选对象上,如图 5.93 所示。

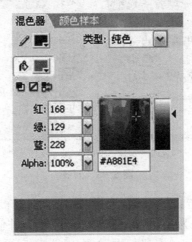

图 5.93　Flash 混色器面板

7. 绘图工具栏

绘图工具栏提供各种用于创建和编辑对象的工具,如图 5.94 所示。

5.5.2　Flash 8 动画实例

任务一　基本形变动画。

第一步,打开 Flash,新建一个文档。

第二步,点击椭圆工具,并按住 Shift 键绘制正圆形,线条为无,填充色为"♯00FFFF"。按快捷键 Ctrl+K 调出"对齐"面板,选中圆形,分别选中"垂直居中分布"和"水平居中分布"

选项,使其对齐到舞台中心,如图 5.95 所示。

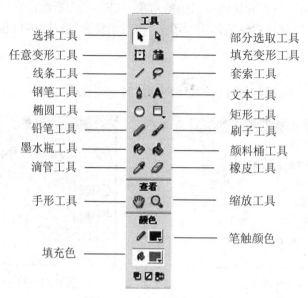

图 5.94 Flash 绘图工具栏

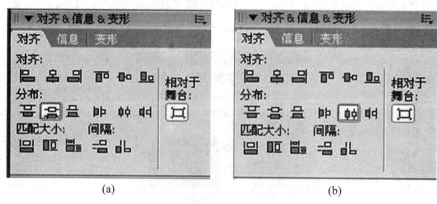

图 5.95 对齐

第三步,在第 10 帧处单击鼠标右键,选择"插入空白关键帧",点击矩形工具,并按住 Shift 键绘制一个正方形,线条为无,填充色为"♯FFFF00",并使其对齐舞台中心。

第四步,在两个关键帧中间单击鼠标左键,在属性面板中的"补间"选项处选择"形状",如图 5.96 所示。

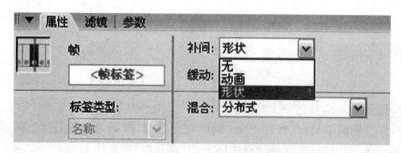

图 5.96 补间

第五步,按 Ctrl+Enter 组合键测试影片,动画效果完成。

任务二 过光文字。

第一步,打开 Flash,新建一个文档。在属性窗口设置:舞台大小为 300×200 像素,背景颜色为"♯666666",如图 5.97 所示。

图 5.97 设置文档属性

第二步,点击文本工具,在属性面板中选择字体为"华文行楷",字体大小 30,颜色"♯FF0000",如图 5.98 所示;输入文字"新年";在 20 帧处单击鼠标右键,选择"插入帧"。

图 5.98 设置文字属性

第三步,插入图层,点击线条工具,在属性面板中修改颜色为"♯FFFFFF",笔触高度为"3",如图 5.99 所示;画一条斜线,斜线位置如图 5.100 所示;在第 20 帧处点击鼠标右键,选择"插入关键帧",移动斜线至文字的右侧;在中点插入形状补间动画。

图 5.99 设置线条属性

图 5.100 插入斜线

第四步,插入图层,选中图层1的文字,按 Ctrl+C 复制文字,选择图层3第一帧,按 Ctrl+Shift+V 将文字复制到原来位置。在图层3处点击鼠标右键,选择遮罩层,如图5.101所示,将图层3设置为遮罩层。

图 5.101　设置遮罩层

第五步,按 Ctrl+Enter 测试影片,最终效果如图5.102所示。

任务三　飞机模型的运动效果。

第一步,打开 Flash,新建一个文档。在属性窗口设置:舞台大小为 500×400 像素,背景颜色为"♯00FFCC"。

第二步,点击线条工具,在属性面板中修改颜色为"♯000000",笔触高度为 0.25 绘制一个飞机模型的轮廓,如图5.103所示。为飞机模型的两边填色,填充色分别为"♯CC3366""♯CCFF66"。

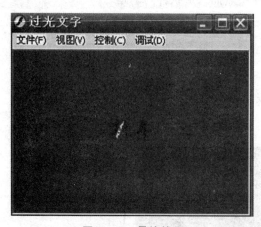

图 5.102　最终效果

图 5.103　绘制飞机模型

第三步,将飞机模型选中,点击鼠标右键,选择"转换为元件",将其转换为图形元件,取名为"模型",如图5.104所示。

图 5.104　将飞机模型转换为元件

第四步,选择"添加运动引导层",如图 5.105 所示。点击椭圆工具,在属性面板中修改笔触颜色为"♯000000",填充色为无,绘制一个椭圆。将椭圆选中,点击任意变形工具,将椭圆旋转。点击选择工具,拖动鼠标选中椭圆一小部分并删除,得到运动的起点和终点,如图 5.106 所示。

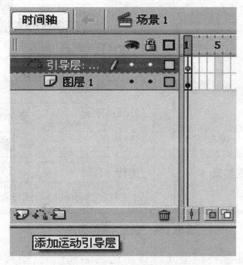

图 5.105　添加运动引导层

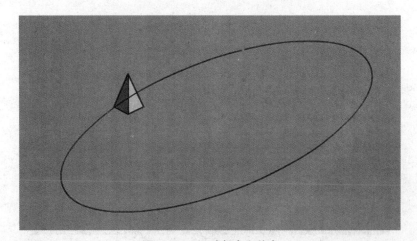

图 5.106　运动起点和终点

第五步,在图层 1 第 30 帧处插入关键帧,引导层第 30 帧处插入帧。在图层 1 两个关键帧中间单击鼠标右键,选择"创建补间动画",如图 5.107 所示。在属性面板中选择"调整到路径",如图 5.108 所示。

图 5.107 创建补间动画

图 5.108 设置"调整到路径"

第六步,在图层 1 第 1 帧将模型元件移至运动的起点处,使其中心点对准轨迹的起点,并旋转方向,如图 5.109 所示。

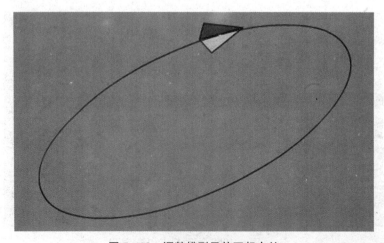

图 5.109 调整模型元件至起点处

第七步,在图层1第30帧将模型元件移至运动的终点处,使其中心点对准轨迹的终点,并旋转方向,如图 5.110 所示。

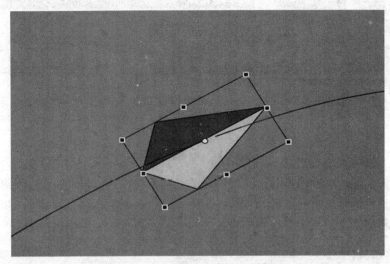

图 5.110 调整模型元件至终点处

第八步,按 Ctrl+Enter 测试影片,动画效果完成。

任务四 毛笔字效果。

第一步,打开 Flash,新建一个文档,在属性窗口设置:舞台大小为 800×200 像素,背景颜色为"♯D0D0D0"。

第二步,点击文本工具,选择字体为"华文行楷",字体大小 96,文本填充颜色为"♯000000",输入文字"国粹传承文化育人"。

第三步,选中文字,按两次 Ctrl+B 打散文字。插入关键帧,按照字的书写的相反顺序用橡皮擦将文字擦掉一点。以此类推,每插入一个关键帧,用橡皮擦擦掉一点,如图 5.111 所示,直到所有文字只剩下一点为止。

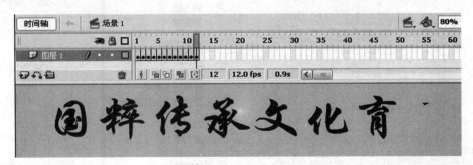

图 5.111 擦掉文字

第四步,新建图层,点击"文件"/"导入"/"导入到舞台",选择毛笔的图片,将毛笔的图片导入到舞台,调整图片的大小以适合舞台。

第五步,选中图片,按 Ctrl+B 将图片打散。选择套索工具,点击魔术棒设置,魔术棒阈值设为 10,如图 5.112 所示。点击魔术棒,用魔术棒选择毛笔图片的背景,按 Delete 键去除背景,用橡皮擦擦掉魔术棒没有去除的部分,直到只剩下毛笔为止。

第六步,选中毛笔,点击鼠标右键,选择"转换为元件",将毛笔转换为图形元件,调整大小以适合字体。

 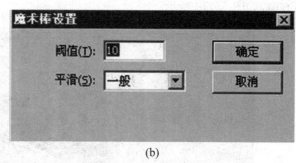

(a)　　　　　　　　　　　　(b)

图 5.112　魔术棒设置

第七步,将毛笔的位置调整到字的最后一笔。插入关键帧,按照字的笔顺调整毛笔的位置,就好像字是毛笔写出来的一样,如图 5.113 所示。以此类推,插入关键帧,调整毛笔的位置,直到毛笔和图层 1 的文字全部对应为止。

图 5.113　调整毛笔位置

第八步,将所有帧选中,单击鼠标右键,选择"翻转帧",如图 5.114 所示。

图 5.114　翻转帧

第九步,按 Ctrl+Enter 测试影片,动画效果完成。

复习思考题

1. 使用提供的"树木.jpg""放大镜.jpg""花.jpg""家具.jpg"和"人物.jpg"图片素材,制作一个家具的招贴广告,其参考效果如图 5.115 所示。

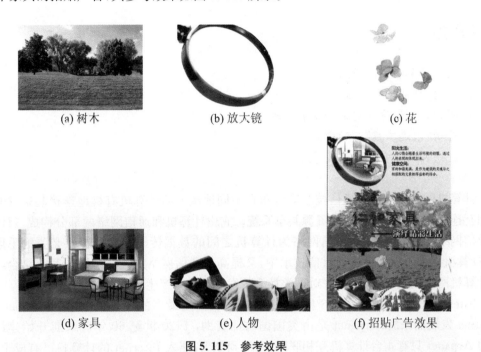

图 5.115　参考效果

2. 使用提供的"模特.jpg""背景.jpg"和"产品陈列.jpg"图片素材,制作一幅广告海报,效果如图 5.116 所示。

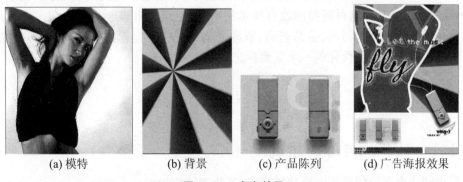

图 5.116　参考效果

3. 选择一首拿手的歌曲,使用 Cool Edit 软件消除原唱,并录制自己的歌曲。
4. 利用影音嗅探和 Camtasia 从网上下载一段视频。
5. 使用 Premier 编辑一个电子相册。
6. 使用 COOL 3D 做一个"现代教育技术"的文字动画效果。
7. 使用 Flash 做一个"现代教育技术"的毛笔字效果。

第 6 章　计算机网络与现代远程教育

学习目标

1. 指出计算机网络的组成。
2. 熟悉 IP 地址和域名。
3. 说出远程教育的定义和发展阶段。
4. 分析"农远工程"三种模式。
5. 能用网络教学平台开展学习。

计算机网络利用网络通信技术将分布在不同地域上的计算机有机地连接起来，构成一个相互连通又各自独立的信息资源共享系统。它由计算机和通信网络两部分构成。计算机是通信网络的终端或信源，通信网络为计算机之间的数据传输和交换提供必要的手段，同时，计算机技术不断地渗透到通信技术中，又提高了通信网络的性能。两者紧密结合，促进了计算机网络的发展和繁荣，并对人类社会的发展和进步产生了巨大的影响。

Internet 国际互联网是当今世界上规模最大、应用最广的计算机网络。Internet 是从 Arpanet 发展而来的，Arpanet 是由美国国防部资助，于 20 世纪 60 年底末期开始建设的。最初 Arpanet 只有 4 台计算机互相联网，发展到今天，连入 Internet 的计算机已有成千上万台了，统计出一个精确的数据几乎是不可能的。

Internet 是一个世界范围内大量的信息资源和服务的集成体。计算机网络只是传递信息的媒体，而 Internet 使网上的用户可以互相通信、共享信息。因此，在教育领域的应用，Internet成为一种必然。这种新型的教育技术的出现，使得教育教学方式出现了重大的、全新的变化，网络授课、网上讨论、信息查询、资源共享等现代远程教育方式的引入，使得计算机网络的应用成为教育现代化的一个重要标志和发展方向。

6.1　计算机网络概述

6.1.1　计算机网络的组成

计算机网络由网络硬件和网络软件组成，其物理结构如图 6.1 所示。

1. 网络硬件

网络硬件是计算机网络组成的物质基础，通常由计算机、网络设备、传输介质、外围设备组成，主要负责数据信息传输、存储、交换。

（1）计算机

一般来说，连接在网络上的计算机分为两类，一种是我们通常所指的个人计算机，另一种是服务器。我们访问网络上的资源，主要是访问和利用服务器里的资源，因此，服务器是各种信息资源的集散地。服务器与个人计算机相比,运算能力强,存储量大,并行、并发能力强,可以接受较多用户访问,有较高的可靠性和稳定性。

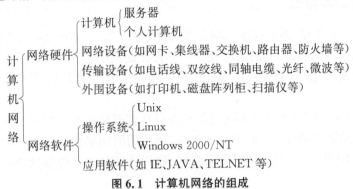

图 6.1　计算机网络的组成

(2) 网络设备

网络设备是构成网络的传输设备,有网卡、集线器、交换机、路由器、防火墙等。

① 网卡:网卡是计算机与网络连接的接口设备。其主要功能是实现并行数据和串行数据的转换,网络信号的产生,数据包的装配和拆卸,数据的缓存及数据的存取控制等。网卡上的 MAC 地址是唯一的。

② 集线器(Hub):主要作用是通信信号的再生和转发,可以使网络信号传输得更远,同时可以增强对网络的管理和维护。集线器属于 OSI 的第一层(物理层)设备,所有端口共享一条带宽,采用广播模式。

③ 交换机(Switch):属于 OSI 的第二层(数据链路层)设备,有二层、三层交换机之分,可以对数据的传输做到同步、放大和整形,而且可以过滤短帧、碎片等,能够隔离冲突域和有效抑制广播风暴的产生,可以采用全双工模式。

④ 路由器(Router):属于 OSI 第三层(网络层)设备,负责局域网与广域网的连接,基本功能是 IP 地址的判断、路由选择和转发分组。

⑤ 防火墙(Firewall):这是网络中一种常见的安全产品,常用于局域网与广域网的连接处,主要是防止病毒和黑客的入侵。其内部一般设有对数据分组进行筛选和应用程序网关两个功能。

2. 网络软件

网络软件主要有操作系统、网络的各种协议以及大量的应用软件。正是这些软件的合理配置和控制,才使得网络得到有效的利用。

目前应用比较广泛的网络操作系统都支持 TCP/IP 协议。

① Unix 系统:应用于微机、小型机、中型机、大型机,具有多任务、多用户、可移植性好、扩展性好及运行稳定、安全等特点。

② Linux 系统:集世界众多软件工程师的智慧,源代码公开,存在多种版本。在核心上,Linux 是由 Unix 衍生出来的,具备 Unix 系统的基本特征。

③ Windows 系统:是微软(Microsoft)公司的产品,常应用于微机和服务器中。实现了集成的 Internet 服务,它能提供多种编辑工具、丰富的软件和终端服务,具有抵抗应用程序和硬件的故障、集成目录服务、强大的管理系统、灵活的企业级安全等特点,是全球计算机用户中使用最频繁的操作系统。

网络上的应用软件十分丰富,可以说与人类生活的方方面面息息相关,不能一一列举,也因为如此，才使得计算机网络成为人类生活不可缺少的一部分。

6.1.2 网络协议

在过去的二十多年里，网络技术不断发展，从最初的 X.25、帧中继、以太网、FDDI，再到流行的 ATM、快速以太网，不同的技术提供了多样化的网络选择。为了能够在众多不同类型的局域网和广域网之间实现网络的互操作性，保证数据的正常传递，就需要遵循统一的网络协议。

网络协议，即为了使网络中的不同设备能进行数据通信而预先制定的一整套双方相互了解和共同遵守的格式和约定。在 Internet 中，所采用的网络协议不仅具有低层次的协议规范，如 TCP 和 IP 协议等，而且还对电子邮件、模拟终端和文件传输这样的高层次应用制定了相应的规范。

TCP/IP 协议集是 Internet 上完整的、系统的协议标准。它采用四层协议方式，分别是网内层、网际层、传输层、应用层，即数据需经过四层通信协议软件的处理才能在物理网络中传输。TCP/IP 是一种灵活的网络体系结构，其主要特点有：开发的协议标准；独立于特定的计算机软硬件；网络地址统一分配；网络中的节点都有唯一的地址；高层协议的标准化等。

6.1.3 IP 地址与域名

1. IP 地址

IP 地址用于在网络上唯一标识一台机器。根据 RFC791 的定义，IP 地址由 32 位二进制数组成（4个字节），表示为用圆点分成每组 3 位的 12 位十进制数字（×××.×××.×××.×××），每个 3 位数代表 8 位二进制数（1 个字节）。由于 1 个字节所能表示的最大数为 255，因此 IP 地址中每个字节可包含有 0~255 之间的值。但 0 和 255 有特殊含义，255 代表广播地址，0 用于指定网络地址号（若 0 在地址末端）或结点地址（若 0 在地址开始）。例如，192.168.32.0 指网络 192.168.32.0，而 0.0.0.62 指网络上结点地址为 62 的计算机。

根据 IP 地址中表示网络地址字节数的不同将 IP 地址划分为三类：A 类、B 类、C 类。A 类用于超大型网络（百万结点），B 类用于中等规模的网络（上千结点），C 类用于小网络（最多 254 个结点）。A 类地址用第一个字节代表网络地址，后三个字节代表结点地址；B 类地址用前两个字节代表网络地址，后两个字节表示结点地址；C 类地址则用前三个字节表示网络地址，第四个字节表示结点地址。

网络设备根据 IP 地址的第一个字节来确定网络类型。A 类网络第一个字节的第一个二进制位为 0；B 类网络第一个字节的前两个二进制位为 10；C 类网络第一个字节的前三位二进制位为 110。换成十进制可见 A 类网络地址为 0.0.0.0~127.255.255.255；B 类网络地址为 128.0.0.0~191.255.255.255；C 类网络地址为 192.0.0.0~223.255.255.255。224~239 间的数称为 D 类，239 以上的网络号保留。

2. 域名

由于 IP 地址是一串数字，对于用户来说很难记忆，因此采用了一种简单明了、便于用户记忆和理解主机地址的办法，即建立一个 IP 地址与相应的英文缩写一一对应的映射集，我们把这些英文缩写称为域名。TCP/IP 协议规定了对每一台主机命名的一般结构。域名的一般结构可表示为：计算机主机名.机构名.机构性质.最高层域名。

这是一个分层的树状结构，从域名上人们可以知道主机所属结构的性质和结构。例如，安庆师范学院主机的域名为"www.aqtc.edu.cn",它的最高级域名 cn 代表中国,二级域名 edu 代表教育和科研计算机网,aqtc 代表安庆师范学院,www 则表示主机是 www 服务器。Internet 地址一般不区分大写或小写字母。当在"地址"栏中输入了某一个主机的域名后,必须将域名转成网络内部能够识别的 IP 地址,这样才可以找到与域名对应的主机,将域名转换成 IP 地址是由域名服务器(DNS)完成的,即域名映射集存放在 DNS 中,来实现主机名与主机地址之间的映射。因此,用户只需记住要访问的主机域名即可。Internet 地址的域名是由被句点分割开的两个以上的子域名组成的,其中最右边的子域名就称为顶级域名或最高层域名。Internet 最高层域名及机构的性质代码如表 6.1 所示。

表 6.1 Internet 中最高层域名、机构性质对照

域名	含义	域名	含义
com	商业组织	cn	中国
edu	教育部门	us	美国
net	大型网络	uk	英国
mil	军事部门	tw	中国台湾
gov	政府部门	hk	中国香港
org	组织机构	sg	新加坡
int	国际组织	au	澳大利亚

6.2 现代远程教育

6.2.1 远程教育定义

进入信息化时代的 21 世纪,人们对教育的需求日益增加。远程教育是一种新的教育模式,是提高全民族科学文化素质,促进教育思想、内容和方法改革,推动教育现代化,满足社会日益增长的终身学习需求的重要手段。

什么是远程教育?从字面上看,其突出的特征就是非面对面的、有空间距离的教育活动。虽然远程教育的个性特征比较突出,但给它下一个严格的定义却也不那么容易,存在着不同的看法。

有关远程教育比较早期的概念是函授教育。联合国教科文组织在 20 世纪 70 年代末曾经给函授教育下过一个定义:"函授教育是以邮递服务的方式,而不是以教师和学生之间面对面接触的方式所实施的教育。教学过程的实施,通常是把文字或音像教材邮寄给学生,学生把做好的书面练习或做好的练习音像带再邮寄给教师,教师把对这些学生作业的批改意见最后反馈给学生。"这一对函授教育的定义刻画了远程教育的早期模式。但是这一概念显然无法描述今天的远程教育,今天的远程教育涵盖了比较多的有关媒体技术和学习者支助服务的概念。关于远程教育的定义,许多著名的远程教育专家都曾以自己的方式表述过,在这些定义之中,最有影响并被广泛认可的对远程教育的界定是远程教育学家德斯蒙德·基更的远程教育的五项特征描述的定义(基更,1996)。这一定义概括了远程教育的下列特征:

① 准永久性分离。教师与学生、学生与其他学生在时间、空间和社会文化心理上的分

离是远程教育最突出的特征。在教与学过程中,师生处于物理空间相对分离同时通过信息传递又相互联系的状态;教与学过程是以特定的技术环境、教育资源和教育媒体为基础的。分离并不是完全永久性的,也就是说远程教育中并不完全排斥面对面交流。

② 媒体与技术的作用。媒体与技术是远程教育中又一个重要特征。远程教育的本质是实现跨越时间、空间和社会文化心理的教学活动。在这一过程中,媒体与技术是关键因素,是远程教育赖以存在的基础。

③ 双向通信。教学活动的本质是教育信息在教师与学生、学生与学生之间的传递,远程教育也是如此。因此,通信是远程教育教学活动的基础。传统课堂教学中的双向通信机制和多向通信机制是面对面的,而远程教学中的双向通信机制主要是非面对面的,是基于一定的通信技术和网络技术基础之上的。

我国学者也对远程教育的定义作了相应的研究:

① 所谓远程教育就是为了解决师生双方由于地理上的距离而导致的、表现在时空两个维度上的教与学行为间的分离而采取的、重新整合教学行为的一种教育模式。随着社会的发展,这种教育模式将具有实践上和理论上的不同表现形式(谢新观,2001)。

② 学校远程教育是对教师和学生在时空上相对分离,学生自学为主、教师助学为辅,教与学的行为通过各种教育技术和媒体资源实现联系、交互和整合的各类学校或社会机构组织的教育总称(丁兴富,2002)。

第一个定义只将教与学时空分离和教与学重新整合作为远程教育的本质属性,并不将学校和教学机构作为远程教育的本质属性;而在第二个定义中将师生时空分离,学生自学为主、教师助学为辅,利用媒体技术,教与学整合,以及学校和机构都作为远程教育的本质属性,更符合大众对教育的理解。

6.2.2 远程教育的发展阶段

由加拿大学者加里森(Randy Garrison)、荷兰学者尼珀(Soren Nipper)和英国学者贝茨(Tony Bates)首先提出并由我国学者丁兴富进一步发展的"三代信息技术和三代远程教育"理论认为:第一代远程教育起源于19世纪中叶的函授教育,建立在印刷和交通邮递技术发展上;第二代远程教育起始于20世纪上半叶的多种媒体教学开放教育,建立在广播电视录音录像等视听技术和大众媒体的发展上;第三代远程教育则是发端于20世纪末叶的数字化虚拟教育(即网络教育),建立在以计算机多媒体和网络为核心的电子信息通信技术的发展之上。

1. 基于印刷媒体的函授形式——第一代远程教育

第一代远程教育起源于19世纪中叶。当时,学校数量有限,而学习者,特别是成人学习者由于受地域、时间的限制而不能采取师生面对面的授课形式,只能通过邮政通信的方式来完成大部分学习任务,远程教育应运而生。

第一代远程教育是以印刷课程材料(印刷教材)为主要学习资源、以邮政传递书写作业和批改评价(函授辅导)为主要通信手段(或主要技术特征)的函授教育(Correspondence Education)。这一代远程教育的主要代表是独立设置的函授学校和传统大学开展的函授教育、校外教育。

函授教育首先发源于职业技术培训。1840年,英国的伊萨克·皮特曼(Isaac Pitman)首先应用函授方式教授速记,他被认为是函授教育的始祖。后来,为了育人和商业的双重目的,各类私立函授学校和学院纷纷设立并提供各种职业技术培训课程。

随后,在大学层次也开始开展函授高等教育。大学层次的远程教育的实践可以追溯到19世纪三四十年代英国的"新大学运动"(New University Movement,即在古典大学之外新建大学)和"大学推广运动"(University Extension Movement,即将大学的各类教育活动推广到校园外的民间,面向各类社会民众)。

在"新大学运动"中,英国政府于1836年创建了伦敦大学。伦敦大学提倡民主自由精神,注重自然科学的讲授,并且在1849年首创校外学位制度(External Degree System),即允许英国国内和英联邦各国未经特许的任何高等院校的学生,都可以报考伦敦大学的校外学位制度。校外学位制度为世界树立了一个采用自学、函授、业余夜校等综合方式进行教学的榜样,成为发展校外高等教育的范例。因此,1849年可以看做是世界远程高等教育的诞生年份。

19世纪60年代,剑桥大学、牛津大学倡导"大学推广运动",为校外学生开设扩展的学习课程。在其影响下,新产生的高等函授教育不仅在英国,而且在世界上的许多国家中得到响应和推广,欧美许多大学也相继建立函授教学机构。1892年美国威斯康星大学(University of Wisconsin)正式用"远程教育"这一术语,该年因此成为世界公认的远程教育诞生元年。

在美国,举办函授教育的第一批大学有伊里诺斯州立大学(1874年)、芝加哥大学(1891年)和威斯康星大学(1906年)。其他西方国家如法国、德国、意大利、瑞典以及亚洲的日本等,也都先后开展了大学层次的函授教育和校外教育。1938年,在加拿大的维克多组建了"国际函授教育理事会",它标志着远程教育的第一个阶段——函授教育阶段的正式形成。

函授教育的目的是创建一个真正的以学生为中心的学习系统。函授学习的主要优势是它对于学生和学校都很灵活。学生对学校而言是一个个体,通过通信邮件获取课程材料,学习的时间和地点相对灵活。对于学校,系统的灵活性体现在两方面。它允许进行劳动分工(如课程主讲和课程辅导可以是不同的教师),而且容易实现规模经济快速扩展。规模经济带给函授教育另一种优势:学校拥有大量学生时将提供充足的资源制作高质量的学习材料。这是巨型大学的关键竞争优势。函授教育公认的主要弱点则是实现交互的程度和及时性有所不足。

2. 基于视听媒体的广播电视形式——第二代远程教育

从20世纪20年代起,相继发明的电报、电话、无线电收音机(图6.2)以及电视机等电信设备开始应用于教育,并且目前作为教育媒体也广泛地应用在教学之中。最早开始兴办播音教育的是英国。1920年,英国首先将广播电视媒体应用到高等教育之中,随后其他国家也普遍开展广播电视教育。20世纪30年代起,有声电影开始应用于教学,进入视听教育的新阶段。20世纪50年代起,电视技术逐步成熟,电视教育也很快崛起。20世纪60~70年代,广播电视、卫星电视以及录音录像技术的大规模发展以及在教育领域的广泛应用,最终使远程教育从单一的函授教学形态向多种媒体教学的形态发展,从而形成第二代远程教育。

第二代远程教育是指在邮政通信和印刷技术基础上,利用广播、电视(卫星)、录音录像和电话等电子传播媒体开展的远程教育。它的主要特征是除了印刷材料以外,还有广播电视等大众媒体和录音录像等个人媒体,是多种媒体教学的大规模和工业化的远程教育。第二代远程教育是以广播电视、录音录像、通信卫星等多种媒体教学为其技术特征,其主要代表是各国独立设置的开放大学和广播电视大学及其他独立设置的远程教学大学。

上面提到的美国宾夕法尼亚州立大学,从20世纪20年代起就利用广播、电视和卫星等先进手段,进一步推广远程教育,为美国工农业发展输送了大批素质优良的技术人员,尤其是二战以后,为美国军人转业培训立下了汗马功劳。

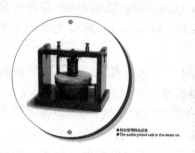 

图 6.2　早期电话机和收音机

1964 年,美国佛罗里达大学第一个用电视转播课堂现场教学,双向、点对点微波通信传输系统把校园课堂教学的信息传送到五个校外中心,供各企业的工程师们在同一时间集中在校外中心进行学习。

1967 年,美国科罗拉多州大学首创使用录像带进行工程师继续教育。学校把教授在课堂里的讲课制成录像带,连同课程讲义、家庭作业送到各个企业。为了弥补录像带教学无法解决与老师交流的缺陷,在发放录像带的同时,该学校用电话和普通邮件作为与教师交流的替代工具。

1968 年,斯坦福大学通过一个教学电视固定服务系统,向旧金山湾地区各企业传送大学校园内的现场课程教学。校外学生通过调频无线电系统同校园内课堂现场师生进行双向对话,另外,还要求各企业为学习者配备辅导教师。

这些先驱者们的工作,为以广播电视教育为主要特征的第二代远程教育提供了思想理念和办学实践的良好范例。然而,第二代远程教育标志性事件的历史殊荣却要归于 20 世纪 60 年代末创立的英国开放大学。

目前,世界远程教育界公认:英国开放大学的建立标志着新一代远程教育的开始。1963 年,英国反对党领袖哈罗德·威尔逊(Harold Wilson)在其著名的格拉斯哥演说中,首次阐述了"播送大学"(The University of the Air)的观念。1969 年 6 月,英国开放大学成为一所有权授予学位的独立的自治大学,它通过广播、电视、计算机等多种媒体进行教学,可以授予校外学生学位,这是开放大学的一个重要特点。经过三十多年的不断探索和创新,英国开放大学取得了令世人瞩目的巨大成就,在世界远程教育领域产生了巨大而深远的影响。它的诞生不仅是英国 20 世纪教育改革最成功的典范,更已成为世界远程教育发展史上的重要里程碑。英国开放大学的创建标志着 20 世纪 70 年代起开始兴盛的新一代远程教育运动的崛起,为远程高等教育争得了合法地位,赢得了世界声誉。开放大学课程组构成如图 6.3 所示。

英国开放大学无论在大学学位教育、研究生教育及继续教育的课程设置,多种媒体课程材料的设计、制作和发送方面,还是在教学方法以及学生学习支持帮助服务等方面都取得了很大成就,确立了它的历史地位。澳大利亚的泰勒和怀特曾经这样评论过英国开放大学的历史功绩:"世界各地的远程教育工作者都高度评价英国开放大学,既不是因为它的教育组织和管理模式必定适用于世界各地,也不是因为它的课程适应了世界各地的需要,甚至也不是它的教学方法对其他教育形式都适合。英国开放大学所做出的主要贡献是:它为远程教学争得了正统的合法地位。它证明:远程教学是现实可行的;远程教学能够像传统院校的校园内教学那样既有效率,又有效益,而且成本较低;它的最终成品是受劳动力市场欢迎的。"

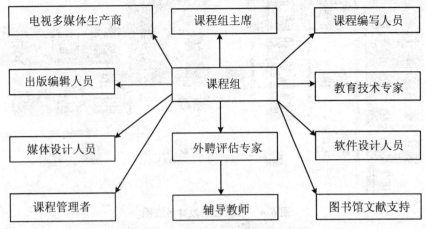

图 6.3 开放大学课程组构成分布图

进入 20 世纪 70 年代,在英国开放大学创新精神的鼓舞下,世界各地都掀起了兴办远程教育的热潮。其间,以成人为主要对象的远程高等教育发展尤为迅速。一批自治的多种媒体教学的开放性远程大学在西欧、北美、亚洲、中东、拉丁美洲和非洲等地兴起,它们代表了 20 世纪后半叶世界远程教育发展的主流,成为新一代远程高等教育事业的主力军。

由于广播电视教育的发展,特别是开放教育的出现,"函授教育"这个概念已经不能完全反映"远程"和"开放教育"的实际。因此,国际函授教育理事会在 1982 年召开的第 12 届国际函授理事会上,将这个理事会易名为"国际远程教育理事会"。这是远程教育发展的第二阶段。

3. 基于多媒体的网络教育形式——第三代远程教育

相对于以广播、电视等媒体为标志的第二代远程教育,人们把基于多媒体、网络这种形式的远程教育称为第三代远程教育,也称作现代远程教育。现代远程教育是在 20 世纪 60 年代随着信息科学技术发展而出现的新的教育形式。它集面授、电视、网络教育各自的优势于一身,融文本、图片、音频、视频信息传播媒介为一体,在不同的时间和空间下,创造一个师生可以交流的虚拟课堂环境,从而实现在远距离环境中推行教学计划、实施教学环节,达到"传道、授业、解惑",培养造就人才的目的。

第三代远程教育是建立在网络技术、多媒体技术、双向电子通信等技术基础上的新一代远程教育,具有交互性、网络化、实时性、综合性和适应性的特征。第三代远程教育的媒体不仅包括计算机、电信和数字卫星(图 6.4)三大网络和基于计算机的多媒体技术,还包括印刷材料、广播电视等第一代、第二代远程教育的媒体。其明显的技术特征和优势是双向交互,使现代远程教育逐步摆脱传统教学和学习理论的束缚,突破学校、班级课堂教学的樊笼,可以通过信息技术实现人机和人际间的相互交流和交互作用,从而既可以加强师生间交流和集体教学活动,更可以大大激励和促进个体化学习和小组间的协作学习。

伴随着信息技术的发展,第三代远程教育的规模急剧扩大,一批巨型大学(Mega-University)涌现出来,形成了第三代远程教育的第一道亮丽风景线。所谓巨型大学,是指"拥有 10 万以上攻读学位课程的注册学生的远程教学大学"。丹尼尔(John Daniel)曾对他给巨型

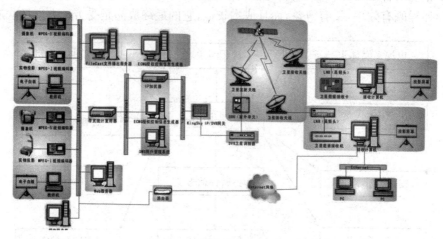

图 6.4　卫星远程教育系统图

大学下的定义作过解释，说这一定义"包含了三重要素：远程教学、高等教育和院校规模，每个要素都是一种特定的限制"。至于规模，丹尼尔当初给出的界定是 10 万人。这一界定实际上是为了表示巨型大学应当有相应的规模，不完全是特定数量上的概念。按照这一界定，到 2003 年，拥有在校生 10 万人以上的巨型大学超过了 10 所，它们全部是远程教育开放大学，排在前十一位的巨型大学如表 6.2 所示。

表 6.2　巨型大学

国家	学校名称	建立时间	缩写
中国	中国广播电视大学系统	1979	CTVU
法国	法国国家远程教育中心	1939	CNED
印度	英迪拉·甘地国立开放大学	1985	IGNOU
印尼	特布卡大学	1984	UT
伊朗	帕亚莫努尔大学	1987	PNU
韩国	韩国国立开放大学	1982	KNOU
南非	南非大学	1873	UNISA
西班牙	国家远程教育大学	1972	UNED
泰国	苏可泰大学	1978	STOU
土耳其	阿那都鲁大学	1982	AU
英国	英国开放大学	1969	UKOU

中国的广播电视大学位居这 11 所巨型开放大学之首。广播电视大学是以现代信息技术为主要手段，采用广播、电视、文字和音像教材、计算机网络等多种媒体进行现代远程教育的高等学校，其学历证书被世界各国承认，称为"国际学历绿卡"。

在巨型大学出现的同时，借助于现代信息与通信技术，一批虚拟大学(Virtual University)也应运而生，并发展迅速，构成了第三代远程教育中第二道亮丽风景线。"虚拟大学"是近年来伴随着信息通信技术的发展而出现的一种新型高等教育机构，是虚拟组织的一种特定的形式。它是以公共教育为目的的虚拟组织，具有实体大学的教育服务性又兼有产业的市场经营性。通常将网络环境下的远程教育机构称为虚拟大学或"网络大学"（Online University）。

国外的虚拟大学，尤其是美国的虚拟大学已经发展了十多年的时间，涌现了一大批在世界范围内具有广泛影响的虚拟大学。美国凤凰大学（The University of Phoenix）1989年推出了第一个以计算机为基础的教育教学系统，即网上教学计划，后逐步发展成为凤凰城大学网上校园；美国琼斯国际大学（Jones International University）成立于1993年5月，1995年开始授予商业交往专业学士和硕士学位，1999年3月5日，获得美国国家教育资格委员会（NCA）的正式资格认可，正式成为全美第一所完全通过互联网授课而获得资格认可的大学，也是美国历史上第一间完全建立在互联网之上的"虚拟大学"。

创建于20世纪80年代中期的美国国家技术大学是美国众多著名大学的联盟，是美国基于数字通信卫星和计算机网络的第三代远程教育的先驱。其主要目标是提供硕士层次的工程师继续教育，同时开设工程研究专题讲座，向全美工程界传播工程技术的最新研究成果和发展信息，把全美各地的工程师带到世界工程研究的最前沿。如今，美国国家技术大学已经成为一所向北美、拉丁美洲、大洋洲、欧洲、亚洲许多国家提供远程教育课程的全球虚拟大学。表6.3列出了包括美国国家技术大学在内的著名虚拟大学代表。

表 6.2 虚拟大学

英文缩写	英文全称	中文译名
WUN	Worldwide University Network	世界大学网络
WADE	World Alliance Distance Education	世界远程教育联盟
AVU	African Virtual University	非洲虚拟大学
UKeU	UK e-Universities	英国电子大学
NTU	National Technological University	国家技术大学（美国）
OLA	Open Learning Australia	澳大利亚开放学习共同体
SCS	Space Cooperative System	空间协作体系（日本）
INU	International Network of Universities	国际大学网络联盟

除了巨型大学和虚拟大学这两大特点之外，第三代远程教育还明显地呈现出全球化的发展趋势。在这一趋势下，现代远程教育的国际竞争和院校合作正在加强。一些著名的远程教育系统已经实行了全球化教学，如法国国家远程教育中心1999年已拥有分布在190个国家的3万名学生；澳大利亚、美国等国家的远程教育大学正在将他们的教育扩展到亚洲地区。一些亚洲地区的远程大学也正在使他们的教育地区化或国际化，如中国澳门的亚洲国际开放大学正在香港和内地寻找教育市场，马来西亚的电子通信大学已经有非洲、欧洲和亚洲的学生注册；印度的英迪拉·甘地国立开放大学已将其课程发送到波斯湾地区，并计划为尼泊尔、马来西亚、南非和美国提供课程。新的通信技术在现代远程教育中将得到广泛应用。世界通信在20世纪80年代进入了电子革命、信息技术革命时代，其结果是90年代初整个世界走向移动通信，90年代后期整个世界走向网络通信，所有的教育系统——面授的和远程的都面临着新的挑战。网络教育的最大优势就在于支持教与学的个别化、交互式和建构主义的模式，是现代远程教育的最有效的教学方式。目前，许多国家都在改变教育基础

设施,各个远程教育机构都在实施或规划应用新的信息技术为学生开发课程和提供服务,包括因特网、双向视频会议系统、语音应答系统、VOD点播系统和各种教学软件等。实现资源的优化配置和综合利用,可以说也是现代远程教育的一种发展趋势。

6.3 农村中小学现代远程教育工程

6.3.1 "农远工程"实施的背景和现状

根据国家统计局统计,2012年末我国有13.5亿人口,其中乡村人口6.4亿,约占总人口的47.4%(《中华人民共和国2012年国民经济和社会发展统计公报》);据统计,目前县镇及农村各类中小学学校25.6万所,占全国中小学学校总数的82.7%,县镇及农村各类中小学在校生1.23亿,占全国中小学学生总数的70.5%(2012年《中国统计年鉴》)。发展农村教育,办好农村学校,在全面建设小康社会中具有基础性、先导性和全局性的重要作用。21世纪初期,由于种种因素影响,我国城乡教育之间一直未能建立起均衡发展的良性互动机制,城乡教育差距明显,尤其是伴随着信息技术的发展,城乡数字鸿沟越来越明显。同城市的教育进步和发展相比,在广大农村地区,教育事业的发展明显滞后,农村教育问题成为制约我国基础教育发展的突出问题。

为了缩小城乡教育差距,提高农村教育质量和效益,使我国广大农村的中小学生得以共享优质的教育教学资源,2003年5月15日,经国务院同意,按照"总体规划、先行试点、重点突破、分步实施"的原则,2003~2004年,教育部、国家发展和改革委员会、财政部共同实施了现代远程教育试点示范项目,并明确提出采用教学光盘播放点、卫星教学收视点和计算机教室三种模式。

2003年9月19日,国务院召开了全国农村教育工作会议,下发了《国务院关于进一步加强农村教育工作的决定》,明确提出"实施农村中小学现代远程教育工程,促进城乡优质教育资源共享,提高农村教育质量和效益",并提出要在2003年继续试点工作的基础上,争取用五年左右时间,使农村初中具备计算机教室,农村小学具备卫星教学收视点,农村小学教学点具备教学光盘播放设备和成套教学光盘,以信息化带动农村教育的发展。

"农远工程"自2003年全面实施以来,10年间中央政府和地方政府已经先后投入了111亿元,完成了以"教学光盘播放点、卫星教学收视点和计算机教室"三种模式为中心的硬件设施的配备,以及相关配套教学软件和资源的设计开发与分配使用。中西部地区36万余所农村中小学,一亿多中小学生从中受益,诸多省份实现了"农远工程"项目的全覆盖,规模庞大的全国中小学远程教育网络逐步形成,为各类优质教学资源的推广和使用搭建了较为完善的共享平台,伴随着教学光盘的开发、国家基础教育资源网等大型优质资源汇集站点的开通使用,城乡之间基础教育的数字鸿沟正迅速缩小,信息技术的应用使得偏远山村的中小学生也能足不出户就能感受到现代基础教育的前沿思想,并享受优质的教学资源和内容带来的先进体验。全国农村中小学更是以开展"农远工程"教学应用为基础,掀起了一轮在教育观念、教学方法和学习方式等多方面的深度变革,以关注每一位学生的发展为核心的新课程理念也更加深入人心。

项目实施10年来,"农远工程"为农村中小学带来的教育观念的转变和教学质量的提升正逐渐显现。为了进一步拓宽影响,目前,各地纷纷开展"农远工程"教学应用优秀成果的评定和推广工作,有利于提升农村中小学教学质量,有利于将发展学生综合素质的"农远"应用经验加以总结和推广,以使更多学生能够真正受益。2012年11月,国家教育部启动了"教学点数字教育资源全覆盖"项目,计划2012~2013年分两批为农村教学点配备数字教育资源接收和播放设备,配送优质数字教育资源,该项目的实施不仅是教育信息化的重要体现,也是"农远工程"项目的有效延续,更多更好的信息设备和信息资源将为我国农村地区基础教育带来更多的机遇。

6.3.2 "农远工程"三种模式的系统组成、配置和功能

"农远工程"三种模式为工程实施搭建了技术平台,是整个工程的硬件基础,下面分别进行介绍。

1. 模式一:教学光盘播放点

教学光盘播放点的系统组成如图6.5所示。

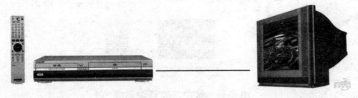

图6.5 模式一的系统组成

模式一主要由34寸彩色电视机、DVD播放机和配套教学光盘构成,主要配备农村中小学布局调整必须保留的教学点、偏远山区中小学。该模式可以实现各类光盘教学资源(CD、VCD、DVD)的播放,既可以辅助教师备课,也可以辅助教师进行课堂教学。这一模式平均每点投资概算为3000元,具有配置简单、成本低、易操作、易维护等特点,特别适合仅具备基本供电条件的偏远农村中小学。模式一环境所依托的教学资源是由教育行政部门统一配发的DVD教学光盘,这些光盘包括课程教学视频、教学同步课件、教师培训、学习指导和专题教育等多种类型。

2. 模式二:卫星教学收视点

模式二配备卫星接收系统、计算机、电视机、DVD播放机和1~6年级所需的教学光盘,系统组成如图6.6所示。通过中国教育卫星宽带传输网,快速大量接收优质教育资源,并同时具有教学光盘播放点的功能。配备对象为乡中心小学和村完小,每点投资概算为1.6万元。

3. 模式三:计算机教室

模式三配备卫星接收系统、网络计算机教室、多媒体教室、教学光盘播放设备,系统组成如图6.7所示。其特点是除具备模式二全部功能外,还能够为学生提供网络条件下的学习环境。配备对象为农村初中。平均每点概算为15万元。

6.3.3 "农远工程"三种模式的教学应用

"农远工程"项目建设工程能否真正取得成功,关键在于教学应用。由"农远工程"三种模式组建的不同信息化环境是开展"农远"教学工作的基础,不同模式的技术环境其各自的资源配备和教学应用也都有显著的不同。分析和比较三种模式的教学应用,总结应用规律,

对于提高"农远"课堂的教学效率和效果有着积极的意义。

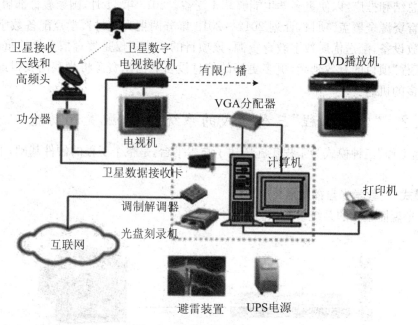

图 6.6 模式二的系统组成

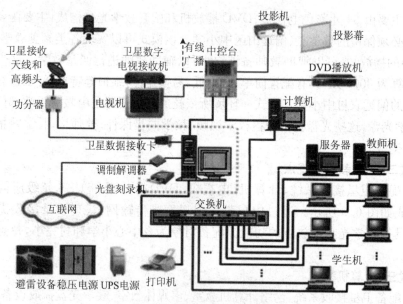

图 6.7 模式三的系统组成

1. 模式一:教学光盘播放点

由于多数教学资源采用了视频格式,教师在将这些资源融入课堂之前必须对其充分熟悉,对于视频的选择、播放的时间、点播的次数等都要进行精心设计。在对部分模式一学校走访的基础上,根据资源的使用情况,我们对模式一教学应用的方式可作如下分类:

① 名师替代型。部分偏远山区由于"一师一校""一师多能"现象依旧存在,某些学科师资缺乏,教师教学能力偏弱,全程采用教学名师授课录像教授全部课程或者课程中的部分知

识模块,可以有效地解决师资数量和质量上的短缺,提高教学质量。另外,一些专题活动课程教师也可以采用这种方式进行,如交通法规、中华古诗词、各种综合实践课程中的小实验等,通过视频中的真实场景再现,能够帮助学生实现感性认识向理性理解的过渡。

② 资源嵌入型。这是目前应用比较多的方式,教师在充分熟悉资源的基础上,对课程教学进行详细的设计,选取合适的视频片断或素材(如动画、课件),通过遥控器实时控制教学资源的播放与停止。这种教学应用方式多采用"播放+解说+交流讨论+拓展"的教学形式进行,它能够较好地弥补替代型中视频资源交互性不足的问题,教师通常需要根据教学内容选择适当的视频片断创设教学情境,并设置相关的主题供学生进行讨论交流;也有部分学校采用"双课堂"的教学形式,让视频中的课堂与现实课堂融为一体,双教师交叉讲解,教学名师同现场学生单向互动,两个课堂中的学生在教师的引导下开展竞赛活动等,在这一环节中,当学生遇到困难时,要求教师适时地对视频进行控制,如暂停或重播,并进行必要的讲解,帮助学生更好地理解视频资源中的教学内容。模式一教学应用方式如图 6.8 所示。

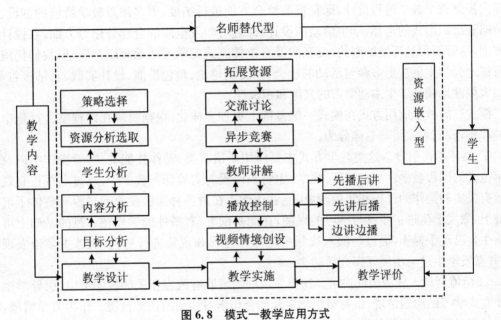

图 6.8　模式一教学应用方式

模式一的配置和操作虽然简单,要用好也并非易事。首先,视频资源是线性资源,需要事先做好充分的准备,视频片断的选择、播放的时机和次数都要做好精确的安排,教师既要清晰教学的流程,也要熟悉教学光盘的内容,同时还要适时地引导和调动学生参与到各项教学环节中,正确处理好双师、双课堂以及异地学生之间的关系,避免出现教学混乱的局面;其次,课程教学视频类资源中,名师授课的对象和偏远农村中小学学生在知识结构和学习能力、风格等方面有着较大的差异,学生独立学习的效果难以达到预期,需要教师结合学生实际情况进行适当的衔接和引导;另外,视频资源在播放时学生难以参与其中,其学习的主动性和积极性,学生在遇到问题时如果没有及时得到解决将会对后续的学习产生影响,教师需要时刻关注学生在收看视频时的各种反应,根据接受情况进行适当的重播和给予解说帮助。

2. 模式二:卫星教学收视点

模式二可以通过将电脑和电视连接组建简易多媒体教室,为学科教学搭建基本的数字硬件环境,除视频以外,各类图片、动画等媒体素材资源、优秀课例、教案、课件、习题、扩展资料等资源为教师提供了更多的选择空间,教学方式也更加灵活多样,教师在深入分析教学内容、教学目标的基础上去筛选 IP 资源的内容与形式,选择不同的教学策略将资源与教学过程充分整合。可以说,模式二的应用效果很大程度上取决于资源与课程的整合方式和整合程度。

在资源选择方面,尽管资源已经十分丰富,教师仍然需要对这些资源进行适当的加工和修改,甚至将本土资源与 IP 资源结合开发适合的课件,以使资源与教学需求相吻合,如对图片的裁剪、视频的截取等;在进行教学设计时,由于模式二硬件环境(一台电脑+一台电视)的限制,交互式学习难以开展,课程学习仍然以教师讲授为主,教师借助各类媒体资源作为辅助,可以更直观、形象地展现教学内容,帮助学生理解教学的重点和难点,这一过程中教师始终是教学的主导者,当然在主导模式下,教师仍然可以设计讨论、表演、实验等教学环节同学生进行更深入的互动。值得指出的是,教学资源并非使用得越多越好,应当充分考虑教学内容的需求,适时适量地选择有针对性的资源进行辅助,教师所需关注的焦点应从应用教学资源向控制整个教学过程设计、课程资源整合方面进行拓展,更多注重教学情境的创设、教学策略和组织形式的选择、学生活动的设计、课程时间及空间的合理分配等方面;在设计活动方面,尽管因信息环境的制约,交互式及自主探究式的学习活动难以开展,但我们仍应该尽可能地为学生创造更多参与活动的机会,如交流讨论、角色扮演、设计实践、总结报告等,以最大限度地调动学生主动学习的兴趣和积极性。

模式二的教学应用方式在模式一的基础上更加多样化,根据资源在课程整合过程中发挥的作用,我们可以将其总体分为:

① 媒体示范引导。这类教学方式主要应用于语言类、动作技能类、实验操作类以及书画示范类的课程教学。如在物理、化学、生物等课程的实验课程教学中,通过电视机直观地演示有关实验操作的过程和实验现象,能够让学生在对各种实验现象和过程有整体了解的基础上,激发学生进一步参与学习的兴趣;在此基础上,有条件的学校在示范的基础上可以由学生自己动手操作,通过与演示视频中的操作过程和现象进行对比,能够更多地发现问题,并激发学生进一步展开探究活动。

② 情境创设+资源辅助讲解。这里所说的情境既有内容相关的教学情境、引导学生开展探究式学习的问题情境,也有组织学生开展合作学习活动的任务情境。作为教学情境,教师一般在对教学内容和教学目标分析的基础上,充分考虑学生的认知风格,选择合适的图片、动画、视频等与学习主题相关的媒体资源进行学前展示,创设教学情境,帮助学生建立新旧知识之间的联系,激发对所学内容的兴趣。在知识点讲授过程中,教师将教学资源作为辅助工具,通过播放演示让学生能够多感官接受知识信息,从而强化对重点和难点的理解和掌握;作为问题情境,教师通常根据教学内容选择多种媒体资源来呈现包含有问题的情境帮助学生明确即将参与探究的问题,教师通过概括性的讲解或者通过呈现相关过程资源,引导学生进行问题探究;作为任务情境,教师借助媒体资源提出学习任务,让学生了解自己将要做什么,教师再加以解释,引导学生积极思考,寻找任务中的关键问题并展开讨论和交流,教师也可以组织学生参与游戏,在参与中学习,在游戏中体验,在与同学的协作中完成任务。

③ 学生学业评价。在 IP 数据资源中,有很多与课程配套的练习、测试,教师在完成课程教学的同时,借助这些资源对学生的学习成效进行检测,了解学生的掌握情况以及存在的问题,并有针对性地加以解决。

3. 模式三:多媒体教室和计算机教室

这一模式在模式一和模式二的基础上,为农村乡镇初中等学校配备网络教室和多媒体教室。由于直接接入互联网,网络中海量的教育资源都可以作为模式三的教学资源,这些资源包括各类综合教育网站、课件及教学素材、论文教案、试题库、专题资源、交流论坛等。模式三不仅具备了模式一和模式二的全部功能,而且可以通过多媒体教室扩展教学规模,利用网络教室和资源开展信息技术课程教学以及基于网络的协作学习、自主学习和探究式学习,借助 BBS、邮件、QQ 等网络交流工具,也让师生之间以及生生之间的实时和异步交流变得更加便捷。

在模式三的教学中,信息技术的作用越来越凸显,丰富的资源、多样化的媒体形式、便利的交互等都依托于信息技术平台,尤其是在以学为主的教学环境中,信息技术已经成为学生进行学习的必备认知工具,成为教学系统中不可或缺的重要组成部分。因此,在教学中教师需要对学生所处的信息环境进行有效的控制和组织。在进行教学设计时,教师应转变观念,着重进行以学为中心的教学设计,将对教学行为、教学活动的设计转化为学生学习活动、学习过程的设计,在改进接受式学习的基础上,运用现代信息技术手段组织学生开展体验式、探究式、合作式学习。在具体教学中,教师更应当积极引导学生充分发挥主体作用,积极主动地进行知识的探究和学习,教师扮演着学习过程的设计者、指导者、参与者和帮助者的角色,教师应追求信息技术与教学法的整合,也就是以符合课程目标和教学规律的方式,应用计算机和其他配套资源优化教学和学习过程,以此促进学习者的学习效果乃至学习者全面发展的过程。

模式三的教学应用方式更多地体现以学习者为中心的教学理念,典型的教学应用有基于网络的协作学习和自主探究学习。

① 基于网络的协作学习。这类教学方式的一般步骤是:情境导入—提出问题—小组合作探究、讨论—解决问题—展示成果—师生评价。教师利用多媒体课件或视频呈现教学情境,将所学内容与学生已有认知建立连接,在此基础上提出具有一定挑战性和代表性的问题供学生探究,学生小组成员对任务进行分解,各自通过查阅网络资源、组员间讨论交流得出问题的解决方案。为了控制学生的探究方向,教师一般事先提供与问题相关的丰富的资料和网址,并在学生探究过程中给予适时的帮助和引导。在作品展示环节,各小组选派代表展示本组的学习成果,介绍学习的过程和开展的活动情况,展示的方式既可以是口头的,也可以充分利用多媒体以课件等形式进行呈现。最后,评价环节通常采用教师评和学生自评、互评相结合的方式。在学习过程中,教师的主导作用和学生的主体作用都得到了充分的发挥,教师在资源的准备、任务的分配、适时的给予帮助和引导以及评价总结等环节有效控制了学生学习活动的方向和进度,学生通过搜索引擎、网络信息筛选、组员间的讨论等行为,获取知识的同时不仅提升了信息素养,也锻炼了与同学协作解决问题的能力。

② 自主探究学习。这种教学方式一般步骤是:确定学习目标—选择学习内容—自主搜索相关学习内容—自测—总结—教师评价。教师一般采用任务驱动的方式,将学习内容转化为真实的学习任务。学生结合自身的学习状况借助教师事先准备的丰富的网络资料开展自主学习,并将最终学习成果进行展示和交流,教师在整个探究学习过程中做好观察,适时地为遇到困难的学生提供帮助并在课程最后进行总结评价。

6.4 网络教学平台的操作及应用

随着现代信息技术的发展及其在学校教学领域的广泛应用,借助网络丰富的资源进行教学已成为现代教育改革的一个重要方向。《教育部关于进一步深化本科教学改革全面提高教学质量的若干意见》(教高[2007]2号)明确指出"把信息技术作为提高教学质量的重要手段","不断推进教学资源的共建共享,逐步实现教学及管理的网络化和数字化"。

网络教学平台作为现有课堂教学的重要补充,教师可以为不同的学习者提供网络教学资源,可以在平台上答疑解惑,开展师生交流活动,有利于丰富教学手段,进一步提高教学质量,因此,推广和使用网络教学平台可以充分发挥网络优势,实现与其他数字化平台的互联互通,资源共享,促进教学和管理的网络化和数字化。本节将以 Blackboard 网络教学平台(以下部分内容简称 BB 平台)为例,探讨网络教学平台的操作和应用。

6.4.1 Blackboard 网络教学平台简介

网络教学平台是以课程为中心集成网络"教"与"学"的网络教学环境。教师可以在平台上开设网络课程,学习者可以在教师的引导下自主选择要学习的课程内容,不同学生之间,教师和学生之间可以根据"教"与"学"的需要开展讨论和交流活动。教师可以利用"网络教学"和现有的"课堂教学"进行有机的结合,开展基于网络的辅助教学活动,帮助教师解决目前面临的诸多困难,提高课堂教学效率,减少重复劳动,提高整体教学质量。

教师可以通过它来完成管理教学、组织教学内容、上传课件、在线考试、批改作业、组织在线答疑、统计分析学生学习、虚拟课堂情况等。

学生可以通过它来完成安排学习计划、查看课程内容、提交作业、参加在线测试、查看学习成绩、开展协作学习和交流等。

6.4.2 网络教学平台的基本操作

1. 认识我的主页

登录 Blackboard 教学平台后页面上部会有一系列的选项卡,点击不同的选项可见不同的内容。了解每一个选项卡下的内容对尽快使用该教学平台将有很大帮助。

(1) 我的主页

登录 Blackboard 教学平台后首先看到的应是默认的选项卡"我的主页"。如图 6.9 所示,在此选项卡下用户可以看到自己可用的工具,自己学习的课程,系统及相关课程最新的通知,以及系统提供的日程表和快速指南等模块。

(2) 认识选项卡

选项卡是平台内划分不同区域的标志,位于 Blackboard 教学平台的左上方。如图 6.10 所示,作为学生用户可以看到的选项卡有:我的主页,课程,院系工具。

① 我的主页:汇集了学生注册的课程以及可以使用的一些工具。

② 课程:汇集了 Blackboard 教学平台现有的所有在线课程。

(3) 模块

模块是平台内基本功能组合,通过这些模块可直接访问某些功能。比如,"我的课程"显示用户的所有课程(注册为学生的课程),如图 6.11 所示;"我的通知"显示平台上所有与用户有关的通知。

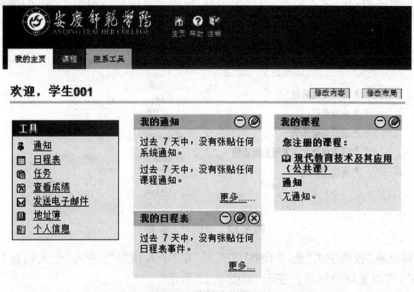

图 6.9 我的主页界面

图 6.10 选项卡

图 6.11 "我的课程"

(4) 工具

工具是供用户使用的个性化工具(图 6.12),比如,"个人信息"可以修改密码,"通知"可查看与本用户相关的所有通知,"发送电子邮件"可使用户快速进入到所注册的课程中查找要进行联系的其他用户并完成电子邮件的发送。

(5) 注销

点击"注销"按钮可以安全地退出 Blackboard 教学系统,防止别人使用本人账号非法登录并对课程内容造成破坏。

2. 编辑个人信息

① 登录后,在默认的"我的首页"选项卡中"工具"一栏找到"个人信息"。在这里可以编辑学生个人信息、更改登录密码、设

图 6.12 工具

置保密选项以及可视文本编辑器,如图6.13(a)所示。

② 点击进入后,在"个人信息"页面中选取"编辑个人信息",如图6.13(b)所示。

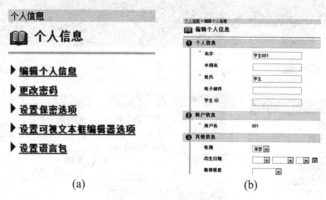

图6.13 编辑个人信息

③ 同样选取"我的主页"选项卡中"工具栏"中"个人信息",进入"个人信息"页面,点击"更改密码",可以重新设置用户密码,如图6.14所示。

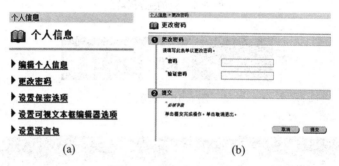

图6.14 更改个人密码

3. 查看课程

① 登录平台后,点击"我的主页"选项卡,课程列表中列出学生选修的课程名称,点击某一门课程查看,如图6.15所示。

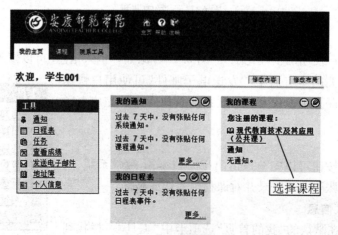

图6.15 查看课程

② 进入课程后，左侧为课程菜单列表，右边显示"通知"内容，可及时查看发布的通知，如图 6.16 所示。

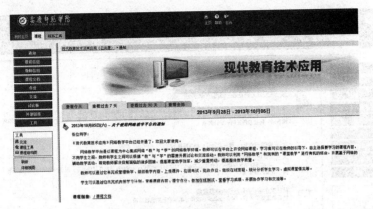

图 6.16 课程主页

③ 点击左边课程菜单中的"课程文档"，即可在右侧页面中查看教师上传的教学资源，如图 6.17 所示。

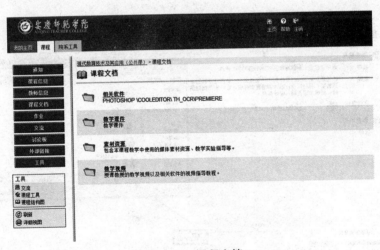

图 6.17 课程文档

④ 点击教师上传的文件，在弹出的对话框中点击"打开"，将在当前页面显示具体内容，若点击"保存"可将文件下载到本地计算机。

⑤ 点击课程菜单中的"课程文档"，可查看教师上传的课件；点击"教师信息"，可查看任课教师的基本信息。

4. 提交作业及查看成绩

(1) 查看作业

学生登录 Blackboard 平台，进入课程，点击课程菜单中的"作业"，即可查看到教师发布的作业，点击作业名称，即可查看作业内容，如图 6.18 所示。

(2) 上传作业

在"上载作业"页面点击"附加本地文件"右侧的"浏览"按钮，选择作业文件，如图 6.19 所示。

(3) 保存或提交作业

请注意：当确定提交作业时，应点击"提交"按钮。学生从本地附加作业文件后，可有两种操作选择："保存"或"提交"。

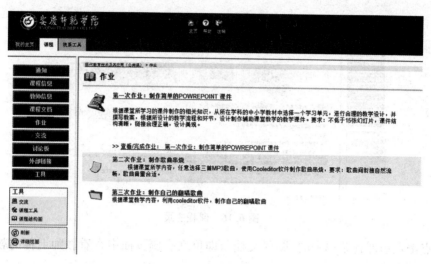

图 6.18　查看作业

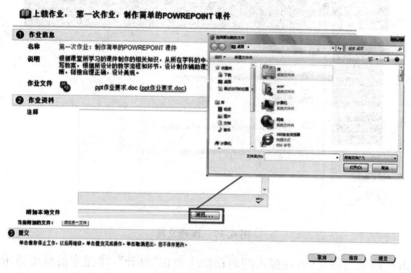

图 6.19　上传作业

① 保存：将作业文件保存在 Blackboard 平台上，但暂不提交作业。保存作业以后，学生仍可再次点击作业进入"上载作业"页面，学生可继续上传作业文件或删除已上传的作业。

② 提交：确定要提交作业文件。点击提交后，学生不能对作业进行修改，只能查看，点击确定后进入复查作业页面查看作业情况。提交后，作业文件将提交给教师，教师可以批改作业。

5. 确认作业提交状态

为避免作业仅仅是"保存"或者是提交不成功，导致教师无法批改作业的现象发生，我们可以通过"工具"/"查看成绩"，确认自己作业是否成功提交。

① 进入"我的主页"，点击左边的"工具"中的"查看成绩"，如图 6.20 所示。

第 6 章 计算机网络与现代远程教育

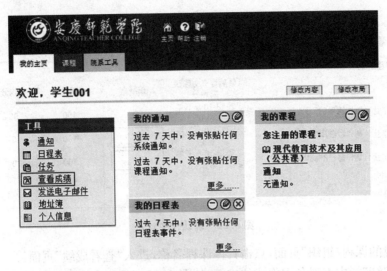

图 6.20 查看成绩

② 在"我的课程/组织"页面,点击课程名称,如图 6.21 所示。进入"查看成绩"页面。"成绩"一栏将显示作业的状态,当学生查看到"进行中"状态,说明作业未正式提交或提交失败,学生应尽快继续完成作业提交,以便教师及时评分。注意:如图 6.22 所示,此时如存在锁状或书写标志则表示为"进行中"状态,点击该标志,进入"未完成作业"页面,点击确定,在上载作业页面继续完成作业提交;如看到感叹号标志则表示该作业已成功提交,可等候教师评判后查看评分及反馈情况。

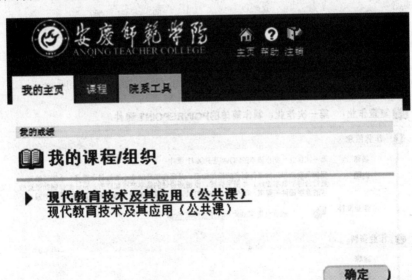

图 6.21 "我的课程/组织"页面

6. 查看作业成绩

教师批改完作业之后,学生可以查看教师给出的分数和评语,了解自己的学习情况,调整学习方向。

① 学生登录 Blackboard 平台后,在"我的主页"选项卡中点击左侧的"工具"中的"查看

成绩”。

查看成绩

您对此课程的成绩

项目名称	最后提交、修改或评分	成绩	满分	平均分	加权
第一次作业：制作简单的POWREPOINT 课件	2013-10-5 下午 8:57	90	100	90	0%
第二次作业：制作歌曲串烧	2013-10-5 下午 8:39	🔒	100	0	0%
第三次作业：制作自己的翻唱歌曲	2013-10-5 下午 8:47	!	100	0	0%
总计		90	300	-	
加权总计		不适用		-	

图 6.22 确认作业状态

② 在“我的课程/组织”页面，点击具体课程名称，进入“查看成绩”页面。

③ 在“成绩”栏中查看各次作业的成绩，如图 6.23 所示。

查看成绩

您对此课程的成绩

项目名称	最后提交、修改或评分	成绩	满分	平均分	加权
第一次作业：制作简单的POWREPOINT 课件	2013-10-5 下午 8:57	90	100	90	0%
第二次作业：制作歌曲串烧	2013-10-5 下午 8:39	🔒	100	0	0%
第三次作业：制作自己的翻唱歌曲	2013-10-5 下午 8:47	!	100	0	0%
总计		90	300	-	
加权总计		不适用		-	

图 6.23 查看成绩

④ 单击成绩，打开“复查作业”页面，查看教师的评语，如图 6.24 所示。

复查作业：第一次作业：制作简单的POWREPOINT 课件

❶ 作业信息

名称 第一次作业：制作简单的POWREPOINT 课件

说明 根据课堂所学习的课件制作的相关知识，从所在学科的中小学教材中选择一个学习单元，进行合理的教学设计，并撰写教案，根据所设计的教学流程和环节，设计制作辅助课堂教学的教学课件。要求：不低于15张幻灯片，课件结构清晰，链接合理正确，设计美观。

作业文件 ppt作业要求.doc (ppt作业要求.doc)

❷ 作业资料

注释

用户文件

❸ 教师反馈

成绩 90 out of 100.0

注释 作业完成的不错，界面可以进一步优化。

教师文件

确定

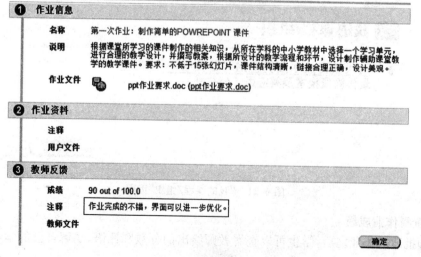

图 6.24 查看评语

7. 互动教学——讨论板

① 进入课程，点击讨论板，如图 6.25 所示。

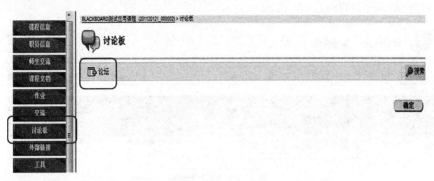

图 6.25　讨论版

② 点击新创建的论坛名称，点击"话题"新增讨论话题，如图 6.26 所示。

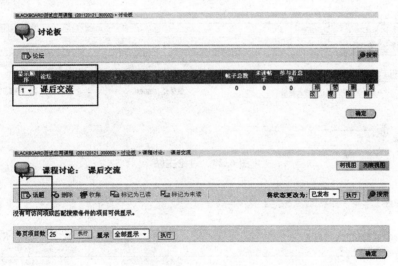

图 6.26　新增讨论话题

③ 输入新话题的主题及内容，完成后点击"提交"，如图 6.27 所示。

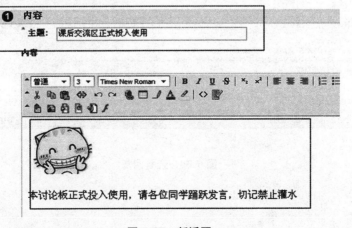

图 6.27　新话题

④ 查看论坛内容及回复：点击话题标题进入论坛（图 6.28），点击"回复"即可对主帖发表评论（图 6.29），也可点击帖子标题查看学生回复内容（图 6.30），还可以点击帖子右边的回复按钮回复某一帖子的内容（图 6.31）。

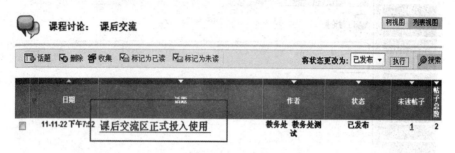

图 6.28 进入讨论

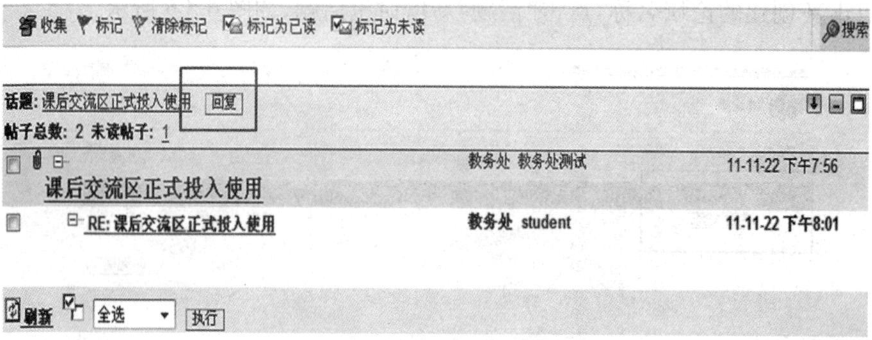

图 6.29 讨论主帖

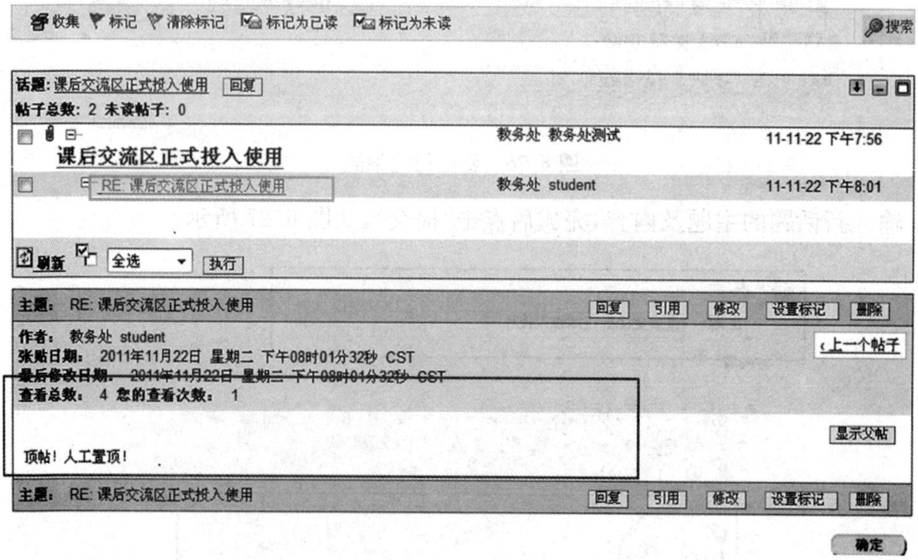

图 6.30 查看回复

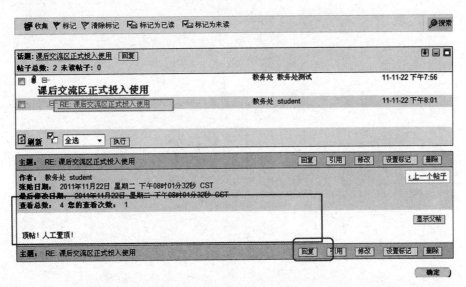

图 6.31　回复帖子中的回复内容

复习思考题

1. 网络由哪些部分组成？
2. IP 地址和域名是什么意思？它们有何关系？
3. "农远工程"三种模式的内涵及特点是什么？
4. 远程教育的发展历程是怎样的？
5. 结合自己的经验，谈谈如何才能有效开展在线学习。